AF474069

HISTOIRE ANCIENNE

DES

PEUPLES DE L'ORIENT

OUVRAGES DU MÊME AUTEUR

HISTOIRE DE LA GRÈCE ANCIENNE, rédigée conformément aux programmes du 22 janvier 1885. Nombreuses cartes et gravures dans le texte. In-18 jésus, cartonné. . . . . 2 fr.

HISTOIRE ROMAINE (En préparation).

HISTOIRE ANCIENNE

DES

PEUPLES DE L'ORIENT

Rédigée conformément aux programmes du 22 janvier 1885

PAR

MAURICE DUNAN

PROFESSEUR AGRÉGÉ D'HISTOIRE AU LYCÉE LOUIS-LE-GRAND
ET A L'ÉCOLE ARAGO

CLASSE DE SIXIÈME

ET

Première année des Écoles municipales supérieures de Paris

DEUXIÈME ÉDITION
ENTIÈREMENT REFONDUE ET CORRIGÉE

PARIS
GARNIER FRÈRES, LIBRAIRES-ÉDITEURS
6, RUE DES SAINTS-PÈRES, 6

1886

PROGRAMME DE L'HISTOIRE ANCIENNE

DES

PEUPLES DE L'ORIENT

PRESCRIT PAR L'ARRÊTÉ MINISTÉRIEL
DU 22 JANVIER 1885.

Monde connu des anciens.

Description de l'ancienne Egypte. — Le Nil. — L'ancien empire. Le moyen empire. Invasion des pasteurs. — Le nouvel empire. — Monuments, religion, mœurs et coutumes. — Les systèmes d'écriture. — Les découvertes de Champollion et de Mariette.

La région du Tigre et de l'Euphrate. — Chaldéens et Assyriens. — La dynastie des Sargonides. — Babylone et le nouvel empire chaldéen. — Monuments. — Religion, mœurs et coutumes.

Géographie de la Palestine. — Les Israélites en Égypte et dans la Terre promise. — Moïse. — Les juges. — Le royaume de David et de Salomon. — Schisme des dix tribus. — Destruction des deux royaumes.

Géographie de la Phénicie. — Sidon et Tyr. — Le commerce maritime et terrestre, l'industrie, les colonies. — Fondation de Carthage. — L'alphabet.

L'Empire mède. — Le royaume de Lydie et les premières monnaies. — L'empire perse. — Cyrus, Cambyse et Darius. — Organisation de l'empire de Darius. — Mœurs et coutumes. — Monuments des Perses.

HISTOIRE ANCIENNE

DES

PEUPLES DE L'ORIENT

LIVRE PREMIER

LES ÉGYPTIENS

CHAPITRE PREMIER

MONDE CONNU DES ANCIENS

SOMMAIRE :

I. Les peuples de l'ancien monde sont les Chaldéens ou Babyloniens et Assyriens, les Egyptiens, les Phéniciens, les Israélites, les Mèdes et les Perses, les Indiens et les Scythes.

II. Les peuples de l'ancien Orient appartiennent à trois familles, les Chamites ou Kouschites, les Sémites et les Japhétites ou Aryens.

III. A l'est, l'ancien monde est limité par le plateau de Pamir et les solitudes de l'Asie centrale. Les Indiens Aryens se sont arrêtés au moyen Brahmapoutra; les Indiens Chamites s'étaient étendus jusque dans les îles de la Sonde où ils entreront postérieurement en rapports avec la race jaune ou malaise.

IV. Au nord, par delà l'Iaxarte qui limitait la Sogdiane, par delà la Caspienne, le Caucase et la mer Noire, les anciens peuples de l'Orient ne

connaissaient que de nom et par quelques incursions terribles les Scythes; c'étaient des Japhétites, desquels sortiront les familles européennes.

V. Au sud de l'Égypte et du côté de la mer des Indes, les Anciens désignent vaguement sous les noms de pays de Pount et d'Ophir les côtes de l'Arabie et la côte orientale d'Afrique.

VI. Les mers de Grèce, la Propontide, la mer Égée limitent l'ancien monde au nord-ouest; mais les Phéniciens de Sidon, de Tyr et de Carthage connurent sans nul doute à l'Occident bien des régions sur lesquelles ils gardaient un silence intéressé.

Le monde ancien. — L'histoire de l'humanité civilisée commence sur les bords de l'Euphrate et du Nil. C'est du moins dans ces deux régions qu'on a découvert les monuments auxquels on peut attribuer avec certitude les dates les plus reculées. C'est des basses vallées du Tigre et de l'Euphrate, de la Chaldée que le livre vénérable des annales du peuple juif, la Bible, fait sortir les Israélites; c'est là que la Bible nous montre le plus ancien empire dont la trace se soit conservée, celui de Nemrod. Les Anciens sont donc les Chaldéens, divisés en Babyloniens et en Assyriens, les Égyptiens comme aussi les Mèdes et les Perses, les Phéniciens, les Lydiens et les Israélites et enfin les Scythes et les Indiens. Ces peuples se sont mêlés entre eux par la guerre, par le commerce; ils ont échangé leurs idées religieuses, leurs légendes, leurs langages, leurs découvertes utiles, sans franchir certaines limites. Ils ont formé un monde.

Les grandes races de l'ancien monde. — Il n'y a pas lieu de remonter aux origines de l'humanité. Ce qui importe, c'est de constater que les Anciens eux-mêmes avaient la notion nette de la distinction des races dans les

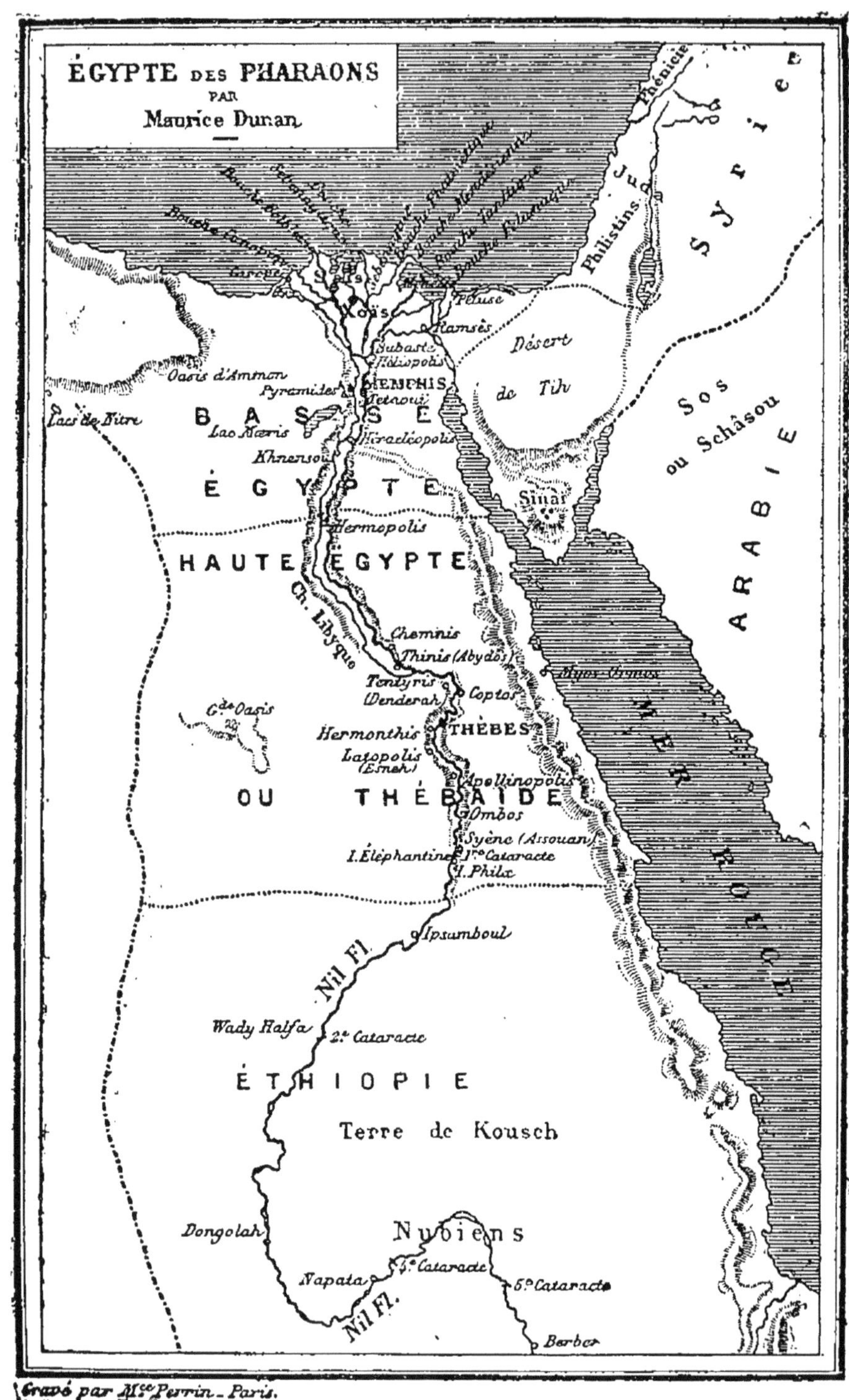

Gravé par Mlle Perrin – Paris.

limites de leur monde, ainsi que l'établissent leurs monuments écrits et figurés.

Le livre sacré des Israélites disait que le patriarche Noé avait eu trois fils, Sem, Cham, père de Kousch, et Japhet et que de ces trois fils étaient sorties les trois grandes familles de l'humanité.

La science, d'accord avec la Bible, distingue les Chamites ou Kouschites, les Sémites et les Japhétites, appelés de préférence Aryas ou Aryens.

Chamites et Sémites. — Les Chamites ou Kouschites furent de bonne heure attirés par le voisinage de la mer, peuplèrent les bords du golfe Persique, l'Inde, l'archipel de la Sonde, les côtes de l'Arabie méridionale, et, traversant le détroit de Bab-el-Mandeb, peuplèrent également l'Ethiopie et l'Afrique. Sous le climat torride de ces régions leur teint devint brûlé et noir. Tantôt pourvus de toutes choses par une nature exubérante et tantôt écrasés par elle, les Kouschites acquirent une civilisation religieuse, politique, sociale, étrange, mais en rapport avec le climat.

Les Sémites s'établirent du Tigre au Nil, sous un climat moins brûlant, au milieu d'une nature moins généreuse; mais le sol plus aride, qui les rendit plus secs de corps et d'esprit, les préserva des monstrueuses aberrations religieuses des Kouschites.

Japhétites ou Aryas. — Enfin les Japhétites ou Aryas vécurent dans des régions plus tempérées où l'homme pouvait mieux rester maître de lui-même, se développer librement et arriver à la civilisation la plus haute. C'est la race indo-européenne ainsi appelée parce que, parmi les Aryas, les uns se dirigèrent vers l'Inde, et les autres allèrent peupler le plateau de l'Iran, l'Arménie, la Phrygie et l'Europe.

Telles sont les trois grandes familles de l'humanité desquelles sortirent comme races mélangées ou pures, les Chaldéo-Babyloniens, les Egyptiens, les Juifs, les Phéniciens, les Mèdes, les Perses et les Indiens. L'histoire ancienne de l'Orient est l'histoire des luttes de ces peuples entre eux, luttes le plus souvent sanglantes et stériles. parfois aussi fécondes, car du rapprochement de ces peuples par la conquête devait naître la civilisation générale de l'humanité.

Limites du monde connu des Anciens. — Les limites dans lesquelles cette histoire s'est déroulée n'étaient pas extrêmement étendues et les anciens peuples de l'Orient ont vécu dans un domaine qui comprenait un peu plus d'un tiers de l'Asie et le quart de l'Afrique.

Le haut et froid plateau de Pamir formait à l'est de l'ancien monde avec les vastes solitudes de l'Asie centrale un rempart derrière lequel la race jaune ou mongolique se développa sans qu'on en eût connaissance à Ninive, à Babylone ou à Memphis.

De la Bactriane qui s'étend à la base occidentale du plateau du Pamir partirent les Aryas qui, longeant les chaînes de l'Hindou-Koh et de l'Himalaya, ne s'arrêtèrent qu'aux montagnes du moyen Brahmapoutra. Le nord de l'Inde fut leur domaine, de même que les Chamites s'étaient répandus vers le sud-est dans l'Inde péninsulaire et jusque dans les îles de la Sonde où l'on retrouve de fort antiques monuments inspirés par l'art indien venu lui-même de la Babylonie. La race malaise ne descendra que fort tard du nord se mêler aux tribus indiennes qui s'étaient avancées aussi loin vers l'est.

Limites septentrionales. — Du côté du nord-est, au delà du plateau de l'Iran sur lequel vécurent les Mèdes et les Perses, la Sogdiane, correspondant aux khanats actuels de Boukhara, de Samarcande, de Khodjend et de Khokand, était le dernier pays sur lequel les Anciens eussent des renseignements précis, à l'orient de la Caspienne. Au nord étaient les Scythes, que le monde ancien ne connut que par quelques terribles incursions, comme celle qui affaiblit Ninive au point d'amener la prompte chute du second empire assyrien. Au nord-ouest de l'Iran, l'Arménie ou pays d'Ourarti fut maintes fois ravagée par les armées des souverains assyriens, mais le Caucase formait une barrière qui ne fut pas dépassée.

Les peuples de l'Asie Mineure, Cappadociens, Lyciens, Phrygiens, Lydiens, communiquaient par des routes de caravanes avec les Assyriens qui en firent souvent leurs vassaux. Quant aux Grecs, ils n'apparaissent que sur le tard, pour être initiés à la civilisation babylonienne et pénétrer comme mercenaires et négociants chez les Égyptiens, à une époque où ils avaient déjà reçu les traditions et les arts de l'Assyrie et de la Chaldée ; mais le moment où les Perses, en commençant les guerres médiques, s'aventurent en Europe, marque précisément la fin de l'histoire ancienne.

Limites de l'Ouest et du Sud.— Les Égyptiens savaient qu'à l'ouest de leur pays s'étendait la Libye et que vers le sud-est on trouvait le pays d'Ophir et le pays de Pount, c'est-à-dire la côte orientale d'Afrique et l'Arabie méridionale. Ils savaient tirer de l'Éthiopie ou Nubie les esclaves aux grosses lèvres et les animaux étranges ; mais sur les sources du Nil leurs prêtres ne purent fournir à Hérodote des renseignements précis.

Les Phéniciens connaissaient sans doute bien des pays maritimes exploités par eux, mais c'étaient de prudents marchands, égoïstes, préoccupés de s'enrichir plus que de faire parler d'eux-mêmes et de leurs voyages. D'ailleurs les résultats de leurs découvertes étaient consignés dans les archives de Tyr et de Carthage et furent perdus lors de l'incendie et de la destruction de ces grandes cités.

Quelle était cependant pour les Anciens la forme de la terre? Ils pensaient généralement que la terre était plate et ronde et que l'eau l'entourait de toutes parts. Cette eau qui entoure la terre sera pour les Grecs le fleuve Océan. Quant aux Assyriens, ils s'imaginaient, dit Diodore de Sicile, la terre creuse en forme de nacelle ronde. Ainsi l'Asie occidentale, l'Inde et la région africaine du Nil avec les pays explorés par les Phéniciens composaient le monde connu des Anciens.

SUJETS A TRAITER :

Exposer quelles sont les limites du monde connu des Anciens.

Dire à quelles races on rattache les peuples de l'ancien Orient.

CHAPITRE II

DESCRIPTION DE L'ANCIENNE ÉGYPTE

SOMMAIRE :

I. Le Nil descend des grands lacs de l'Afrique équatoriale, coule entre la chaîne Arabique et la chaîne Libyque et a formé le Delta.

II. Il déborde régulièrement et fertilise de son limon le pays.

III. Le peuple égyptien est sorti d'un croisement de Chamites venus de l'Ethiopie avec des Sémites venus par l'isthme de Suez.

Le Nil. — Des grands lacs de l'Afrique équatoriale, le Nil, dont le cours est de 4.500 kilomètres, arrive en Éthiopie, c'est-à-dire dans le pays des hommes au visage brûlé (des mots grecs *aithô* et *ops*). La vallée du Nil est très étroite en Éthiopie, car elle est resserrée entre des montagnes que l'on appelle la chaîne Arabique à l'est et la chaîne Libyque à l'Ouest. La vallée n'a guère qu'une lieue et demie de large. Le Nil, après cinq cataractes, entre à Syène, aujourd'hui Assouan, en Égypte. Le nom d'Égypte signifie : la demeure de Phtah (Ha-Ka-Phtah, dont les Grecs firent Ægyptos.)

La vallée atteint quatre à cinq lieues de large ; puis elle cesse tout à fait et elle est remplacée par une vaste plaine appelée Delta, à cause de la ressemblance que présente sa forme avec la lettre grecque. Cette plaine, bornée au nord de grandes lagunes fermées par des langues de terre ou de sable, compte environ vingt-trois mille kilomètres carrés et s'augmente chaque année.

Les embouchures du Nil. — Tout ce pays entre les montagnes paraissait à Hérodote avoir été autrefois un

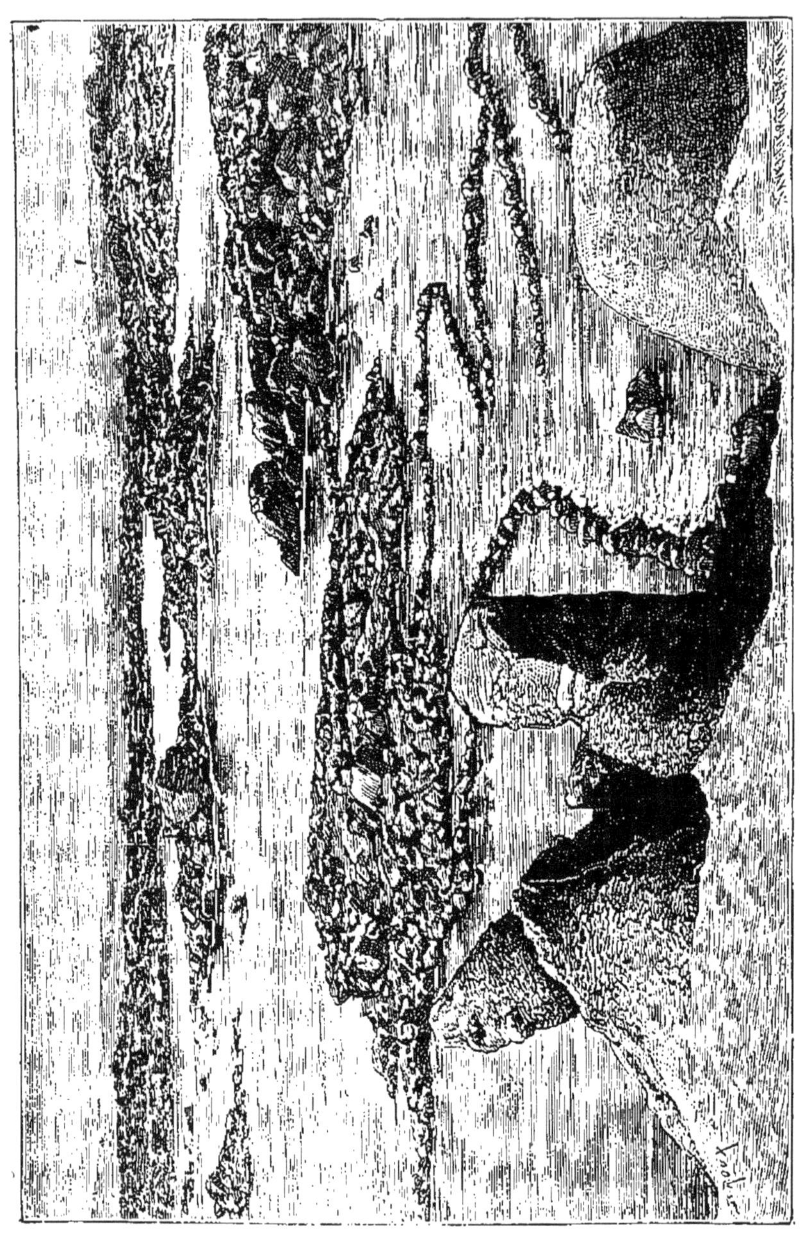

golfe de la mer. Jusqu'à la ville de Cercasore, dit-il, c'est-à-dire un peu au nord de Memphis, le Nil n'a qu'un seu canal, mais au-dessous de cette ville, il se sépare en trois branches qui prennent trois routes différentes. L'une va à l'est et s'appelle la bouche Pélusiaque; l'autre coule à l'ouest et s'appelle la bouche Canopique ; la troisième va tout droit depuis le haut de l'Égypte jusqu'à la pointe du Delta qu'elle coupe par le milieu en se rendant à la mer. Cette bouche n'est ni la moins considérable par la quantité de ses eaux ni la moins célèbre : on la nomme la bouche Sébennytique. Deux autres bouches en dérivent et vont également à la mer, l'une sous le nom de bouche Saïtique et l'autre de bouche Mendésienne. La bouche Bolbitine et la Bucolique ne sont point l'ouvrage de la nature mais des canaux creusés de main d'homme.

L'inondation. — Le Nil commence à grossir à la fin de juin, c'est-à-dire environ trois semaines après que les pluies ont commencé en Ethiopie. Les pluies sont donc la vraie cause de la crue du Nil. Quand les autres fleuves franchissent leurs berges, c'est par bonds irréguliers et violents ; les fortes crues sont redoutées comme des malheurs publics; mais le Nil s'enfle et monte lentement. Il se retire avec lenteur après avoir déposé sur toutes les terres qu'il a baignées une épaisse couche de limon.

Le sol de l'Égypte, continue Hérodote, est une terre noire, crevassée et friable, comme ayant été formée du limon que le Nil a apporté d'Éthiopie. Les prêtres égyptiens pouvaient donc dire que l'Égypte était un présent du Nil.

Le Nil était un dieu vénéré. Les Égyptiens peignaient le corps du dieu Nil en bleu pour représenter la saison des basses eaux et en rouge pour figurer celle de l'inondation. Ainsi donnaient-ils au Nil représenté comme dieu les couleurs sous lesquelles ce fleuve se montre successivement pendant les deux saisons de l'année égyptienne.

Cette régularité du fleuve devait donner des habitudes de régularité, de calme, de travail uniforme au peuple qui s'établirait sur ses bords et lui permettre de constituer de très bonne heure une société policée.

Le peuple égyptien. — Le peuple égyptien s'est formé en Égypte même d'un mélange de tribus éthiopiennes qui avaient descendu le Nil, ainsi que l'attestent Hérodote et les auteurs anciens, et de familles sémitiques qui arrivèrent dans le Delta par l'isthme de Suez, apportant avec elles des formes de langage qu'on a pu retrouver. Produits d'une double origine, les Égyptiens avaient cependant une antipathie profonde pour l'Ethiopie, qu'ils appelaient « Kousch, la vile » et pour les Asiatiques, qu'ils appelaient les Sos ou les « pillards ».

Ils se donnaient à eux-mêmes le nom de Rôt-en-nerôme, « la race des hommes », les hommes par excellence. Dans leurs peintures ils se représentaient avec une couleur rouge sombre, la taille bien proportionnée, la physionomie douce, le nez généralement aquilin, avec une longue chevelure nattée et vêtus de blanc.

Egyptien de race pure.

On voit par les peintures du tombeau de Merenphtah Ier, dans la vallée de Biban-el-Molouk près de Thèbes, que les Égyptiens distinguaient trois autres groupes de peuples.

Les uns ont le teint basané, le nez fortement aquilin, la barbe noire, abondante et terminée en pointe, avec un vêtement court et bariolé. Ce sont les Namou ou Asiatiques.

D'autres sont les nègres ou Nahas, avec les lèvres grosses et la chevelure crépue.

Enfin il y a les Tahmou, qui ont la peau blanche, le nez

droit ou à peine courbé, les yeux bleus, la barbe blonde ou rousse, la taille haute et très élancée et qui sont vêtus de peaux de bœufs conservant encore leur poil. Ce sont les représentants de la race aryenne ou indo-européenne.

Ainsi les Égyptiens avaient soin de se distinguer des autres peuples qu'ils méprisaient.

SUJET A TRAITER :

Exposer comment l'Égypte est un présent du Nil.

CHAPITRE III

L'ANCIEN EMPIRE

SOMMAIRE :

I. **Ménès, de Thinis, fonde la première dynastie.**

II. **Il bâtit Memphis et établit le culte de Phtah.**

III. **La quatrième dynastie élève les trois grandes py ramides.**

IV. **Pepi-Méri-Râ, de la sixième dynastie, est un roi puissant.**

V. **Memphis cesse à la fin de la dixième dynastie d'être la capitale de l'Égypte.**

Fondation de la monarchie égyptienne.— Les Égyptiens offrent le plus ancien exemple d'un empire organisé avec une capitale et des provinces, de grands officiers de la couronne, une société partagée en classes, les prêtres, les guerriers, les scribes, les corps de métiers. C'était à Ménès, chef de guerriers, que les traditions égyptiennes faisaient remonter la fondation de cet empire, quatre mille ans environ avant Jésus-Christ. Encore l'Égypte avait-elle antérieurement une organisation régulière sous la domination des prêtres et des princes des nomes ou districts. Il y avait déjà un culte commun à Osiris, le soleil, dans la ville de Thinis ou Abydos, dans la haute Égypte. Ces prêtres d'Abydos rendaient la justice et surveillaient l'emploi des eaux du Nil.

Ménès. — De Thinis sortit Ménès qui descendit dans la basse Égypte avec ses guerriers, ses esclaves et y trouva des alliés de race sémitique pour fonder Men-nefer, « la bonne demeure », dont les Grecs firent Memphis. Ménès avait détourné d'abord à quelques lieues au nord de la pointe du Delta le Nil, qui coulait auparavant à la base même du plateau terminant la chaîne Libyque. Une digue avait été construite pour être la clef des réservoirs d'inondation de la basse Égypte et, entre un canal et le Nil, sur un terrain très allongé, s'éleva la grande ville qui allait être la capitale de l'Égypte. Ménès éleva dans Memphis un grand temple à Phtah, le Créateur du monde, qui se manifestait sur la terre sous la forme du bœuf Apis.

Ménès fit reconnaître sa suprématie malgré la résistance des prêtres d'Abydos et des chefs des nomes et il obligea les uns et les autres à venir à Memphis adorer Phtah, son Dieu et s'incliner devant le bœuf Apis. La monarchie égyptienne était fondée. Les Pharaons ou successeurs de Ménès prirent le titre de seigneurs de la haute et de la basse Égypte et portèrent sur la tête une double couronne, le pschent, haute coiffure royale, ornée d'un petit serpent, l'urœus, symbole de la prudence et de l'activité.

Les premières dynasties. — La descendance de Ménès forma la première dynastie qui dura plus de deux cent cinquante ans et que remplaça une famille royale, Thinite également et apparentée à la première. Une famille originaire de Memphis succéda aux Thinites. Les rois de cette dynastie ont le double caractère de princes instruits, protégeant les arts de l'écriture, de la médecine et de l'architecture, et de chefs de guerre comme le premier de la race, Néchérophès, qui battit les Libyens et les tribus nomades du Sinaï et de l'Arabie Pétrée, les Anou.

La quatrième dynastie. — Ce fut aussi une dynastie guerrière que la quatrième, Memphite également. Trois rois, Chéops, Chéphren et Mykerinos ou Menkéra combattirent les nomades de l'Arabie et allèrent ainsi chercher les captifs ou esclaves royaux qu'ils employèrent à leurs immenses travaux et notamment à la construction des trois grandes pyramides qui devaient leur servir de tombeaux. Le grand sphinx s'éleva à côté des trois pyramides et des nombreuses pyramides plus petites de la même époque dont il était le colossal gardien.

Une révolution, à la suite de laquelle les statues du roi Chéphren furent jetées dans un puits, amena au trône une cinquième dynastie, originaire d'Eléphantine, au sud de la haute Égypte. Il y eut pour l'Égypte une période de repos, mais l'ardeur guerrière se ralluma sous la sixième dynastie, originaire de Memphis. Pepi-Méri-Râ fut un glorieux prince, qui au nord châtia rudement les tribus asiatiques qui attaquaient les ouvriers égyptiens employés aux mines de cuivre du Sinaï.

Les Ouaoua.— Les tribus noires du sud, les Ouaoua, furent soumises et leurs défaites répétées fournirent des esclaves pour la guerre et les travaux fastueux ou utiles. Le roi fit ouvrir la route de caravanes conduisant du port de Myos-Ormos ou Kosseïr sur la mer Rouge à Thèbes sur le Nil, dans la haute Égypte. La sixième dynastie finit cependant de façon tragique. Neit-aker, que les Grecs appellent Nitocris, pour venger son frère Menthesouphis assassiné, attira les meurtriers à un festin dans une galerie souterraine, les noya sous les eaux du Nil et se tua.

Pharaon, vainqueur des Ouaoua.

Les quatre dernières dynasties memphites. — Alors quatre dynasties se succédèrent sans que l'Égypte pût trouver la paix. La septième dynastie compta, dit-on, cinq rois en trois mois. Les tribus asiatiques et libyennes pénétrèrent sans nul doute dans l'Égypte déchirée et modifièrent de nouveau la race. La neuvième et la dixième dynastie de Manéthon sont des dynasties étrangères. Cette période d'anarchie se termine enfin et avec elle l'ancien Empire qui avait duré dix-neuf siècles. On l'appelle encore empire Memphite, parce que Memphis fut constamment la capitale de l'Égypte.

SUJETS A TRAITER :

Dire par quels princes furent construites les pyramides d'Égypte.

Exposer le rôle de Ménès dans l'histoire de l'ancienne Égypte.

CHAPITRE IV

LE MOYEN EMPIRE

SOMMAIRE :

I. Thèbes aux cent portes est la capitale du moyen empire.
II. Ammon, à la tête de bélier, est le dieu le plus honoré.
III. La douzième dynastie entraîne les Égyptiens à des guerres extérieures, dans les pays des noirs du sud.
IV. Amenhemat III crée le Méri ou lac de réserve, et construit le palais appelé Labyrinthe.
V. Les pasteurs envahissent l'Égypte.

Le moyen Empire. — A la période obscure, troublée, des dernières dynasties Memphites succède le moyen Empire. Il semble qu'une vie nouvelle ait alors commencé pour l'Égypte. Pendant que Memphis est une proie disputée par des envahisseurs étrangers, défendue avec peine, Thèbes devient le vrai centre de la nationalité égyptienne et son dieu Ammon est le dieu suprême. Thèbes aux cent portes s'élevait aux bords du Nil et devait, sinon la naissance, du moins la grandeur à la route de caravanes, créée par Pepi-Méri-Râ, et qui joignait la vallée du Nil à la mer Rouge. Le commerce l'avait enrichie ; car par là arrivaient les produits des Indes, de l'Arabie, du Sinaï et de la Phénicie, les pierres précieuses, les aromates, le cuivre et l'étain nécessaires pour faire les outils de bronze.

Thèbes. — A la hauteur de Thèbes, la vallée du Nil étant beaucoup plus étroite, l'agriculture avait moins d'importance. Les Thébains devaient être des commerçants et aussi des guerriers qui portèrent au loin le nom et la

Temple du moyen Empire à Karnak, dans les ruines de Thèbes.

gloire de leur dieu Ammon-Râ. La onzième dynastie se rattachait à Pepi-Méri-Râ, le créateur de Thèbes. Son fondateur, Entef Ier, est encore un simple chef local. Mais son fils Mentouhotep est déjà le roi des pays du sud et Mentouhotep IV put prendre la double couronne, mettre l'uræus à son front et régner sur toute l'Égypte. Bientôt, il est vrai, ses descendants perdirent le trône; cette première dynastie thébaine n'avait duré que quarante-trois ans.

La douzième dynastie. — La douzième dynastie s'élève avec le Thébain Amenhemat Ier qui, pour mettre fin aux troubles, entraîna les Égyptiens à des guerres extérieures. Il enleva la forteresse de Tetaouï au sud de Memphis, occupée par les étrangers, contint les Libyens et les Nubiens ou Ouaoua. Ousortesen Ier, associé au trône du vivant d'Amenhemat Ier, fut un roi conquérant qui reprit l'Arabie Pétrée et rouvrit ainsi les communications avec l'Asie en même temps qu'il gravait ses stèles triomphales à Wady-Halfa, en Ethiopie, dans ce que les Égyptiens d'alors appelaient pays de Kousch et qui est le Soudan.

Les noirs du Sud. — Son fils, Amenhemat II, combattit aussi les tribus noires du sud : enfin ces mêmes tribus dont la soumission a été de tout temps si nécessaire à l'Egypte, à cause du recrutement des soldats et des esclaves, furent définitivement rattachées à l'Egypte par Ousortesen II et Ousortesen III. La frontière de l'empire fut portée du côté du sud à la seconde cataracte du Nil, à Semneh. Amenhemat III, qui triompha également des Ethiopiens, s'attacha surtout à mener à bien une œuvre autrement importante. La raison d'être d'un pouvoir unique en Egypte était surtout le besoin que le Nil fût réglé par une seule administration toujours en éveil.

Amenhemat III. — Pour remplacer les réservoirs d'importance inégale et de difficile emploi, Amenhemat III créa un immense bassin de réserve, où les eaux du Nil seraient recueillies quand la crue serait trop forte et d'où on les ferait écouler quand l'inondation serait insuffisante pour les besoins de l'agriculture. Ce fut le Meri ou lac; mais les Grecs, prenant ce mot pour un nom propre, appelèrent Mœris le lac et son fondateur. La nature avait créé elle-même ce bassin à quelques lieues au sud de Memphis dans une large vallée au niveau du Nil. De fortes digues furent construites à l'occident pour barrer la vallée et des écluses, fermant et ouvrant un canal d'entrée et un canal de sortie des eaux, assurèrent ainsi la régularité du cours du fleuve.

Statues colossales. — Au milieu du lac on plaça sur deux pyramides deux statues colossales, celles du roi et de la reine sa femme, qui semblaient contempler l'œuvre grandiose et bienfaisante d'Amenhemat. Près du lac et de la ville de Crocodilopolis, qu'il se plut à embellir, le Pharaon fit bâtir un vaste édifice de deux cents mètres de long, à la fois, palais et temple. Des mots égyptiens, *Lopero-hount*, le temple de l'entrée du lac, les Grecs firent leur mot de labyrinthe. Hérodote, émerveillé, a raconté comment à travers les trois mille chambres de ce palais, obscures, ayant toutes pour plafond un bloc de pierre, on n'osait s'aventurer sans le secours d'un guide. Malheureusement cette remarquable douzième dynastie s'éteignit presque aussitôt après la mort d'Amenhemat III.

Treizième dynastie. — La XIIIe dynastie, dont les princes s'appellent tous Sevekhotep ou Nofréhotep, était thébaine et dura pendant quatre cents années qui semblent avoir été heureuses pour l'Egypte. Pendant cette longue suprématie de la haute Egypte, les villes du Delta, Saïs, Xoïs, Mendès, Bubaste, Tanis, devinrent riches et prospères. Les villes du Delta, jalouses de Thèbes, cessèrent de lui obéir et une quatorzième dynastie s'éleva à Xoïs. Thèbes garda ses princes. La conséquence de cette division du pays en deux dominations ennemies fut de permettre aux Pasteurs de se jeter sur l'Egypte et de la dominer pendant cinq cents ans.

Invasion des Pasteurs. — Les Pasteurs, dont les chefs furent pour les Egyptiens les Hiq-sos, ou « rois pil lards », étaient des hordes nomades de la Syrie méridionale et de l'Arabie, refoulées par l'invasion chananéenne qui était elle-même une conséquence du renversement de la première dynastie chaldéenne. L'Egypte se trouvait par la rivalité des princes Xoïtes et Thébains une proie livrée sans défense aux Asiatiques qui s'en rendirent maîtres et la pillèrent cruellement, vers 2.290 ans avant J.-C.

Les Pasteurs.— Les Pasteurs avaient d'abord ravagé tout le pays, la haute Egypte aussi bien que le Delta, renversant partout les images de Phtah, d'Osiris ou d'Ammon pour placer leur dieu national, Soutekh, que les Egyptiens identifièrent avec Set, le méchant génie des ténèbres. Cependant, c'était un établissement que cherchaient les Pasteurs; leur roi Salatis prit Memphis comme capitale et plaça garnison dans les points les plus importants de l'Egypte. Il se fortifia surtout du côté de l'Orient, dit Manéthon, préoccupé d'empêcher que de nouvelles hordes asiatiques ne vinssent envahir l'Egypte. Près de la frontière, il construisit un grand camp retranché, qui devint la ville d'Avaris, l'entoura de solides défenses et y plaça une armée de deux cent mille hommes où venaient s'engager les aventuriers d'Asie.

Gouvernement des Hiq-sos. — Les rois Pasteurs prirent les insignes des Pharaons, la double couronne ou pschent avec l'urœus. Les prêtres des différents dieux ne furent plus persécutés et les temples, dévastés au moment de la conquête, se rouvrirent Les scribes égyptiens formèrent de nouveau le corps des administrateurs, sous la surveillance des rois Pasteurs et de leurs guerriers. Ceux-ci accordaient naturellement aux Asiatiques une confiance et une faveur marquées, et c'est ainsi que l'Hébreu Joseph arriva sous le roi Apapi au poste élevé de surintendant des blés. Comme les anciens Pharaons les rois Pasteurs se firent élever des statues. Le type de ces statues caractérisé par le profil anguleux, les pommettes saillantes, la chevelure épaisse, indique nettement l'origine sémitique des Hiq-sos. Deux familles royales asiatiques se succédèrent avec Tanis comme capitale, et Manéthon les considère comme la XVe et la XVIe dynasties légitimes.

Résistances nationales. — Pendant ce temps, des princes qui forment la XVIIe dynastie régnaient dans la Thébaïde comme vassaux des rois Pasteurs. Les deux derniers princes de cette dynastie, Taaken et Kamès, commencèrent la guerre de l'Indépendance en se servant de la religion pour soulever le peuple égyptien. Le roi Pasteur Apapi, apprenant que le prince de la Thébaïde, Taaken, refusait d'adorer Soutekh, son dieu, lui envoya une sommation qui fut reçue avec mépris. La guerre nationale commença, dura plus d'un siècle, mais enfin le Thébain Ahmès en prenant Tanis et en s'emparant du grand camp d'Avaris ruina définitivement la puissance des Hiq-sos. Les Pasteurs ne furent pas tous chassés de l'Égypte, mais ceux qui restèrent devinrent les sujets des Égyptiens. Quant à ceux qui avaient quitté l'Égypte, ils allèrent sous le nom de Khétas fonder un royaume aux bords de l'Oronte et sur les flancs du massif de l'Amanus.

SUJETS A TRAITER :

Raconter l'histoire de la douzième dynastie, exposer ses guerres et ses grands travaux utiles.

Raconter l'invasion des Pasteurs et leur séjour en Egypte.

CHAPITRE V

LE NOUVEL EMPIRE

SOMMAIRE :

I. **Ahmès, libérateur de l'Egypte, fonde la dix-huitième dynastie.**

II. **Thotmès Ier conduit les Egyptiens au pays de Chanaan.**

III. **Thotmès III règne sur Ninive et Babylone, après que sa sœur, la régente Hatasou, a procuré à l'empire de grandes richesses par le développement du commerce.**

IV. **Amenhotep IV compromet par son fanatisme la grandeur de l'Egypte.**

La dix-huitième dynastie. — Ahmès, pour mieux lutter contre les Pasteurs, s'était allié aux Éthiopiens et avait épousé une princesse de leur race, la reine noire Nofrétari. Maître de Thèbes et de la région des cataractes ou Nubie, allié des Éthiopiens, libérateur de la basse Égypte, Ahmès fonda la dix-huitième dynastie. Il rouvrit les ateliers, les temples, reprit les relations commerciales avec les pays voisins. Les Égyptiens se remirent à vivre avec une activité qu'ils ne connaissaient plus sous le joug d'étrangers détestés. Le nouvel empire commence.

La guerre extérieure. — La guerre de l'Indépendance avait eu pour effet de mettre les armes dans les mains d'un grand nombre d'Égyptiens qui, ne connaissant plus d'autre métier que la guerre, devaient nécessairement être conduits à une guerre étrangère pour que le pays ne fût pas ravagé par eux. Ce fut contre l'Asie que les rois d'Égypte détournèrent cette ardeur belliqueuse et qu'ils employèrent ces bandes de guerriers; il était bon aussi d'employer à des guerres au dehors les prisonniers faits sur les Pasteurs, dont on avait fait des corps auxiliaires; il était bon surtout d'employer toutes ces forces contre ceux des Pasteurs qui étaient allés s'organiser dans le pays de Chanaan et dans la vallée de l'Oronte, de soumettre les Sos ou Schasou, c'est-à-dire les Arabes du désert, de réduire la confédération des Routennou ou Resennou, ainsi appelés du nom de la ville de Resen en Mésopotamie. Cette confédération comprenait le pays d'Aram, la Mésopotamie et l'Assyrie, mais sans que tous les petits chefs des villes ou des tribus formassent en aucune façon un empire régulier.

Thotmès Ier. — Les Égyptiens donc, par une conséquence de la guerre de l'Indépendance, se jetèrent sur l'Asie et ce fut Thotmès Ier, fils d'Ahmès, qui les conduisit après avoir resserré l'alliance avec l'Éthiopie et recruté dans le Soudan de nombreux soldats noirs. Pour la première fois, les Égyptiens, sortant de la région du Nil, arrivèrent dans le pays de Chanaan qu'ils réduisirent, et entrèrent en Syrie. Les Routennou s'étaient confusément réunis en avant de Damas. Thotmès resta vainqueur. Poussant alors vers l'Euphrate, il franchit ce fleuve à Circesium ou Karkémisch et planta ses stèles ou colonnes de victoire en Mésopotamie.

La régente Hatasou. — A la mort de Thotmès Ier, on reconnut comme roi son fils Thotmès II, mais le prince était jeune; la princesse Hatasou, sa sœur et son épouse à la fois, gouverna. La régente Hatasou a fait construire le magnifique temple de Déir-el-Bahari à Thèbes et fait graver sur les murs le récit de ses conquêtes et de ses expéditions lointaines. La plus curieuse de ces expéditions fut la conquête du pays de Pount, c'est-à-dire de l'Arabie méridionale d'où l'on rapporta non seulement de grandes quantités d'aromates mais même des arbres à parfum, entourés de terre, que l'on planta dans les jardins de Thèbes.

Relations avec l'Inde par le Pount. — Ce pays de Pount était peuplé par des Kouschites, excellents marins, faisant de temps immémorial le cabotage avec l'Inde. Ils devinrent les intermédiaires du commerce entre l'Inde et l'Égypte et ces relations commerciales ne devaient plus cesser qu'au temps des Portugais. Thotmès II était mort jeune ; mais Hatasou avait continué de gouverner au nom de son plus jeune frère, Thotmès III, et elle garda le pouvoir tant qu'elle vécut. Elle se faisait représenter avec la double couronne des Pharaons et aussi la longue chevelure et la barbe postiches que portaient les rois d'Égypte et d'Assyrie pour augmenter leur air de force et de majesté. A la mort d'Hatasou, Thotmès III devint roi réellement, et l'Égypte arriva avec lui au plus haut degré de sa force et de sa prospérité.

Thotmès III. — En apprenant la mort d'Hatasou, les peuples de Syrie avaient refusé le tribut, les Chananéens de la Palestine s'étaient révoltés ; Gaza, seule, restait aux Égyptiens. Thotmès III concentra ses troupes à Gaza et marcha contre les Routennou qui s'étaient rassemblés sous les ordres du prince de Kadesch, une grande ville syrienne des bords de l'Oronte. La bataille s'engagea dans la plaine de Mageddo, en avant du torrent de Kina ; les Asiatiques s'enfuirent presque sans combattre, abandonnant près de mille chars de guerre. De là, Thotmès III alla franchir l'Euphrate et, pénétrant jusqu'au delà du Tigre, soumit au tribut le roi du pays d'Assur.

Conquêtes en Orient. — La Syrie creuse ou Cœlésyrie, c'est-à-dire la vallée de l'Oronte avec sa grande ville de Kadesch formant le pays appelé Tsahi par les Égyptiens, fut soumise comme les Phéniciens de la côte, les gens d'Arad, qui durent apporter le tribut de leurs vins, de leurs métaux, de leurs étoffes de pourpre au puissant suzerain des bords du Nil. Thotmès III, à la fin de son long règne, s'avança de nouveau à travers toute l'Asie antérieure ; Ninive et Babylone lui ouvrirent leurs portes vers 1559 avant J.-C ; et les Remenen ou Arméniens se reconnurent ses vassaux.

Conquêtes en Occident. — Maître de toute l'Asie jusqu'à l'Inde, Thotmès III organisa une flotte avec l'aide des Phéniciens, devenus les vassaux dévoués des Égyptiens. Chypre, la Crète, les îles de l'Archipel et les côtes de la Libye, de l'Asie Mineure et de la Grèce reçurent les stèles triomphales de Thotmès III dont les exploits sont pour une grande partie dans la formation de la légende de Sésostris. Thotmès III put être représenté, terrassant des groupes d'ennemis de race noire, de race brun-jaunâtre et de race blanche. Disposant de nombreux captifs, le roi put couvrir l'Égypte de monuments. Les temples bâtis par lui à Memphis comme à Thèbes appartiennent au plus pur style de l'art égyptien.

Les successeurs de Thotmès III. — Amenhotep II et Thotmès IV régnèrent peu de temps. La puissance égyptienne se maintenait, et tous deux reçurent les tributs des noirs et des Asiatiques. Cependant les Égyptiens n'avaient pas véritablement rattaché à leur empire tous ces pays conquis. Ils ne laissaient chez ces peuples vaincus ni gouverneurs égyptiens, ni troupes égyptiennes, se bornant à se faire promettre l'obéissance et le tribut, châtiant à l'occasion les rebelles, mais sans fonder de la sorte une domination durable.

Amenhotep III et les grandes guerres. — Avec Amenhotep III recommencent les grandes guerres en Afrique et en Asie. L'empire s'étend des bords du Tigre aux montagnes de l'Abyssinie. La guerre donne le butin et les captifs que le roi emploie aux grandes constructions qui s'élèvent à Napata et à Thèbes, surtout, où il bâtit les temples dont les ruines forment aujourd'hui les villages de Karnak et de Louqsor. Amenhotep III éleva à Thèbes la célèbre statue où on le représentait avec les attributs de Hor, et dans laquelle les Grecs voulurent voir Memnon saluant sa mère l'Aurore. Le sommet de la statue s'était brisé et la pierre granitique, imprégnée de l'humidité de la nuit, crépitait aux premiers rayons du soleil. L'empereur romain Septime Sévère, imbu des superstitions orientales, répara la statue et à la suite de cet acte pieux le dieu ne parla plus.

Persécutions religieuses d'Amenhotep IV. — Amenhotep IV, dont le type étrange reproduit par la statuaire égyptienne semble dénoter un manque complet d'intelligence, s'attacha à réformer le culte. A l'instigation de sa mère la reine Taïa, d'origine asiatique, il ferma tous les temples et ne voulut plus qu'on reconnût d'autres dieux que le disque solaire lui-même, représenté sous sa forme vraie. C'était donc la proscription des représentations figurées d'Ammon-Râ et de Phtah, du culte du Bélier de Thèbes et du bœuf Apis. Le prince, iconoclaste et réformateur, quitta Thèbes, la sainte ville d'Ammon-Râ, et bâtit à Tell-el-Amarna un temple à Aten, le disque solaire, un palais et toute une ville où il vécut entouré d'étrangers. Il mourut, et le pouvoir fut disputé par ses nombreux gendres. Enfin le dernier des enfants d'Amenhotep III, Horemheb, régna et réagit violemment contre tout ce qu'avait fait ou tenté son frère aîné. La ville de Tell-el-Amarna fut abandonnée et partout le culte des anciens dieux fut rétabli. Sur l'ordre de son père Ammon, Horemheb reconquit l'Éthiopie ou pays de Kousch, mais sans attaquer la Syrie. Il mourut sans laisser d'héritiers directs et la couronne passa à une famille nouvelle. La dix-huitième dynastie avait pendant deux cent quarante ans gouverné glorieusement l'Égypte.

SUJETS A TRAITER :

Raconter les guerres des Égyptiens sous la dix-huitième dynastie, au sud de l'Egypte et en Asie.

Dire ce que fut la régente Hatasou.

CHAPITRE VI

LA DIX-NEUVIÈME DYNASTIE

SOMMAIRE :

I. Séti Ier construit la salle hypostyle à Karnak.

II. Ramses II, vainqueur des Khétas ou Syriens du Nord, à la bataille de Kadesh, traite avec eux.

III. Il couvre l'Egypte de constructions fastueuses.

IV. Il réunit par un canal le Nil à la mer Rouge.

V. Sous Merenphtah les Hébreux quittent l'Egypte.

Ramsès Ier. — La grandeur de l'Égypte, fondée par la dix-huitième dynastie, se maintient avec éclat sous la dix-neuvième dont le fondateur est Ramsès Ier, officier et général sous Horemheb et de plus son petit-fils par les femmes. Ramsès Ier alla combattre en Asie les Khétas ou Héthéens qui étaient les anciens Pasteurs chassés d'Égypte et groupés avec d'autres tribus chananéennes sous un chef unique, le roi Sapalel. Il laissa le trône au bout de six ans à Séti, son fils d'adoption, officier de fortune, d'origine asiatique. Séti Ier, qui prit le nom de Merenphtah, « aimé de Phtah », éleva de grandioses constructions en même temps qu'il s'efforçait de maintenir la domination de l'Égypte sur l'Asie.

Séti et la salle hypostyle. — Il a dédié dans Abydos un magnifique temple à Osiris et construit à Thèbes sur l'emplacement actuel de Karnak la salle hypostyle ou salle des colonnes qui est peut-être le plus beau des monuments de l'ancienne Égypte. Cette immense salle de cent trente-quatre colonnes, dont dix étaient aussi grosses que la colonne Vendôme, portait un plafond qui, dans sa partie centrale, n'avait pas moins de vingt-trois mètres de hauteur. Sur les murailles de l'admirable « salle hypos-

Pylone, construction de la dix-huitième dynastie, à Thèbes.

tyle », Séti Ier fit graver le récit de ses exploits contre les Arabes du désert et les Khétas.

Traité avec les Khétas. — Malheureusement ce peuple des Khétas lutta si bien contre les Égyptiens que Séti Ier dut renoncer à s'avancer au delà de l'Euphrate et signer avec leur roi un traité d'alliance. Séti Ier régna seul pendant trente ans; puis il associa au trône son fils Ramsès II dès que celui-ci fut né, parce que la mère de Ramsès, la princesse Taï, se rattachait directement à la dix-huitième dynastie et qu'ainsi il devait paraître le roi légitime.

Séti acheva vingt ans plus tard sa vie au fond de son palais, comblé d'honneurs, mais ne régnant plus. Ramsès régnait de fait, combattant en Syrie et en Arabie, achevant les grandes constructions paternelles d'Abydos et de Karnak. Il avait, entre temps, repoussé une attaque des peuples blancs de l'Asie Mineure, Sardanes et Tyrséniens, qui, unis aux Libyens, leurs frères de race, attaquèrent les nomes occidentaux, furent vaincus et enrôlés dans l'armée égyptienne.

Ramsès II. — Ramsès II, surnommé Meri Amoun, « aimé d'Ammon », ou Ses-Râ, serviteur du Soleil, ce que les Grecs écrivirent Sésostris, est le prince auquel la légende attribua par la suite tout ce qu'avaient fait de grand les Égyptiens, parce que pendant son long règne de soixante-sept années il a pu achever les plus beaux et les plus durables monuments et a fait graver partout son nom et son histoire.

Poème de Pentaour. — Sur les murs du splendide édifice thébain appelé le Ramesséum, comme sur ceux du temple d'Ipsamboul, le roi fit graver tout au long le poème du scribe Pentaour, qui avait chanté Ramsès II, vainqueur des Khétas. Ces Khétas, avec leur roi Moutnour, tentaient de former un vaste empire comprenant le pays d'Aram, la Mésopotamie, l'Arménie, l'Assyrie et la Chaldée. Ils chassèrent les généraux égyptiens que Séti Ier avait laissés en Syrie et firent appel aux peuples de l'Asie

Mineure et aux Phéniciens, sans pouvoir toutefois décider les Phéniciens à se joindre à eux.

Bataille de Kadesh. — Ramsès II, la cinquième année de son règne, marcha contre les Khétas et arriva sans les avoir rencontrés, jusqu'à Kadesh sur l'Oronte. Deux Arabes du désert vinrent lui dire que les ennemis s'enfuyaient vers Alep. Ramsès II se laissa tromper, et, faisant marcher son armée en masses détachées, se trouva brusquement enveloppé près de Kadesh. Il n'avait avec lui que sa maison militaire; mais, ayant invoqué son père Ammon-Râ, il paya bravement de sa personne et donna aux autres corps de son armée le temps de le rejoindre. Les Khétas vaincus signèrent une paix qui ne dura que deux ans. Une nouvelle et longue guerre de quatorze années, pendant laquelle les Egyptiens se trouvèrent plusieurs fois presque ramenés jusqu'à l'Égypte, se termina enfin par le triomphe de Ramsès II, qui descendit toute la vallée de l'Oronte et pénétra jusqu'au milieu de l'Asie Mineure.

Traité avec les Khétas. — Un traité fut signé et Ramsès II épousa la fille de Khétasar, roi des Khétas, frère et successeur de Moutnour. Un temple fut élevé à Soutekh, l'ancien dieu des Pasteurs dont l'image reparut en Égypte, au scandale sans doute des Égyptiens de race pure chez lesquels s'accrut la haine des Asiatiques. Les Routennou, c'est-à-dire les peuples de la Mésopotamie, de l'Assyrie et de la Chaldée, allèrent porter leurs tributs au gouverneur égyptien établi avec une garnison à Karkémisch sur l'Euphrate, au gué principal du fleuve.

Grandes constructions. — La paix ne fut plus troublée et Ramsès II, que l'on a comparé à Louis XIV, put faire élever de splendides édifices : à Ipsamboul, le grand spéos ou temple bâti en forme de grotte dans les flancs de la montagne et orné de quatre colosses de vingt mètres de haut; à Thèbes, le Ramesséum que les anciens appe-aient le tombeau d'Osymandias; d'autres temples à Thèbes,

Temple d'Ipsamboul, dédié à Hathor, taillé dans les flancs de la montagne.

à Abydos, si nombreux qu'on put dire de Ramsès II qu'il avait fait bâtir dans chaque ville un temple à la principale divinité du lieu. Enfin Ramsès II acheva le canal joignant le Nil à la mer Rouge, commencé par Séti Ier.

Merenphtah. — Lorsque Ramsès II mourut, son fils et sucesseur Merenphtah était un vieillard. Il montra cependant du courage en repoussant une formidable attaque du roi des Libyens ou Maschouach, qui avait avec lui de nombreux Tahmou ou Européens, c'est-à-dire gens de l'Archipel, guerriers et pirates. Toutefois ces Maschouach restèrent établis dans les nomes occidentaux du Delta et formèrent une sorte d'armée auxiliaire à la façon des barbares établis dans l'empire romain comme fédérés vers les derniers temps. Au milieu des troubles de cette guerre les Hébreux, établis dans la terre de Gessen, trouvant insupportables les vexations qu'on leur faisait éprouver, les corvées, les travaux que les scribes égyptiens leur imposaient pour l'achèvement des immenses édifices de Séti et de Ramsès II, quittèrent l'Egypte sous la conduite de Moïse qui les emmena au désert.

A la faveur de l'anarchie, des usurpations se produisirent et un prince du sang de Ramsès II, Amenmesès, se fit proclamer roi dans la région du lac Méri, appelée aujourd'hui le Fayoum. Il s'opposa à ce que Séti II, fils de Merenphtah, succédât à celui-ci. Ce ne fut que plus tard que Séti II put régner ; mais, au milieu d'un désordre qui n'avait pas cessé, la dix-neuvième dynastie s'éteignit, après avoir duré soixante-quatorze ans.

SUJET A TRAITER :

Raconter le règne de Ramsès II.

CHAPITRE VII

LA VINGTIÈME DYNASTIE

SOMMAIRE :

I. Ramsès III, vainqueur des Khétas, repousse les Philistins, venus de Crète, et les établit dans la Syrie méridionale.

II. Les derniers Ramsès vivent à Thèbes en rois fainéants.

III. Les grands prêtres d'Ammon-Râ, à Thèbes, usurpent le pouvoir.

IV. La vingtième et unième dynastie s'élève à Tanis.

V. Deux autres dynasties se succèdent à Bubaste et à Tanis, dans la basse Egypte où dominent les soldats d'aventures.

Ramsès III. — Dans les derniers temps de la dix-neuvième dynastie, des rebelles et notamment un Syrien, nommé Arisou, étaient devenus les maîtres du Delta; mais, aux périodes troublées, c'était généralement à Thèbes, véritable centre de la nationalité, que s'élevait une dynastie qui rétablissait l'unité égyptienne. Le Thébain Nekht-Séti, du sang de Ramsès II, chassa les rebelles du Delta et purifia la terre d'Egypte. Bientôt il associa au trône Ramsès III qui montra au monde ce que pouvait encore la vieille Egypte. Le palais que Ramsès III éleva à Thèbes, celui de Medinet-Abou, porte gravé le récit de ses guerres. Ce sont d'abord les Libyens qui, à l'Occident, sont repoussés.

Défaite des Philistins. — Du côté de l'Orient, les Khétas se sont alliés aux Phéniciens d'Arad et une nation guerrière venue de Crète, les Philistins, attaque par terre et par mer l'empire égyptien. Ramsès III alla d'abord battre chez eux les Khétas, dans les montagnes du Liban ; puis, pendant que les Sidoniens, ses sujets, battaient sur mer les Philistins, il écrasa au combat de la Tour de Ramsès ceux d'entre eux qui avaient déjà débarqué. Il établit alors sur les confins de la Syrie du sud cette nation des Philistins dans les villes de Gaza, de Gath, d'Accaron, d'Azoth et d'Ascalon. Ceux-ci furent rejoints par d'autres émigrants venus de Crète et donnèrent leur nom à la Palestine. Ramsès III maintint la souveraineté de l'Égypte sur le pays de Pount et sur les rives de la mer Rouge.

On sait de façon certaine par un calcul astronomique, relatif à l'étoile Sirius, que Ramsès III régnait en l'an 1300 avant Jésus-Christ. Il se fit élever un magnifique tombeau dans la vallée de Biban-el-Molouk, à Thèbes. Les Ramsès ses successeurs vécurent plus obscurément ; mais les chefs asiatiques continuèrent d'apporter leurs tributs à l'Égypte.

Usurpation des grands prêtres d'Ammon-Râ. — Cependant la décadence était venue. Les Maschouach et les Asiatiques ont envahi le Delta où ils vivent plutôt en maîtres du sol qu'en soldats auxiliaires. Alors, pendant que les derniers Ramsès vivent en rois fainéants à Thèbes, les prêtres d'Ammon-Râ s'attribuent peu à peu le pouvoir.

Le grand prêtre Her-hor prit les titres royaux, à l'époque de Ramsès XIII ; mais les princes des nomes et les guerriers accueillirent mal ce gouvernement de prêtres, surtout dans la basse Égypte. Il y a dès lors rupture presque complète entre la haute Égypte, où la théocratie domine, et la basse Égypte, où s'établissent des dynasties de soldats et d'aventuriers qui le plus souvent sont d'origine étrangère.

La XXIe dynastie. — Pendant qu'au nom des derniers Ramsès les grands prêtres gouvernent en réalité à Thèbes, une dynastie, la XXIe, s'élève à Tanis dans la basse Égypte. Ces rois Tanites, dont le premier fut Smendès, renonçant à toute tentative de domination en Asie,

Ramsès III terrassant un groupe d'ennemis.

purent diriger tous leurs efforts contre Thèbes. Les Ramsès disparurent, et le grand prêtre, descendant de l'usurpateur Her-hor, se retira avec les Égyptiens attachés à sa fortune dans la partie de l'Éthiopie, colonisée au temps de la XIIe dynastie. Il s'établit à Napata, où il organisa une sorte de monarchie religieuse au nom d'Ammon-Râ ; il ne cessa d'entretenir des relations secrètes avec ceux qui dans la vieille Égypte regrettaient la domination sacerdotale. Ces intrigues devaient par la suite amener le retour triomphant des descendants de Her-hor ; mais les Tanites n'en devinrent pas moins les maîtres de toute l'Égypte. Cette domination était précaire d'ailleurs et le roi Psousanis, pour se fortifier, s'allia avec Salomon de Judée et lui donna sa fille en mariage. Cette dynastie Tanite ne dura guère qu'un siècle, et une autre dynastie, Bubastite, c'est-à-dire originaire également de la basse Égypte, la remplaça. La domination politique de Thèbes avait cessé pour toujours et le règne des aventuriers d'origine asiatique ou libyenne qui forment la garde des souverains à l'exclusion des Égyptiens de race pure a commencé.

La XXIIe dynastie. — Le dernier roi Tanite avait marié sa fille à Osorchon, officier appartenant à une famille d'origine asiatique mais établie depuis assez longtemps en Égypte, à Bubastis. L'enfant d'Osorchon reçut la couronne à la mort de son grand-père. C'était Scheschonk que la Bible appelle Sésac. Scheschonk accueillit Jéroboam, chassé de Judée, pénétra plus tard jusqu'à Jérusalem, battit Roboam et enleva les trésors du Temple.

Scheschonk laissa le trône à son fils Osorchon Ier, qui ne put prévenir une invasion des Éhiopiens de Napata. L'Egypte fut parcourue et la Palestine même fut envahie; mais une défaite qu'Asa, roi de Juda, infligea aux Éthiopiens, les obligea à retourner jusque dans leur pays et rendit le pouvoir aux princes Bubastites qui se maintinrent pendant près d'un siècle.

C'est encore dans la basse Egypte que s'élève, à Tanis, une XXIIIe dynastie, que le prêtre Manéthon reconnaît comme légitime, mais qui fut impuissante à maintenir la paix publique.

SUJET A TRAITER:

Dire ce qu'étaient les rois-prêtres de Napata et ce qu'il faut entendre par la domination des Éthiopiens en Égypte.

CHAPITRE VIII

LES ÉTHIOPIENS ET LES SAÏTES

SOMMAIRE :

I. Tafnekht fonde la puissance des princes Saïtes.

II. Piankhi, roi-prêtre de Napata, oblige Tafnekht à se reconnaître son vassal.

III. Le roi-prêtre éthiopien Sabak est appelé dans le Delta et perd en Syrie la bataille de Raphia.

IV. Les Sargonides sont les maîtres de l'Egypte.

Tafnekht. — Les étrangers venus dans le Delta comme soldats, Maschouach ou Libyens et Asiatiques, étaient de plus en plus nombreux et indépendants. Leurs chefs se construisent de petites places fortes et rançonnent les régions voisines de leurs châteaux, à la façon des aventuriers féodaux. Parmi ces fondateurs de seigneuries une famille se distingue par son ambition remarquablement souple et tenace ; ce sont les princes Saïtes, dont le premier est Tafnekht. La fortune des Saïtes s'édifia lentement ; à son domaine des environs de Canope dans le voisinage des marais, Tafnekht ajoute les territoires de Saïs, d'Athribis, Memphis elle-même, et se trouve ainsi maître des nomes occidentaux ; mais d'autres chefs locaux avaient créé à son exemple de petites souverainetés dans le Delta. Tafnekht s'avance dans la moyenne Égypte. Menacés par ces nouveaux progrès du prince de Saïs, les chefs du Delta et ceux de la moyenne Égypte font appel contre lui aux rois-prêtres de Napata, aux descendants de Her-hor.

Piankhi Ier. — Thèbes avait été en quelque sortetransportée en Éthiopie avec le culte d'Ammon, Mouth et Khons, avec les traditions de la vieille Égypte et les nations noires servaient fidèlement ces rois-prêtres dont la domination s'étendait de Napata jusque sur les nomes de la haute Egypte.

Piankhi-Mériamoun, roi-prêtre de Napata, descendit donc le Nil avec une armée et des bateaux de guerre et battit sur le fleuve deux escadres de Tafnekht. Il obligea Nimrod, chef asiatique, établi à Sesoun entre Abydos et Memphis, et vassal de Tafnekht, à se rendre ; puis, marchant à travers l'Egypte en restaurateur du vrai culte des dieux, sans trouver de résistance dans la population égyptienne, heureuse de la défaite des chefs libyens et asiatiques, il occupa Khnensou, la contrée du lac Méri, Tetaouï et Memphis même. Piankhi reçut en grâce Tafnekht et lui laissa la souveraineté de Saïs ; il se fit prêter l'hommage par les autres chefs locaux, sacrifia à toutes les divinités et revint à Napata avec un immense butin.

La XXVe dynastie. — Napata était la capitale de l'empire reconstitué. Si Tafnekht est regardé comme le chef de la vingt-quatrième dynastie, Piankhi est avec plus de raison encore considéré comme fondateur de la vingt-cinquième dynastie égyptienne. Cependant le roi-prêtre de Napata mourut et Bokenranf, fils de Tafnekht, en profita pour reconquérir le Delta. Bokenranf régna sept ans ; mais les chefs du Delta, jaloux du roi saïte appelèrent le roi-prêtre éthiopien Sabak. Celui-ci, soutenu par les rivaux de Bokenranf, le prit dans Saïs et le fit tuer. La famille saïte ajourna ses espérances et Sabak resta roi de toute l'Egypte.

Les Rois éthiopiens. — Les rois éthiopiens de la vingt-cinquième dynastie montrèrent de la résolution, restaurèrent les temples négligés pendant les guerres intérieures, firent exécuter les travaux nécessaires aux barrages et aux digues du Nil. Thèbes surtout fut embellie de nouveau avec un soin pieux par les descendants de Her-hor. Pour ne pas abuser de la corvée, Sabak remplaça, dit Hérodote, la peine de mort par la peine des travaux publics et rendit son autorité plus forte par la clémence.

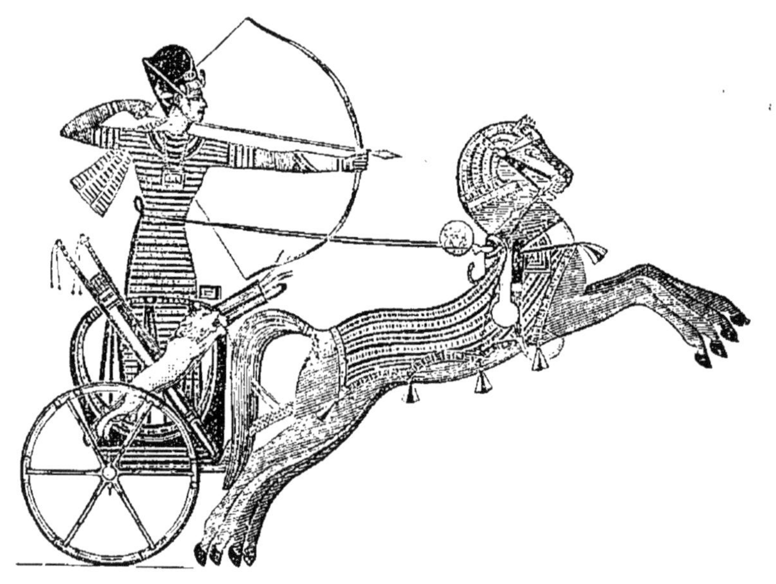

Pharaon combattant sur son char de guerre.

Sabak, maître incontesté du pays, devait être tenté de reprendre le chemin de l'Asie antérieure, de la Palestine, d'autant plus qu'il voyait les Assyriens se rapprocher de l'isthme de Suez. Il accepta donc les présents d'Osée, roi d'Israël, des Phéniciens et des Philistins qui lui demandèrent de les délivrer du joug de Salmanasar. Les Assyriens promptement informés ne laissèrent pas à Sabak le temps de secourir ses alliés. Salmanasar bloqua Samarie et Sargon la prit et la détruisit en 721.

L'Egypte et les Sargonides. — Sabak, malgré la chute du royaume d'Israël, ne renonçait pas à dominer sur la Syrie. Il s'allia au roi des Syriens dont Hamath était la capitale et à Tyr qui se défendait contre les troupes de Sargon.

Les chefs des cinq villes des Philistins, les rois des Ammonites et des Moabites s'unirent à Sabak; mais Ezéchias, de Juda, conseillé par le prophète Isaïe, refusa prudemment de s'unir aux Égyptiens. Sabak entra en Syrie, mais, vaincu à Raphia, il dut s'enfuir avec peine à travers le désert. Aussitôt les chefs du Delta reprirent leur indépendance. Stéphinatès, du sang de Tafnekht, reparut à Saïs, s'en déclara prince et envoya des présents à Sargon qui accepta son hommage. Sabak, qui ne conservait plus que les nomes de la haute Égypte, mourut, laissant le trône à Sabatok.

Révolte de l'Egypte. — L'orsqu'on apprit en Egypte l'assassinat de Sargon et l'avènement de Sinachérib, les princes du Delta envoyèrent une armée en Palestine : ce fut pour être battus par les Assyriens à Elteкeh. Le roi-prêtre d'Éthiopie, Tahraka, arriva à son tour du sud avec une armée pour rejoindre Ezéchias de Juda. Il n'y eut pas de lutte. La peste s'abattit comme un fléau du ciel sur l'armée assyrienne et Sinachérib regagna avec peine les rives du Tigre. L'Égypte était délivrée. Tahraka, vainqueur, chassa Stéphinatès de Memphis, tout en laissant régner à Saïs son fils Nekhepso.

Bientôt les Assyriens reparurent avec Assur-Haddon; le roi-prêtre, abandonnant Memphis et Thèbes, s'enfuit jusqu'à Napata. Néchao Ier, fils de Nekhepso, régnait à Saïs, à l'arrivée d'Assur-Haddon. L'Assyrien le reconnut comme roi-vassal de Saïs et de Memphis, en prenant cependant pour lui-même le titre de seigneur de la haute et basse Égypte et en faisant graver sur les rochers du Nil le récit de ses victoires. Au moment où Assurbanipal devin roi, en 667, Tahraka entra en Égypte; fut battu. Après sa mort, Ourd-Amen, son fils adoptif, entreprit encore de chasser les Assyriens alliés et protecteurs des Saïtes ; il parvint à s'emparer dans Memphis de Néchao Ier et le fit périr. Assurbanipal, que Psamétik, fils de Néchao, était allé rejoindre, saccagea Thèbes et emmena toute la population en esclavage. L'Assyrie pourtant perdait sa puissance ; Ninive allait succomber ; à la fin du règne d'Assurbanipal l'Égypte se rendit indépendante.

SUJET A TRAITER :

Dire ce que l'on sait des Assyriens en Egypte.

CHAPITRE IX

LES SAÏTES

SOMMAIRE :

I. Douze princes gouvernent le Delta.

II. Psamétik, aidé des hommes d'airain, sortis de la mer, c'est-à-dire de Grecs mercenaires, devient le maître de l'Egypte.

III. Néchao II perd en Syrie la bataille de Karkémisch, mais ordonne en Egypte de grands et utiles travaux.

IV. Apriès est le conquérant de la Phénicie.

V. Amasis détrône Apriès, mais continue d'accorder une grande faveur aux Grecs.

VI. Les Perses font la conquête de l'Egypte par la victoire de Péluse en 525.

La dodécarchie. — Après le départ des Assyriens, les maîtres du Delta, au nombre de douze, convinrent de gouverner le pays sans s'inquiéter réciproquement dans la possession de leurs seigneuries. C'est ce qu'Hérodote appelle la dodécarchie. Cependant l'oracle de Buto avait prédit l'empire à celui d'entre eux qui ferait à Phtah la libation sacrée dans un vase d'airain. Un jour que les princes étaient réunis dans le temple de Memphis, le prêtre apporta par mégarde seulement onze coupes d'or ; alors Psamétik de Saïs, fils de Néchao Ier, prit son casque qui était en airain, fit la libation et accomplit ainsi l'oracle. Les autres, voyant qu'il avait agi sans mauvaise foi, le chassèrent dans les marais du Delta ; mais l'oracle de Buto lui annonça que des hommes d'airain sortiraient de la mer pour le faire roi.

Grottes funéraires de Beni-Hassan.

Les hommes d'airain. — Quelques temps après, un Égyptien vint apprendre à Psamétik que des hommes d'airain venaient du rivage en pillant le pays. C'étaient des aventuriers grecs, ioniens et cariens, couverts de fer, que Psamétik engagea aussitôt à son service. Il attaqua vivement les autres princes du Delta, les battit à Momenphis et les détrôna tous. La moyenne Égypte et Thèbes se soumirent également à Psamétik.

Psamétik Ier. — Quinze ans après le départ des Assyriens, dit Diodore, Psamétik était maître de toute l'Égypte. En épousant la princesse Sapenptis de la dynastie éthiopienne, il acheva de donner un caractère légitime à sa domination, et Manéthon le regarde comme le fondateur de la XXVIe dynastie, la dernière jusqu'à la domination des Perses. Il entreprit de faire disparaître les ruines que les guerres des Éthiopiens, des Assyriens, et que les rivalités des princes avaient accumulées. Les temples furent reconstruits avec un art que l'on trouve plus achevé, plus gracieux, plus vrai que l'art des grandes époques des Amenhemat et de Ramsès II. Psamétik fit construire les propylées en avant du grand temple de Phtah à Memphis. On répara les digues, les routes, les canaux ; le sol fut partout mis en culture ; les caravanes de marchands éthiopiens, carthaginois, arabes ou syriens reprirent le chemin de Thèbes et de Memphis.

Psamétik et les Grecs. — Les prédécesseurs de Psamétik, dit Diodore, avaient rendu l'Égypte inaccessible aux étrangers qui venaient y aborder, en faisant périr les uns et en soumettant les autres à l'esclavage. Le premier, Psamétik ouvrit aux nations étrangères des entrepôts de marchandises et donna aux navigateurs une grande sécurité. Les Phéniciens avaient, pendant longtemps, seuls pu venir commercer par mer, et ils avaient dû ce privilège à leur qualité de vassaux fidèles des Pharaons. Les marchands et marins grecs reçurent des privilèges semblables

Psamétik les établit en grand nombre le long de la

branche pélusiaque du Nil. Des soldats grecs formèrent également la garde principale de Psamétik, tandis qu'il oubliait dans des garnisons lointaines les soldats de race égyptienne. Ceux-ci, indignés, ne se révoltèrent pas,

mais, au nombre de deux cent quarante mille, ils partirent pour l'Éthiopie sans que Psamétik pût les retenir et ils allèrent s'établir au confluent du Nil blanc et du Nil bleu, auprès des rois-prêtres de Napata qui furent très heureux de les accueillir. Cependant Psamétik organisa avec ses Grecs mercenaires une armée et une flotte, mit soigneusement en état de défense les frontières de Syrie, de Nubie et de Libye et occupa même au delà du désert d'Égypte la ville d'Asdod. Il mourut en 611.

Néchao II. 611-595. — Le successeur de Psamétik, Néchao II, ne manquait d'aucune des qualités de noble ambition, d'intelligence et de bravoure qui avaient fait les grands princes de l'Égypte. Malheureusement le peuple égyptien avait reçu trop d'éléments étrangers, avait subi trop de maîtres en un court espace d'années, pour que le sentiment du patriotisme pût exister en Égypte comme lors de l'expulsion des Pasteurs. Les guerriers de race indigène ne venaient-ils pas d'ailleurs de quitter en masse le pays pour se retirer auprès des rois-prêtres de Napata, pour protester contre les privilèges de ces soldats grecs qui semblaient le principal, le seul appui des princes saïtes ? Pourtant, avec son armée de soldats grecs, Néchao II voulut profiter de la mort de Naboupalossor et marcher vers les régions du Tigre et de l'Euphrate.

Bataille de Mageddo. — Néchao, après avoir traversé le pays des Philistins, descendait les pentes du Carmel lorsqu'il trouva l'armée de Josias de Juda, qui prétendait lui barrer le chemin. Les Juifs battus à Mageddo, Nechao arriva par Kadesch jusqu'au delà de l'Euphrate. Il revint alors sur ses pas et organisa ses conquêtes, la Syrie et la Palestine. Juda reçut de lui pour roi Joachim et dut lui payer tribut. Cependant, trois ans plus tard, Nabuchodonosor, roi de Chaldée, attaqua sur l'Euphrate les Égyptiens et leur infligea la grande défaite de Karkémisch qui leur fit perdre toute l'Asie.

La marine de Néchao. — Néchao s'attacha à refaire ses forces et se préoccupa surtout d'organiser une marine de guerre. Ses marins grecs lui construisirent des trirèmes ; cependant il employait surtout des marins phéniciens et fit faire à quelques-uns de ceux-ci un très hardi voyage.

Il leur ordonna de descendre au sud en longeant la côte d'Afrique ; ils obéirent et virent un jour avec stupeur que le soleil se levait à leur droite ; ils avaient dépassé la pointe méridionale de l'Afrique et commençaient à remonter vers le nord. Ils arrivèrent aux Colonnes d'Hercule et, par la mer Méditerranée, après trois années de navigation, revinrent en Égypte. Malheureusement ce voyage resta sans résultats pratiques. Néchao II avait tenté vainement de faire creuser de nouveau le canal du Nil à la mer Rouge,

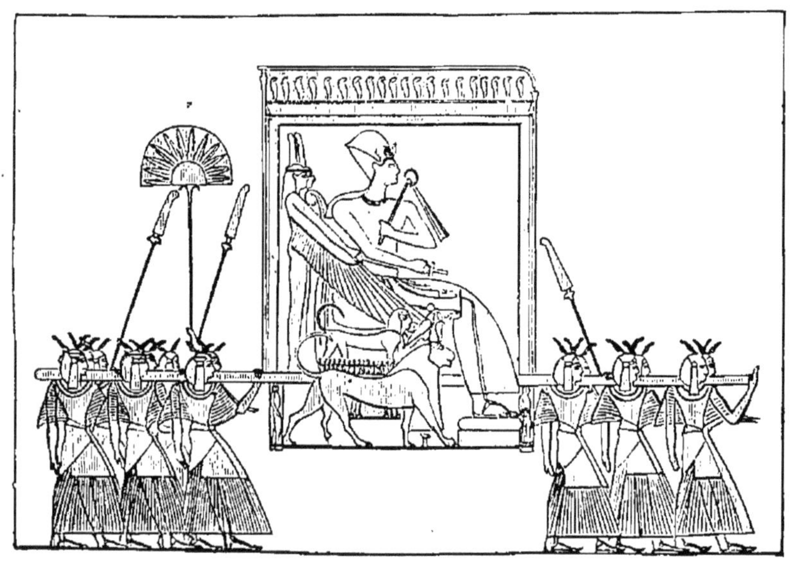

Roi égyptien représenté plus grand que nature et porté en palanquin.

œuvre de Séti Ier et de Ramsès II, qu'on avait laissé combler par les sables.

Psamétik II et Apriès. — Le fils de Néchao, Psamétik II, ne régna que six ans ; il fit une expédition du côté du sud contre le roi de Napata, mais ne put songer à l'Asie. Cependant les Sémites, qu'animait une haine commune contre le roi chaldéen, sollicitèrent Apriès ou Ouahpra, à son avènement, de marcher à leur secours. Apriès éprouva une première défaite à la suite de laquelle les Chaldéens détruisirent Jérusalem et emmenèrent captif ses habitants ; mais il reparut plus tard avec une flotte montée par des marins grecs et battit les Phéniciens qui avaient cru trouver leur intérêt à rester fidèles au roi Nabuchodonosor. Sidon fut enlevée, ainsi que les villes voisines sans que les Chaldéens pussent empêcher Apriès de faire la conquête de la Phénicie.

Révoltes des guerriers. — Une révolution ne tarda pas à faire disparaître la famille de Psamétik. Les Libyens avaient demandé à Apriès de leur envoyer des secours contre les Grecs qui, de leur établissement de Cyrène, prétendaient les soumettre au tribut. Apriès envoya une armée de soldats égyptiens qui fut battue et revint après avoir perdu beaucoup de monde. Ni les prêtres, ni les guerriers, ni la population elle-même ne l'aimaient, à cause de la faveur qu'il témoignait aux étrangers. On l'accusa d'avoir envoyé à une mort prévue les guerriers égyptiens en ménageant ses mercenaires. Une révolte se produisit.

Amasis.—Ahmès ou Amasis, de Saïs, d'abord soldat, puis général, grâce à son esprit, à sa bravoure, à sa belle humeur, fut envoyé aux rebelles qui le saluèrent roi. Ahmès accepta, marcha sur Saïs et, vainqueur des soldats grecs à Momenphis, s'empara d'Apriès, qui périt bientôt dans une sédition du peuple de Saïs. Amasis épousa une fille de Psamétik II, consolida ainsi son autorité en la rendant légitime, et montra de la vigueur et de l'énergie. Maître de la Phénicie, il conquit l'île de Chypre et, par crainte des Perses dont la puissance grandissait, s'unit au roi de Babylone et à Crésus de Lydie. La chute rapide de Sardes en 554 arrêta aussitôt ces projets d'alliance. Amasis s'attacha à vivre en paix avec ses voisins et jamais, dit Hérodote, l'Égypte, qui comptait alors vingt mille villes ou bourgs ne fut plus prospère ni plus florissante.

Faveur des Grecs. — Amasis, au lieu d'éloigner les Grecs, préféra garder auprès de lui ces soldats qui ne voyaient en lui que le maître qui les payait, sans songer à lui reprocher comme les autres Egyptiens sa naissance obscure. Il augmenta donc ses corps composés de Cariens, Ioniens et autres Grecs. Il épousa une femme grecque de Cyrène, Laodice, et envoya de nombreux présents aux temples de la Grèce. Les Grecs purent s'établir dans toutes les villes de l'Egypte et reçurent à titre de domaine propre la ville de Naucratis, où ils furent administrés par des magistrats élus par eux.

La vieille Egypte avait sans doute reçu incessamment des étrangers et avait passé par de lentes et nombreuses transformations; cette fois, la transformation était brusque. Le culte, l'armée, l'organisation sociale, le commerce tout était bouleversé à la fois par l'introduction des Grecs. L'étranger pouvait venir; il ne trouverait pour lui résister que les Grecs d'Amasis. Les Perses avaient déjà conquis toute l'Asie antérieure; le Grec Phanès d'Halicarnasse, mécontent du roi d'Egypte, alla trouver Cambyse et le détermina à venir détrôner Amasis.

Bataille de Péluse. 525. — Traversant le désert, les Perses arrivèrent en Égypte où ils apprirent la mort d'Amasis et l'avènement de Psamétik III. Une seule bataille livrée sur les bords du Nil, près de Peluse, leur livra l'Égypte. La pluie était tombée à Thèbes, grave présage. Les soldats égyptiens lâchèrent pied, les soldats grecs seuls firent courageusement leur devoir. Cambyse, vainqueur, ne tarda pas à faire mettre à mort Psamétik en 525.

Les Grecs, introduits en Égypte par les princes saïtes, ne furent pas chassés par les Perses. L'introduction d'un nouvel élément de population par la conquête des Perses, l'établissement d'une domination étrangère durable marquent la fin de l'histoire ancienne des riverains du Nil. La vieille Égypte était morte.

SUJETS A TRAITER :

Raconter l'histoire de Psamétik Ier.
Raconter l'histoire d'Amasis.

CHAPITRE X

RELIGION DES ÉGYPTIENS

SOMMAIRE :

I. Les anciens Egyptiens ont d'abord le culte des animaux, du soleil et de la lune.

II. La triade divine d'Osiris, Isis et Hor est adorée dans toute l'Egypte et prend des noms différents.

III. Des temples magnifiques couvrent toute l'Egypte.

IV. L'âme passe après la mort dans le séjour des ombres où elle subit un jugement.

V. Le mort doit être embaumé avec soin parce que la vie se continue dans la tombe.

VI. La pyramide est la tombe du haut empire, tandis qu'à Thèbes on creuse des grottes funéraires.

Fétichisme et culte du Soleil. — La première forme de la religion des Égyptiens fut le fétichisme. Chaque tribu, par reconnaissance ou par crainte, avait adopté sa bête sacrée, l'ibis, le bœuf, le chat, le bélier ou le crocodile. Le bélier était l'animal sacré à Thèbes, le bœuf à Memphis, le bouc à Mendès. Ce respect pour les bêtes bienfaisantes et malfaisantes constitua toujours une partie importante du sentiment religieux des Égyptiens. Le culte du Soleil ou Osiris et d'Isis ou la Lune est aussi ancien que celui des animaux et leur culte est naturellement plus universel, car leurs bienfaits s'étendent sur tout le peuple. Aussi Hérodote constate-t-il qu'Osiris est la divinité que tous les Égyptiens reconnaissent. Abydos est la ville où le Dieu a son temple et où se célèbrent ses mystères. Le dieu meurt tous les jours, vaincu par Set qui représente les ténèbres ; mais après qu'Isis, la Lune, sa sœur et son épouse, a parcouru le ciel, et que leur fils Hor, qui est l'Aurore ou le soleil levant, a paru à son tour, le dieu revient sur sa barque solaire et les fidèles peuvent de nouveau le saluer dans sa gloire.

Phtah et Hathor. — A Memphis et dans le Delta, Ménès avait fondé le culte de Phtah, l'Intelligence su-

Barque solaire d'Osiris.

prême et le créateur de toutes choses ; mais il fallait ne pas heurter les croyances des Égyptiens et Phtah fut identifié à Osiris. Phtah-Osiris vivait au milieu des hommes : il prenait la forme d'un bœuf, l'animal sacré de Memphis. Les prêtres savaient reconnaître à certains signes le bœuf Apis qui, à sa mort, devenait Osiris-Apis dont les Grecs firent Sérapis. Quand Phtah quittait cette enveloppe terrestre, le bœuf sacré était placé dans une chambre sépulcrale du Sérapeum. La déesse Hathor était l'épouse de Phtah. De même que Phtah-Osiris était représenté par le bœuf Apis, Isis-Hathor fut conçue sous la forme de la vache, symbole de la fécondité, et représentée en statue par le corps d'une femme avec la tête et les cornes d'une vache. Hor est également le fils de Phtah et d'Hathor.

Ammon, Mouth et Khons. — A la triade d'Abydos, à celle de Memphis correspond la trinité thébaine, la famille sacrée d'Ammon, Mouth et Khons. Ammon, dont le nom signifie le Caché, est celui qui embrasse toutes choses, l'âme suprême qui fait tout mouvoir et pénètre tout. Ammon se manifeste dans la nature sons la forme du Soleil, Râ en égyptien. Ammon-Râ est absolument le Phtah-Osiris de Memphis, la puissance créatrice suprême identifiée au soleil. Ammon, qui est en même temps tout ce qui est bon et utile, est aussi le Nil; on l'appelle alors Ammon Knouphis et on le peint de couleurs qui rappellent l'eau du Nil. Il prend à Thèbes la forme du bélier, ce qui indique la persistance du culte local de l'animal sacré.

Le bélier sacré. — De même qu'à Memphis les prêtres nourrissaient le bœuf Apis, forme vivante de Phtah, de même à Thèbes on entourait d'hommages analogues un bélier qui était le corps dans lequel Ammon venait vivre au milieu du peuple. La sculpture représente Ammon par un corps humain supportant une tête de bélier. Mouth, qui n'est autre qu'Isis et Hathor, est l'épouse du Dieu. Khons, leur fils, qui est toujours le soleil levant ou Hor, est représenté avec la tête de l'épervier sur le corps d'un jeune homme. Khons est le dieu qui chasse les mauvais esprits et guérit les maladies.

Au-dessous de ces grandes divinités sont les dieux d'ordre inférieur. Toth est l'ibis divinisé, Sekhet est la lionne, Anubis est le chien. Chacune de ces divinités a ses fidèles car chacune a son pouvoir. Toth protégera de la peste, Anubis conduira fidèlement l'âme dans le voyage de l'autre vie, Sekhet donnera la force et la victoire.

Tous ces dieux et toutes ces déesses reçoivent des hommages constants et nul peuple ne montra plus de dévotion que les Égyptiens.

Les temples. — Les temples étaient à l'origine cons-

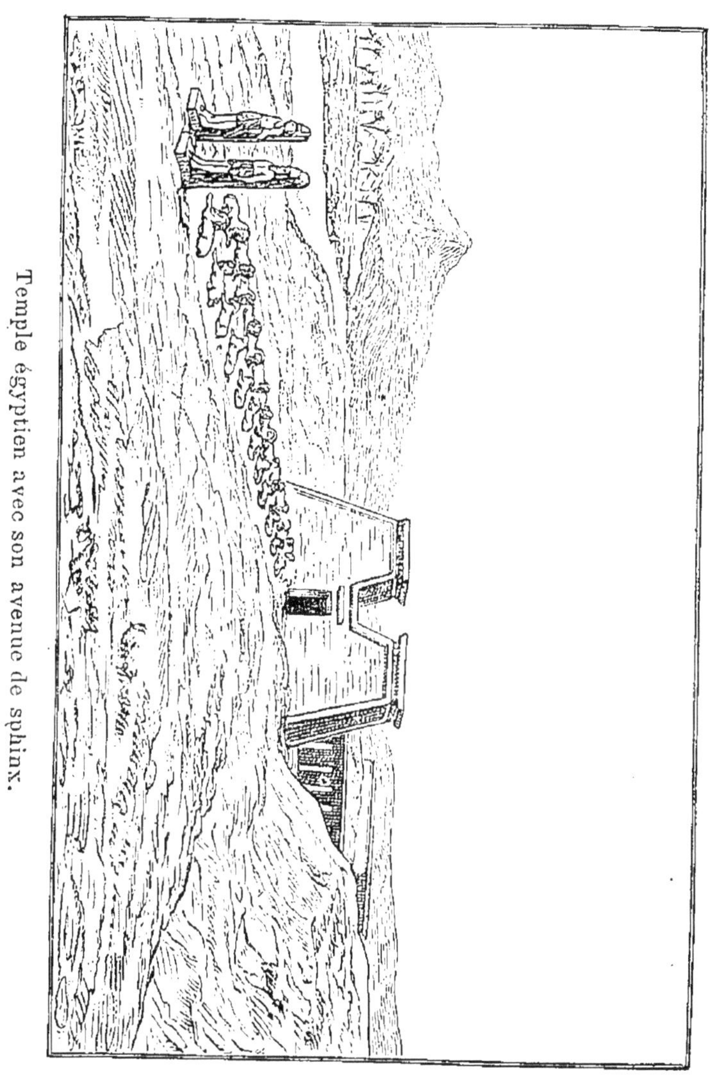

Temple égyptien avec son avenue de sphinx.

truits surtout en bois et il ne reste plus, même à l'état de ruines, de temples bâtis sous l'ancien Empire. Plus tard, les temples furent de grands édifices décorés de peintures en l'honneur des Dieux et des pharaons divinisés. Partout s'étalait sur les murs le disque solaire, image du dieu suprême, Osiris ou Ammon. Au fond du sanctuaire où pénètrent seuls le roi et les prêtres, est le naos, sorte de chapelle en granit ou en basalte. Aux jours de fête on tire du naos les statues des dieux, les emblèmes religieux, la barque sacrée d'Osiris portée sur les épaules des fidèles. A travers les avenues de sphinx ou de béliers, par-dessous les pylônes, par devant les obélisques de granit, la procession se déroule jusqu'au Nil au bruit des sistres et des chants sacrés. Les prêtres en longs vêtements blancs de lin font les libations sacrées, brûlent l'encens, pendant que les sacrificateurs tranchent la tête de la victime et, après l'avoir chargée des péchés du peuple, la jettent au fleuve ou la vendent aux impurs étrangers.

L'âme et la tombe. — Si les anciens Égyptiens demandaient avec piété aux dieux les biens de la terre, ils étaient très préoccupés de ce que devenaient après la mort leur âme et leur dépouille mortelle. Ils croyaient qu'au moment de la mort le Ka, c'est-à-dire le « double », sorte d'image ou d'ombre, d'une matière subtile, reproduisant l'individu trait pour trait, descendait par la fente du Péga, grande brèche ouverte dans la montagne, près d'Abydos, vers l'Ament qui est l'enfer égyptien.

Le livre des morts. — L'âme, sons la conduite d'Anubis, le bon dieu-chien, arrive sur la barque solaire qui, chaque nuit, conduit Osiris aux espaces infernaux. Les épreuves commencent ; mais le Livre des morts ou Rituel enseigne quelles sont ces épreuves et comment on en triomphera ; aussi le mort doit-il en avoir un exemplaire dans son tombeau. Sur la poitrine du mort on met le scarabée comme gage de résurrection, parce que dans cet insecte qui naît de la putréfaction les Egyptiens voyaient la négation de la mort : c'est le signe de la vie nouvelle et le talisman qui protégera le défunt. L'âme laboure les champs infernaux ; les cynocéphales la purifient dans un bassin de feu. Enfin elle arrive à la salle de vérité où Osiris doit rendre le jugement entouré des quarante-deux juges des enfers; le mort se justifie par des réponses prévues dans le Rituel funéraire et ses actions bonnes et mauvaises sont pesées dans une balance.

L'âme du méchant est condamnée à revenir sur la terre sous la forme d'un animal immonde; l'âme du juste doit vivre éternellement dans l'Ament. Ce séjour des ombres effraye; il est triste; c'est le pays du lourd sommeil et des ténèbres et l'âme y soupire après la vie terrestre. Ainsi l'homme meurt et renaît comme Osiris, et c'est en joignant le nom d'Osiris à celui que l'Egyptien portait dans sa vie terrestre qu'on désigne sa seconde vie.

L'embaumement. — L'âme du mort ne reste pas constamment dans l'Ament; elle peut en être appelée par les évocations des magiciens et des sorcières. Elle séjourne aussi, repose dans le lieu paisible où la dépouille terrestre a été placée. L'embaumement est chose capitale, car il faut pour le repos de l'âme que le corps dont elle est le dédoublement ne soit pas détruit; la vie et le bonheur de l'âme sont liés à la conservation et au respect de la momie.

Pour les pauvres, la vie est dure en l'autre monde comme en celui-ci; de leur âme on ne s'inquiète guère; le corps salé plutôt qu'embaumé est mis dans un sac grossier et déposé dans le sable où les gens pieux et charitables jettent de petites statuettes divines. Ceux qui ont pu laisser quelques ressources sont embaumés avec plus de soin et leurs dépouilles sont rassemblées dans une sépulture commune où un prêtre veille et prie pour écarter les mauvais génies. Pour les riches, l'art de l'embaumeur épuise ses raffinements. Les parfums les plus précieux sont injectés dans le corps, de fines bandelettes l'enveloppent; le cercueil richement orné, doré, couvert de pieuses inscriptions, reproduit les traits du mort.

Les tombeaux. — Dans leur ardent et pieux désir de conserver la momie, les Égyptiens furent amenés à construire différemment les tombes aux temps de l'ancien Empire, du moyen et du nouveau et ils cherchèrent toujours à Memphis, à Thèbes ou à Saïs les conditions les plus favorables de construction. Dans les temps reculés, la sépulture avait été recouverte simplement d'une masse de terre artificiellement rapportée, le tumulus. L'ancien Empire est l'âge des Pyramides. La plus vieille, la pyramide à degrés de Sakkarah, date de la première dynastie et a cinquante-sept mètres de hauteur. Les trois pyramides de Gizeh datent de la quatrième dynastie; elles ont actuellement 137, 135 et 66 mètres d'élévation. La plus grande avait 144 mètres au temps de Diodore; mais le revêtement, formé de beaux matériaux, disparut de bonne heure. Une centaine de pyramides, plus petites, de 15 à 20 mètres de hauteur, sont des tombeaux de reines ou de grands personnages.

Ces pyramides reposaient sur un grand plateau rocheux qui termine la chaîne libyque et le grand Sphinx, image de Hor-brillant, ou Harmachis, gardait le grand champ funéraire de Memphis. On prenait de grandes précautions pour que la tombe ne fût pas violée et le conduit qui pénétrait dans le roc au-dessous de la pyramide était bizarrement tracé, et même obstrué.

La nécropole d'Abydos renferme également beaucoup de pyramides; elles sont petites mais nombreuses, parce que c'est la ville sainte et que beaucoup de fidèles ont de tout temps désiré voir leur tombeau à côté de celui d'Osiris.

Le spéos et la syringe. — Sous la douzième dynastie, on commença à creuser de préférence la tombe dans les flancs rocheux de la chaîne libyque. Cette tombe est le spéos, ce qui en grec veut dire caverne. Les grottes ou hypogées de Beni-Hassan sont entre Memphis et Abydos et donnent les plus curieux renseignements sur la vie des gens de la douzième dynastie. Quelques colonnes sur le flanc de la montagne marquent l'entrée de l'hypogée, mais la chambre sépulcrale est soigneusement dissimulée au fond d'un puits rempli de sable. Après la domination des Pasteurs, c'est-à-dire sous le nouvel Empire, le spéos devient la syringe, mot qui désignait le long tuyau de la flûte et qui exprime l'idée d'un couloir très allongé au fond duquel était la tombe du roi, du grand prêtre ou des riches personnages qui avaient pu s'élever ces coûteuses et splendides demeures funéraires.

La tombe saïte. — Aux temps de la vingt-sixième dynastie, les princes saïtes voulurent élever à Saïs leurs tombeaux. Dans des terrains d'alluvion, ils n'avaient ni plateau rocheux pour supporter des pyramides, ni collines où se pussent découper le spéos et la syringe. On espéra que des temples richement ornés, entourés d'une enceinte de grilles de fer ou de bois, protégeraient les dépouilles mortelles par le respect attaché au saint lieu; ils ne protégèrent rien et Cambyse viola la tombe du roi Amasis. Les nécropoles de Saïs se composèrent de grands caveaux de briques où les momies furent rapidement détruites par les eaux.

Les peintures du tombeau. — Puisque la vie se continuait en quelque sorte dans le tombeau et que le « Double » était là à côté de la momie, il fallait que sa vue fût réjouie constamment par ce qui l'entourait. Aussi les murs reproduisent-ils tout ce qui charmait le défunt sur la terre. Le tombeau de Tih, riche Egyptien du premier empire, est couvert de peintures montrant les laboureurs, les boulangers, les bouchers, ses serviteurs, qui travaillent avec activité. Le mort voit les bestiaux, le moissonnage du blé, l'arrachage du lin, le transport à dos d'âne des produits de ses domaines. Un conduit ménagé à travers la tombe permet de faire arriver jusqu'à la chambre sépulcrale l'odeur des offrandes que la famille apporte pieusement. Observons qu'à la différence de ce qui se fait encore aujourd'hui dans tant de régions africaines on n'égorgeait pas la femme et les esclaves du mort pour qu'il fût accompagné dans l'autre vie.

SUJETS A TRAITER :

Dire quelle idée les Egyptiens se faisaient de la vie future et quels soins ils prenaient du corps et de la tombe.

Exposer la religion des Egyptiens.

CHAPITRE XI

LE GOUVERNEMENT CHEZ LES ÉGYPTIENS

SOMMAIRE :

I. En Egypte le pouvoir du roi est absolu ; le roi est un dieu.
II. Le roi commande aux prêtres, aux guerriers et aux scribes qui forment les principales classes de la population égyptienne.
III. L'impôt se paye en nature.
IV. Le pouvoir judiciaire est indépendant, distinct du pouvoir royal.

Le gouvernement et l'administration. — Bien que les rois de l'ancienne Égypte soient obligés de reconnaître parfois les chefs des nomes comme des vice-rois plus ou moins puissants, leur pouvoir est absolu comme leur droit que les femmes elles-mêmes transmettent parce qu'il tient au sang. Ce pouvoir est essentiellement de droit divin. Le roi n'est pas seulement le chef politique et militaire auquel on doit l'obéissance parce qu'il est le gardien du pays. Le roi nouveau est un dieu que l'on compare à Hor, le soleil levant, et que l'on représente par suite avec une tête d'épervier comme Hor lui-même. « Il est Hor, il est le roi de la haute et de la basse Égypte, le maître absolu, le fils du Soleil. Il marche victorieux comme Hor, fils d'Isis, comme le Soleil dans le ciel, lui, le Seigneur des deux mondes. »

Les prêtres. — Les prêtres ne cherchaient pas à affaiblir l'autorité du roi. Il n'y avait pas de caste sacerdotale analogue aux brahmanes de l'Inde ; il y avait les différents collèges de prêtres qui se recrutaient par l'affiliation aux mystères de chaque divinité. Or, le roi était le

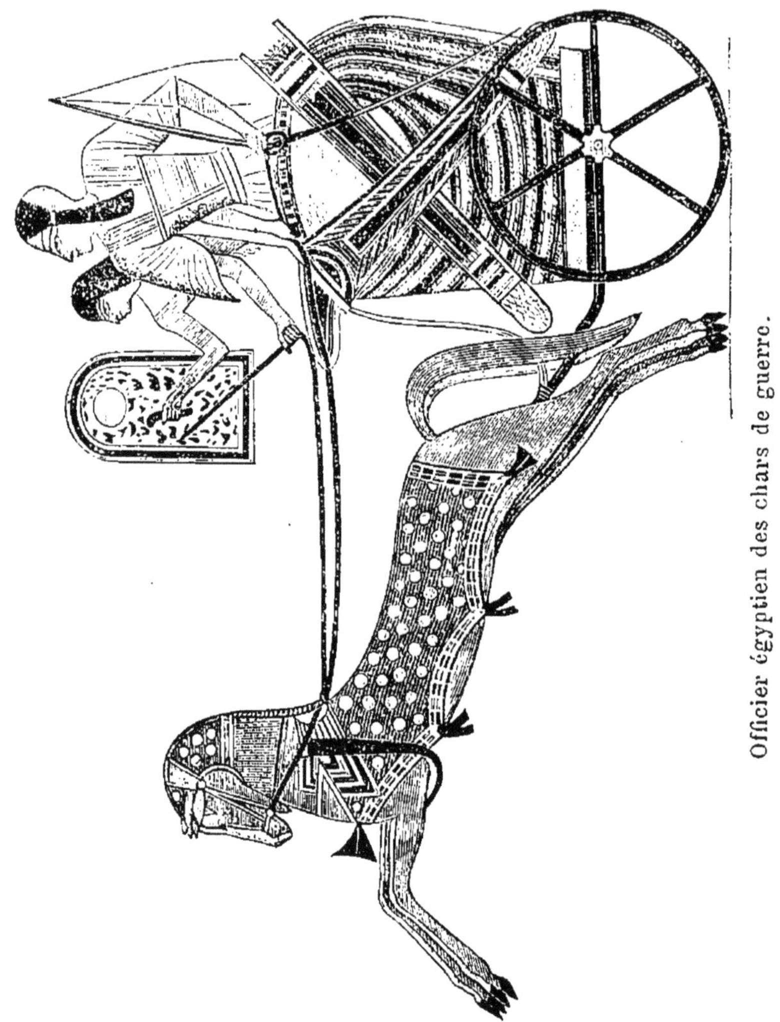

Officier égyptien des chars de guerre.

premier des prêtres. Seul, il pouvait entrer dans les sanctuaires et voir face à face les dieux au rang desquels on le plaçait.

L'armée. — Il n'y avait pas plus de caste militaire que de caste sacerdotale, mais les guerriers formaient comme les prêtresune classe considérable jouissant de privilèges étendus et aussi de douze arpents de terre pour chaque homme. On enfermait dans les casernes les enfantstout jeunes encore et on les exerçait au métier des armes. L'armée se composait de quatre cent mille hommes, au rapport d'Hérodote, divisée en deux grands corps

Deux fantassins égyptiens.

d'armée, les Calasiries et les Hermotybies. Les fantassins formaient le gros de l'armée, portant une lance dans la main droite, un grand bouclier au bras et une hachette dans la main gauche ; le vêtement était très court. L'infanterie légère était armée d'arcs. Il n'y avait pas de cavaliers; mais des guerriers, les meilleurs soldats de l'armée, combattaient sur des chars de guerre, comme le Pharaon lui-même, chef suprême des troupes, dont le char est orné de lions placés sur les côtés. Des tambours frappés avec la main et des trompettes animaient les soldats que guidait la bannière royale surmontée de l'épervier, symbole d'Hor et du roi. Des soldats auxiliaires, noirs, asiatiques ou libyens suivaient les armées égyptiennes. Avec le temps les Libyens ou Maschouach arrivèrent à former dans le Delta des groupes permanents de gardes royaux. Les rois saïtes formèrent des corps de Grecs et de Cariens auxquels Psamétik accorda de si grands privilèges que deux cent mille guerriers abandonnèrent un jour leurs garnisons et se rendirent en Éthiopie, à Napata, où les grands prêtres d'Ammon étaient allés porter déjà ce qu'ils prétendaient être le seul et vrai culte du dieu.

Les scribes. — Le roi est servi par une administration nombreuse, les scribes, qui se sont formés aux écoles de Silsilis et qui rappellent les mandarins de la Chine. Ils font les rôles des impôts et en surveillent la rentrée, en faisant bâtonner les contribuables récalcitrants.

Les impôts. — L'impôt se payait en nature. Il fallait pour les terres arables, les prairies et les canaux acquitter des redevances en grains, en têtes de bétail ou en poissons. L'État payait les scribes et les soldats avec ce blé, cette viande et ces poissons. Les scribes écrivaient le compte des gerbes de blé ou des amphores de vin que l'on avait récoltées. Les tisserands et les forgerons payaient également une redevance pour le nombre de pièces de toiles, d'outils et d'armes qu'ils fabriquaient. Les tributs payés par les peuples vaincus en aromates, en dents d'éléphant, en bois d'ébène, en animaux, en captifs, augmentaient notablement les revenus publics. Les métaux précieux étaient connus des Égyptiens ; les lingots d'or et d'argent pouvaient servir aux grands payements et former les réserves financières du royaume. Les prêtres seuls n'avaient pas à payer l'impôt.

La justice. — Le pouvoir judiciaire, nous apprend Diodore de Sicile, était indépendant du pouvoir royal. Il était de règle que trente juges composassent le grand tribunal de l'Égypte, en se recrutant dans les trois villes de Memphis, de Thèbes et d'Héliopolis, qui fournissaient chacune un tiers des juges. Ces trente personnages se réunissaient pour nommer entre eux le président ; le tribunal siégeait dans la ville à laquelle appartenait ce dernier et qui désignait un autre juge pour le remplacer On jugeait d'après un code de lois en huit livres. Par défiance de l'art de l'orateur, les juges se faisaient remettre dans les pièces l'accusation et la défense écrites. L'emprisonnement et la bastonnade étaient les châtiments les plus usités ; mais on coupait aussi le nez, les mains et on punissait de mort le meurtre volontaire.

SUJETS A TRAITER :

Exposer ce qu'était le pouvoir royal chez les Egyptiens.
Exposer le gouvernement des anciens Egyptiens.

CHAPITRE XII

MŒURS ET COUTUMES, AGRICULTURE, INDUSTRIE ET COMMERCE CHEZ LES ÉGYPTIENS

SOMMAIRE :

I. L'agriculture fournit les principales ressources de la population égyptienne.

II. Les communications ont lieu surtout à l'aide des barques du Nil.

III. Memphis et Thèbes sont les deux grands marchés de l'Egypte pharaonique et de nombreuses caravanes s'y rendent ou en partent.

IV. Au-dessus des gens de métier sont trois classes plus estimées, celles des prêtres, des guerriers et des scribes ; mais la société égyptienne n'est pas divisée en castes.

V. Les pauvres n'ont que des huttes de terre et de roseaux, mais les riches Egyptiens ont des demeures pourvues de tout ce qui peut rendre la vie agréable.

La famille et la maison. — La famille, chez les Égyptiens, était fort respectée et la condition des femmes relevée, puisque celles-ci pouvaient transmettre la couronne, recevoir et léguer des propriétés. Elles n'avaient pas la figure voilée et voyageaient librement à travers l'Égypte. La loi permettait qu'on reconnût les enfants nés dans la maison de mères esclaves.

Si les laboureurs, les artisans, les bateliers du Nil n'habitaient guère que des huttes de terre et de roseaux, les Égyptiens plus riches avaient des maisons bâties en briques crues ou en bois, petites et étroites, à toit toujours plat et souvent ouvert de telle façon que des palmiers plantés dans la cour intérieure pouvaient dépasser la hauteur de la maison. Ce toit était supporté par des chapiteaux en forme de fleur de lotus. Les fenêtres extérieures étaient grillées et de gros verrous fermaient les portes. Généralement il y avait des jardins à côté des maisons.

Les meubles et les repas. — Les meubles de bois ou de pierre rappellent souvent les formes de l'animal, du

Potiers égyptiens travaillant.

lion par exemple, debout sur ses quatre pieds. Beaucoup étaient extrêmement riches et ornés, surtout les lits et les sièges ; ils étaient souvent sculptés avec finesse et recouverts de beaux tissus. Les tables n'avaient généralement qu'un seul pied ; elles ne servaient pas pour les repas ; on portait dans des corbeilles, à la ronde, aux convives rassemblés des mets que ceux-ci mangeaient debout ou assis. Aux festins on apportait un cercueil avec l'image en bois d'un mort et on disait aux convives de bien le regarder pour qu'ils songeassent mieux à boire et à se divertir. Le pain des Égyptiens était fait avec l'épeautre ou blé vêtu, ils buvaient de la bière et vivaient de poissons crus ou séchés au soleil ou mis dans de la saumure. Ils mangeaient, crus pareillement, les cailles, les canards et d'autres petits oiseaux qu'on avait eu soin de saler auparavant.

Le costume. — Les vêtements des hommes étaient de lin ; c'était une pièce d'étoffe enroulée autour des reins avec des franges sur les jambes, et par-dessus ils s'enveloppaient d'un manteau de laine blanche. Les femmes étaient vêtues d'une robe flottante descendant jusqu'à la cheville. Tout le monde prenait les plus grands soins de propreté et se rasait soigneusement ; mais l'usage des perruques et des fausses tresses était presque général. Ces chevelures artificielles étaient divisées en fines nattes et préservaient la tête de l'ardeur du soleil. On les imprégnait de parfums.

Les métiers. — La société égyptienne n'était pas divisée en castes ; mais les classes des prêtres, des guerriers et des scribes étaient bien au-dessus du reste de la nation ; du moins y entrait-on librement. Ce n'était d'ailleurs qu'une petite fraction du peuple. Les médecins étaient nombreux et ne s'occupaient les uns ou les autres que d'une sorte de maladie ; il n'y avait pas, comme on le voit par certaines momies, de chirurgien pouvant remettre habilement un membre cassé. Les barbiers, fort nombreux, allaient de pâté de maisons en pâté de maisons chercher des pratiques. Les forgerons travaillaient les métaux, le bronze surtout, car le fer ne fut connu que tard en Égypte, tandis qu'on avait pu, de bonne heure, faire du bronze avec le cuivre des mines du Sinaï et l'étain que les Phéniciens apportaient. Les fabricants d'armes allaient avec leurs ânes porter leurs cuirasses, leurs boucliers, leurs lances à l'étranger ou de ville en ville. Les tisserands filaient la laine ou les étoffes de lin, au grand étonnement des Grecs habitués à voir là œuvre de femme, et les teinturiers, dont les doigts sentaient les poissons pourris, donnaient aux étoffes les plus éclatantes couleurs.

C'était cependant l'agriculture qui, comme à toutes les époques de l'histoire de l'Égypte, fournissait à la population ses principales ressources.

Le commerce. — Les deux grands centres du commerce étaient Thèbes et Memphis. De Thèbes à Memphis la grande voie de communication était le Nil, sur lequel la navigation était très active. Les barques, à fond plat par crainte de l'ensablement, allaient à la voile et portaient à l'arrière un gouvernail composé de deux avirons. Ces bateaux du Nil servaient au transport des voyageurs comme des marchandises. Comme Thèbes et Memphis, les villes

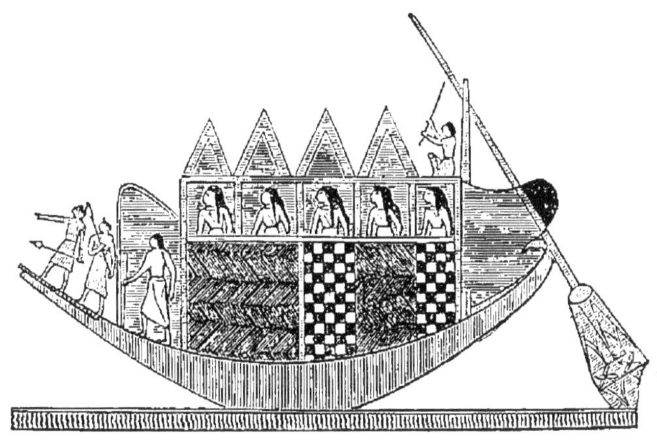

Barque égyptienne.

des bords du Nil étaient autant de marchés pour les produits agricoles, les dattes, le millet, l'orge, les poissons et les oiseaux, pour l'alun d'Égypte. Dans les bazars de Thèbes et de Memphis s'étalaient de nombreux objets de luxe : armes, bijoux, parures, étoffes, parfums, apportés par les caravanes de l'Éthiopie et les Phéniciens. Il se faisait un commerce actif des beaux chevaux de race syrienne et arabe, comme aussi des ânes, des chameaux et des esclaves.

Routes des caravanes. — Une route conduisait directement de Thèbes à la mer Rouge, vers Kosseïr ; deux autres remontaient en Éthiopie, l'une par la vallée du Nil et le Dongola, l'autre à travers le désert vers les villes actuelles de Berber et de Khartoum. Une route menait à

Carthage par l'oasis d'Ammon et le pays des Garamantes. Memphis était le point de départ des caravanes qui se dirigeaient par l'isthme de Suez vers l'Asie, vers Damas, Ninive ou Babylone. Les Égyptiens n'aimaient pas la mer qu'ils regardaient comme le domaine de Set ou Typhon, le meurtrier d'Osiris ; ils abandonnèrent aux Phéniciens, de bonne heure leurs vassaux, le monopole du commerce maritime. Plus tard les Grecs, à l'époque des princes saïtes, s'établirent à Naucratis et en firent une grande colonie commerçante. Enfin, à l'époque des Ptolémées, Alexandrie devint le centre du gouvernement et du commerce de l'Égypte.

SUJETS A TRAITER :

Exposer les mœurs et les coutumes des Egyptiens.

Dire ce que l'on sait de l'agriculture, de l'industrie et du commerce chez les Egyptiens.

CHAPITRE XIII

LA SCIENCE ÉGYPTOLOGIQUE

SOMMAIRE :

I. C'est en Chaldée que l'on trouve le trait ou coup de ciseau, le clou, origine de toute écriture.

II. En même temps qu'ils ont recours à l'image pour exprimer l'objet, les Egyptiens se servent du phonétisme et du syllabisme et créent ainsi l'écriture hiéroglyphique.

III. La pierre de Rosette rédigée en trois écritures permet à Champollion-Figeac de déchiffrer les hiéroglyphes.

IV. Auguste Mariette, de Boulogne, découvre en 1850 le Serapeum, ou tombeau des Apis, près de Memphis.

Les systèmes d'écritures. — La race chamitique ou kouschite arriva plus anciennement que toute autre à la civilisation, sur les bords du golfe Persique, et par suite elle songea la première à fixer la pensée, le souvenir des faits, à l'aide de traits ou barres. Ces barres sont le fameux clou, le cuneus, qui est tout simplement le coup de ciseau, l'entaille faite sur la pierre ou sur la terre que l'on fera sécher. C'est avec un certain nombre de ces barres ou clous que les vieux Kouschites reproduisent un objet comme dans les premiers modèles d'un cours de dessin, une figure, un arbre par exemple sont esquissés par quelques gros traits droits. A sa naissance, l'écriture se confond avec le dessin et ce n'est qu'avec le temps qu'elle s'en distingue.

Le clou et la barre. — Les Kouschites qui restèrent

en Babylonie où ils se mêlèrent à des éléments sémitiques et iraniens tirèrent du dessin esquissé par quelques traits l'écriture cunéiforme. Les Kouschites, qui cheminèrent le long du golfe Persique et des côtes de l'Arabie par le Pount, vers le détroit de Bab-el-Mandeb, et qui d'Ethiopie descendirent le Nil pour former le gros de la nation égyptienne en se croisant plus tard de nombreux éléments sémitiques, avaient emporté avec eux dans les temps reculés le trait, la barre dessinant grossièrement l'objet. Ils en tirèrent l'écriture hiéroglyphique, de laquelle sortirent l'écriture hiératique et l'écriture démotique. Quant aux autres Kouschites qui quittèrent les rives du golfe Persique lors de la grande invasion des Elamites et se rendirent au pays de Chanaan, ils emportèrent eux aussi le trait, la barre ; les Kouschites-Chananéens de la côte ou Phéniciens trouvèrent l'alphabet, dont les caractères étaient représentés toujours par un certain nombre de ces traits, de ces barres ou clous de l'origine, et leur création fut beaucoup plus simple que l'écriture cunéiforme des Kouschites de la Babylonie devenus les Chaldéens et que l'écriture hiéroglyphique des Kouschites-Sémites devenus le peuple Egyptien.

Les hiéroglyphes. — Les hiéroglyphes, ou caractères sacrés (des mots grecs, *hieros*, sacré et *gluphein*, graver), sont à l'origine une sorte de dessin; c'est l'idéogramme. Plus tard, les Egyptiens imaginèrent par le système du rébus de faire signifier à certains idéogrammes les objets dont la désignation parlée sonnait de même. Un ou plusieurs idéogrammes représentèrent une ou plusieurs syllabes. De l'idéographisme on passait au phonétisme.

Les Egyptiens allèrent plus loin encore et décomposèrent la syllabe ; on distingua dans l'émission du son l'articulation et la voix; l'articulation ou consonne fut représentée par un signe spécial et la voyelle par un autre signe quand l'écriture l'indiqua, ce qui n'arrivait pas toujours. Lorsque les Egyptiens eurent trouvé le caractère alphabétique, consonne ou voyelle, ils gardèrent cependant les idéogrammes représentant en réalité ou par homophonie la chose signifiée. Tels furent les principes sur lesquels reposa l'art très compliqué des hiérogrammates égyptiens; on le simplifia en écrivant d'une manière de plus en plus cursive.

Champollion. — Après la décadence complète de l'ancienne Egypte et la domination des Grecs, des Romains et des Arabes, on resta deux mille ans sans pouvoir retrouver le sens des hiéroglyphes. L'expédition de Bonaparte eut pour conséquence de faire sortir de la nuit des temps l'Egypte des Pharaons. Geoffroy-Saint-Hilaire conserva à la France les travaux de l'Institut qui servirent à la rédaction du grand ouvrage, *la Description de l'Egypte*, en treize volumes. J.-F. Champollion, né à Figeac en 1790, puisa à Grenoble dans les conversations de Fourier, alors préfet de l'Isère, la passion de l'Egyptologie. Il reprit les travaux du Suédois Akerblad et du savant anglais Th. Young sur la fameuse pierre de Rosette, trouvée en 1798 par un officier d'artillerie, M. Boussard.

Pierre de Rosette. — C'était une inscription rédigée en trois écritures, hiéroglyphique, démotique et grecque; on lut rapidement le texte grec et le texte démotique et l'on reconnut un décret sacerdotal du temps de Ptolémée V. En décomposant le cartouche royal de Ptolémée, Champollion trouva un certain nombre de lettres. Lorsqu'il eut complété son alphabet, il put établir que l'écriture hiéroglyphique comprenait des signes figuratifs, des signes symboliques et des signes phonétiques, exprimant les sons de la langue parlée et ayant les mêmes fonctions que les lettres de l'alphabet dans d'autres écritures. Il établit encore que l'on employait les trois sortes de caractère dans le même texte, dans la même phrase et parfois dans le même mot. Champollion-Figeac mourut en 1832.

Mariette. — Le vicomte de Rougé et M. Chabas poursuivirent le déchiffrement des hiéroglyphes et l'étude de l'ancienne Égypte; mais le vrai continuateur de l'œuvre de Champollion fut Auguste Mariette, né à Boulogne-sur-Mer en 1821, et qui, en 1850, découvrit le Serapeum ou tombeau des Apis de Memphis et une rangée de plus de cent trente sphinx qui conduisait à la tombe des bœufs sacrés. Mariette envoya au Louvre sept mille monuments et, plus tard, nommé directeur des fouilles par le gouvernement égyptien, il créa l'admirable musée de Boulaq.

Mariette est mort en 1881, mais c'est encore un Français, M. Gaston Maspero, né en 1846, professeur d'archéologie égyptienne au Collège de France, qui l'a remplacé comme directeur des fouilles. On lui a dû presque aussitôt la découverte de la tombe d'Ounas, de la Ve dynastie. Nul aujourd'hui ne possède mieux la langue, l'écriture, les usages, l'histoire de l'ancienne Égypte que M. Maspero et on lui devra sans doute l'éclaircissement de bien des points restés obscurs dans la connaissance de cet étrange et admirable peuple.

SUJET A TRAITER :

Dire ce qu'étaient les hiéroglyphes et comment la science française parvint à les déchiffrer.

EMPIRE ASSYRIEN

DES SARGONIDES

PAR

Maurice Dunan

Gravé par M.ce Perrin. Paris

LIVRE II

LES ASSYRIENS ET LES BABYLONIENS

CHAPITRE PREMIER

LA RÉGION DU TIGRE ET DE L'EUPHRATE

SOMMAIRE :

I. La civilisation asiatique, née aux bords du Tigre et de l'Euphrate, a fourni de nombreux éléments à la civilisation européenne.

II. Les palmiers couvrent le sol de la Chaldée et il y a une excellente argile qui sert à faire les briques.

III. Aux temps reculés on trouve les Accadiens et les Sumériens dont la réunion forme le peuple chaldéen.

IV. C'est de la Chaldée que les Kouschites ou Accadiens se sont répandus vers l'Arabie, l'Ethiopie et l'Inde.

V. Il semble que la basse Chaldée ait été le plus ancien centre de civilisation.

La civilisation asiatique. — Avant que la civilisation égyptienne ne se fût développée aux bords du Nil, sans d'ailleurs s'étendre bien au loin, la civilisation asiatique était née sur les rives du Tigre et de l'Euphrate. Les monuments de l'ancienne Égypte étaient construits avec des matériaux si solides, si heureusement choisis, ils ont si bien protégé les tombes, les peintures et même les documents écrits, ils ont un tel caractère de grandeur, qu'on serait tenté, par admiration pour l'ancienne Égypte, d'attacher moins d'importance aux ruines trop souvent informes aujourd'hui de la Chaldée et de l'Assyrie. Cependant de l'antique civilisation asiatique sont sortis l'alphabet et l'écriture, les arts, les sciences astronomiques et mathématiques et les religions orientales. Les éléments de cette civilisation, transmis à l'Europe par les Phéniciens, les Etrusques, les Grecs et les Hébreux ont puissamment servi à la formation de la civilisation européenne.

Le Tigre et l'Euphrate. — Si l'Égypte était un présent du Nil, les grandes plaines d'alluvion de la Mésopotamie et de la Chaldée étaient un présent du Tigre et de l'Euphrate, et, comme l'Égypte, elles offrirent aux races antiques la possibilité de s'établir dans des conditions si favorables que la civilisation s'y développa avant de naître en tout autre endroit de la terre. L'Euphrate et le Tigre sont deux grands fleuves qui descendent de la haute région arménienne, du mont Niphatès. Le premier coule vers l'occident et viendrait tomber dans la Méditerranée si le Taurus ne l'arrêtait; il se dirige alors vers le sud-est pour se jeter dans le golfe Persique après un cours de 2.000 kilomètres.

Le Tigre, dont le nom veut dire la Flèche, n'a que 1.200 kilomètres; il roule plus d'eau que l'Euphrate et son cours est plus rapide. A la hauteur de la ville turque de Bagdad, il n'est plus séparé de l'Euphrate que par une journée de marche d'une vingtaine de kilomètres ; mais ce n'est qu'à 320 kilomètres plus bas environ que les deux fleuves se réunissent pour former le Chât-el-Arab. Les deux fleuves avaient anciennement deux embouchures distinctes et le golfe Persique s'enfonçait de quarante lieues plus avant dans l'intérieur des terres.

Roi assyrien avec son général en chef, ses esclaves et son char de guerre.

Le pays de Sennaar et la Chaldée. — Le pays arrosé par l'Euphrate et par le Tigre, que les Orientaux appelaient Sennaar et que les Grecs nommèrent Mésopotamie, n'est pas, comme l'Égypte, une longue et étroite vallée, resserrée entre deux chaînes de montagnes et continuée par la plaine du Delta; mais il y a aussi la basse et la haute région, la Chaldée et l'Assyrie. Il n'y pleut guère plus qu'en Égypte et ce sont les deux fleuves qui, avec l'eau, donnent la vie. Ils débordent en avril pour rentrer dans leur lit en juin, en laissant des marécages et des parties insuffisamment arrosées, qui sont des landes sablonneuses. Il suffisait, il est vrai, de mieux conduire l'eau des fleuves par des canaux pour changer les marécages en bons pâturages et les landes sablonneuses en un sol fertile, produisant à profusion les céréales et les graines qui donnent l'huile ; car profondes et grasses étaient les terres apportées par le travail séculaire du Tigre et de l'Euphrate.

Fertilité du sol. — La terre, dit Hérodote, ne portait ni l'olivier, ni la vigne, ni le figuier, mais les palmiers les remplaçaient et couvraient le sol. Ils donnaient des fruits, du vin, de l'huile et permettaient de construire des maisons. Les maisons, dit Strabon, sont en cette région, à cause de la rareté du bois de charpente, construites avec des poutres et des piliers de palmiers. Ces piliers sont noués avec des cordes de jonc et toutes les demeures ont ainsi le sommet en cône, à moins qu'on ne dispose les piliers en forme d'arche et qu'on n'étende sur le toit des nattes de jonc alternant avec des couches de bitume. Si le sol ne renfermait pas de carrières de pierres, il fournissait une excellente argile qui, cuite au four ou même simplement séchée au soleil, acquérait une dureté extraordinaire. Le bitume servait de ciment pour les constructions de briques. Le gibier et le poisson abondaient, offrant des ressources immédiates. Tout était donc réuni pour décider l'établissement dans ces régions des premières familles humaines qui arrivèrent à la civilisation.

Temps primitifs. — Les peuples, dit la Genèse, partirent de l'Orient et, trouvant la campagne de Sennaar, ils s'y établirent. Rien n'autorise à penser que ces peuples de l'ancienne Asie avaient des origines différentes et à ne pas assigner une tige commune aux Sémites et aux Chamites ou Kouschites. La souche est certainement la même ; mais les Kouschites s'étant fixés sur les rivages du golfe Persique pour de là s'étendre vers l'Inde, vers l'Arabie et l'Afrique, prirent les coutumes et les idées d'un peuple maritime et commerçant; leur coloration devint plus foncée, parce qu'ils vivaient dans des contrées torrides. Sur le bas Euphrate on les appela Accads du nom de leur principale ville.

Les Sémites vivaient un peu plus au nord et ces vieux Sémites ont reçu le nom de Sumériens, de la très ancienne ville de Sumiri qu'Ammien Marcellin mentionne sur le Tigre, non loin de Ctésiphon. Les fouilles de M. de Sarzec à Tello, sur les bords de l'Euphrate, ont mis au jour des monuments sumériens antérieurs de quatre mille ans à l'ère chrétienne. De la fusion des Accadiens et des Sumériens sortit la population chaldéenne avec sa civilisation originale.

SUJET A TRAITER :

Décrire la région du Tigre et de l'Euphrate avec les ressources qu'elle offrit aux populations primitives.

CHAPITRE II

LES CHALDÉENS

SOMMAIRE :

I. Le fétichisme et surtout le culte des astres sont la religion de l'antique Chaldée.

II. La Cosmogonie chaldéenne, exposée par Bérose, dit que Bel a créé le monde en le tirant de la matière, qui est la mer ou Thalath.

III. Les Chaldéens croyaient à l'immortalité de l'âme; mais on n'a pas découvert leurs nécropoles. On sait seulement qu'ils enduisaient les morts de miel ou de bitume.

IV. Babylone est la grande ville de la Chaldée, où l'on entend toutes les langues et où se fait le principal commerce de l'Orient.

Religion de l'antique Chaldée. — Le fétichisme fut, comme chez les anciens Égyptiens, la forme primitive du culte chez les populations du Tigre et de l'Euphrate; mais les Égyptiens furent dès l'origine un peuple grave et réfléchi, moral, avec une certaine gaieté tranquille qui excluait les excès, tandis que les Chaldéens de la Babylonie semblent avoir toujours vécu sans mesure dans leurs craintes comme dans leurs désirs et n'avoir jamais senti leur conscience morale se révolter dans des pratiques religieuses qui n'étaient qu'incantations ridicules, cruautés terribles ou effroyables débauches.

Le prêtre est avant tout le sorcier, le magicien, qui conjure les génies, les démons que l'on voit représentés sur les cylindres de terre cuite de la Babylonie avec des têtes hideuses, des cornes, de longues oreilles, des serres d'aigles, des poignards dans les mains. Cependant il y a des puissances bienfaisantes : les astres qui brillent au ciel, le Soleil, qui est Samas, la Lune, qui est Sin, le Sei-

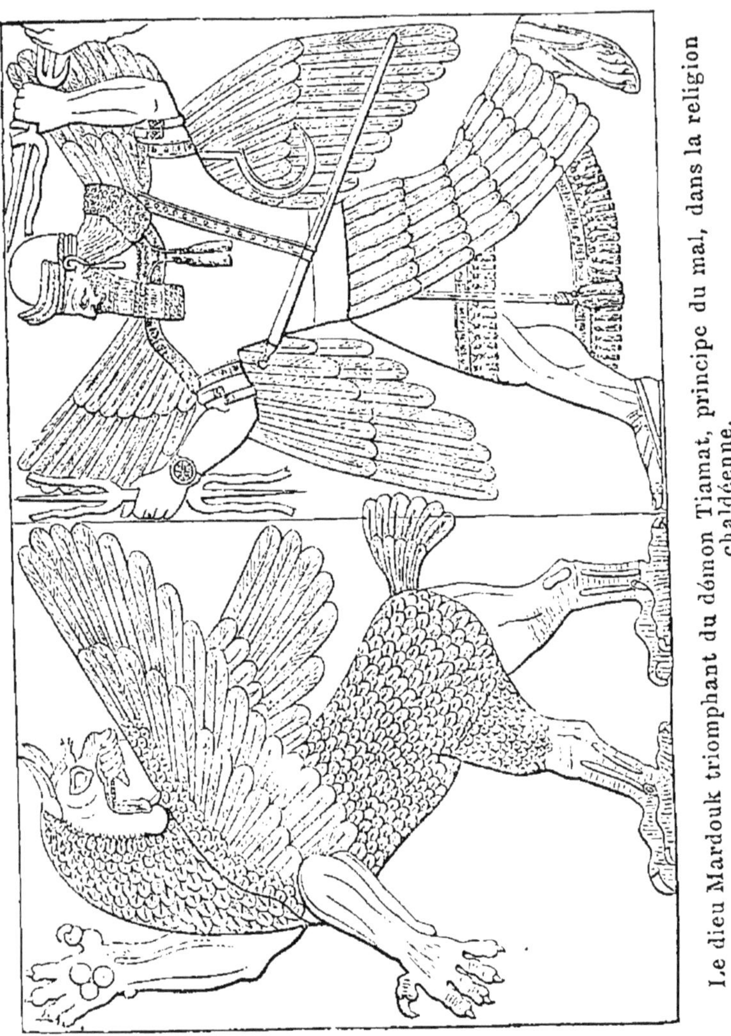

Le dieu Mardouk triomphant du démon Tiamat, principe du mal, dans la religion chaldéenne.

gneur des Trente jours, qui mesure le temps, Bin, qui est le Firmament ou l'Atmosphère. Les cinq grandes planètes sont Mardouk ou Merodach, qui est Jupiter, Nergal ou Mars, Istar ou Vénus, Nébo ou Nabou, qui est Mercure,

Adar, qui est Saturne. Ces dieux président aux destinées des hommes qui, les uns et les autres, ont leur étoile qu'ils suivent aux cieux, sous laquelle ils sont nés, dont les conjonctions règleront leurs actions et enfin leur mort. Les villes, comme les individus, se consacrent spécialement à l'un de ces astres. Babylone a pour protecteur Mardouk et Adar est le dieu principal de Sippara.

Les dieux et les déesses. — Chacun des dieux a son épouse divine, comme il a sur la terre ses esclaves sacrées qui doivent avoir soin du temple et l'enrichir. Mardouk a pour femme Zarpanit, qui sera la Junon des Grecs; Sin est l'époux de Nana, la grande déesse. A chacune de ces divinités sidérales on prête un pouvoir spécial, un caractère déterminé. Adar ou Saturne, qui sera aussi Hercule, est représenté au musée du Louvre, étranglant d'un bras un lion; c'est le seigneur des braves, le destructeur des ennemis; il lui faut souvent du sang, celui des premiers-nés. Nabou, l'Intelligence supérieure, le dieu qui est partout, est représenté avec le corps humain et des ailes.

Istar ou Astarté, ainsi que l'appelleront les Phéniciens, est la nature qui crée et détruit toutes choses. La Vénus babylonienne dont le culte se répandra dans tout le monde antique, même chez les Grecs et les Romains, est à la fois voluptueuse, cruelle et bienfaisante, et son culte se composera des pratiques les plus étranges, souvent les plus licencieuses. Comme ces sept grandes divinités président aux jours de la semaine, plus tard quand le culte de Vénus sera proscrit avec indignation par le christianisme, on maudira le jour qui lui était consacré, le vendredi. Le serpent, dont on redoute la prompte morsure, le taureau dont la force est redoutable, le poisson qui donne l'aliment ordinaire, étaient les animaux sacrés dont le culte s'ajoutait à celui des astres. L'idée religieuse s'éleva avec les siècles, et les prêtres chaldéens imaginèrent une cosmogonie que l'un d'entre eux, l'historien Bérose, nous a conservée.

Cosmogonie chaldéenne. — Il y eut un temps, dit Bérose, où tout était ténèbres et eau, et dans cette eau s'engendraient spontanément des animaux monstrueux.

C'était Thalath, la mer, ou la matière passive, comme aussi l'épouse du sein de laquelle allait tirer toutes choses Bel, c'est-à-dire le Seigneur, qui ordonna le monde, sépara le ciel et la terre, créa les astres, le soleil, la lune, les cinq planètes et tous les êtres vivants. On voit que Bel et Phtah représentent la même conception d'un dieu créateur du monde; mais les Égyptiens, peuple agriculteur, pensent que le bœuf et le bélier sont les animaux sacrés, à respecter entre tous, et imaginent par suite de cela qu'ils doivent être les incarnations de Phtah et d'Ammon, tandis que les Kouschites de la Babylonie, peuple de pêcheurs et de marins commerçants, imaginent que la puissance divine s'est manifestée sous la forme d'un poisson étrange et reconnaissent que de la mer est sortie la civilisation.

Anou. — Bel envoie aux hommes son fils sous la forme du poisson Oannès ou Anou. A l'origine, dit encore Bérose, les hommes vivaient en Chaldée, sans règle, à la manière des animaux; mais de la mer Rouge, c'est-à-dire du golfe Persique, sortit un jour un dieu-poisson, qui avait par-dessous sa tête de poisson la tête d'un homme et la voix humaine : c'était Oannès. Il révéla aux hommes les sciences et les arts nécessaires à la vie, et leur enseigna toutes choses. Trois fois et à de longs intervalles, Oannès était sorti de la mer pour donner aux hommes la civilisation et ses enseignements avaient été consignés avec soin dans les livres sacrés.

Bel. — Bel, qu'on appelle encore Dagon, de Dag (poisson), est donc le dieu créateur; de lui et de son épouse Thalath émane Oannès, qui révèle les choses utiles, comme Hor des Égyptiens. Ainsi retrouvons-nous la grande triade de toute religion antique.

Ilou est le terme vague qui signifie Dieu. Pour représenter la forme de chacune des divinités, la fantaisie des artistes chaldéens se donnait carrière; cependant on représentait généralement les dieux avec le corps humain, six cornes de taureau, des ailes immenses et la queue de l'aigle, les écailles d'un poisson. Quant aux temples, ce sont de vastes édifices, avec une tour à degrés où Zikourat d'où l'on observe le ciel et où l'on invoque de plus près les divinités sidérales, qui furent toujours les principales.

Les Babyloniens aimaient à reproduire sur leurs cylindres de terre cuite la lutte de Mardouk (identifié à la planète Jupiter), protecteur de leur cité, et de Tiamat. Celui-ci était le Démon, né comme tous les dieux de Thalath ou la mer. Son vrai nom est « Kirkir Tiamat » ou le « tourbillon de la mer ». On le figure sous la forme d'un monstre qui n'est pas le serpent, mais bien le dragon ou le griphon, animal gigantesque qui représente la puissance malfaisante, la nuit, les sombres ténèbres, le mal dans la nature physique et morale. Mardouk le met en fuite en le frappant de ses foudres.

L'âme et la tombe. — Le soin de la dépouille mortelle et la vie future préoccupaient moins les Chaldéens que les Égyptiens. Cependant Hérodote nous apprend que les Chaldéens mettaient les morts dans du miel et que leurs lamentations funèbres rappelaient celles des Égyptiens. Les morts étaient déposés dans de grandes nécropoles comme celles d'Our et de Warka dans la basse Chaldée et on enduisait de bitume, par crainte de l'infiltration des eaux, le caveau de briques au fond duquel le mort était couché sur une natte, enveloppé de pièces d'étoffe et de bandelettes, et la tête reposant sur un coussin. On déposait à côté du mort le cachet et le bâton à extrémité ciselée que tout Chaldéen portait pendant sa vie; il y avait aussi des vases contenant des boissons fermentées et des aliments tantôt réels, tantôt en pierre, des canards par exemple. Les nécropoles de la basse Chaldée étaient si vénérées que plus tard les Assyriens pieux avaient soin qu'on y transportât leurs momies sur des bateaux funéraires descendant le Tigre. L'ombre, se séparant du corps à la mort, était emportée dans les enfers sur une barque divine et c'est dans ce séjour des ombres que la seconde vie se continuait.

Telle était la religion des anciens Chaldéens, telles étaient leurs idées de la vie d'outre-tombe. Les Assyriens et bien d'autres tribus asiatiques sorties de la Chaldée ne cherchèrent jamais d'autres conceptions et se bornèrent à ajouter à ce vieux fond d'idées et de croyances l'invocation à l'ancêtre mythique de la race comme à la divinité suprême.

Babylone. — Après qu'Oannès eut enseigné aux hommes la civilisation, il y eut, dit Bérose, des rois choisis par les dieux mêmes pour être pasteurs des peuples, Aloros de Babylone, Annêdotos de Sippara, bien d'autres encore, et enfin Xisouthros sous lequel arriva un grand déluge; mais Adar fit monter Xisouthros dans un vaisseau avec les siens jusqu'à ce que les eaux se fussent retirées. Le vaisseau s'arrêta en Arménie et les compagnons de Xisouthros, redescendant vers le Sud, déterrèrent à Sippara les livres dictés par Oannès et rebâtirent Babylone. Il résulte au moins de cette tradition que la plus grande ville des primitives tribus de la Chaldée était Babylone, la porte de Dieu, Bab-Ilou. C'était le lieu où, dit la Bible, tous les peuples du pays de Sennaar avaient fondé une ville immense avec une tour de briques s'élevant jusqu'au ciel et où, quand la ville fut bâtie, on entendit toutes les langues.

Richesses de Babylone. — Placée en effet à proximité des deux grands fleuves que les marins de l'Inde et du Pount remontaient, au point d'arrivée des routes naturelles qui débouchent du plateau de l'Iran et de la Susiane, ou qui par les oasis des Arabes du désert arrivent de l'Égypte et de la Phénicie, en communication constante par le haut Euphrate avec la Syrie et l'Asie Mineure et par la haute vallée du Tigre avec la Médie et le Caucase, Babylone fut de bonne heure le lieu où, par l'échange des impressions et méditations premières, la pensée humaine s'ouvrit véritablement aux idées générales, commença à réfléchir sur le temps, l'espace, le nombre, créa les grandes conceptions relatives à la divinité et à l'âme, découvrit le langage, l'écriture, les arts et notamment l'architecture et la navigation. Aussi Babylone fut-elle la ville que tous les Asiatiques connaissaient, souvent pour en convoîter les richesses, mais toujours pour en craindre les dieux et en respecter involontairement les habitants auxquels il fallait rapporter l'origine de toute civilisation.

SUJETS A TRAITER :

Exposer la religion de l'antique Chaldée.
Dire ce que c'était que Babylone.

CHAPITRE III

L'ANCIEN EMPIRE CHALDÉEN

SOMMAIRE :

I. **L'élément kouschite domine d'abord dans la basse Chaldée dont Our est la grande ville.**

II. **Nemrod est, d'après la tradition, le fondateur du premier empire chaldéen dont Babylone, Arach, Accad et Chalanné sont les quatre grandes villes.**

III. **Une dynastie élamite s'établit à Babylone, après l'invasion des Aryens en Chaldée.**

IV. **Une dynastie chaldéenne remplace les Elamites.**

V. **Les Egyptiens, maîtres de la Chaldée, lui imposent une dynastie arabe.**

Dynastie kouschite. — En Chaldée un premier empire s'éleva à une date extrêmement reculée et, au rapport de Bérose, comprit quatre dynasties.

L'élément chamitique ou kouschite prédominait d'abord et la tradition biblique ainsi que Bérose lui attribuent la fondation de la première dynastie.

« De Kousch, dit la Genèse, naquit Nemrod qui commença à être puissant sur la terre.

« Il fut un fort chasseur devant le Seigneur. La ville capitale de son royaume fut Babylone, outre celles d'Arach, d'Accad et de Chalanné dans la terre de Sennaar. »

Arach ou Erech était sur l'Euphrate, à quarante lieues au sud de Babylone. Accad ou Nipour s'élevait à peu près au milieu de la basse Chaldée sur un canal très anciennement creusé. Chalanné ou « la demeure d'Oannès » était le surnom de la ville d'Our, située beaucoup plus au sud et la première ville que l'on rencontrait en venant du golfe Persique. Tello était en face d'Our, sur l'Euphrate, et il y avait encore d'autres villes, Ouroukh ou Warka, Larsam, Sippara, Borsippa, Zirgilla et Aganê qui était beaucoup plus au nord.

Le premier empire chaldéen avait donc quatre principales divisions et ses souverains prennent le nom de « rois des quatre régions ». Babylone n'était que de temps en temps la capitale, gardant toujours sous des rois pontifes une sorte d'indépendance à titre de ville sacrée ; mais les monuments montrent la suprématie politique passant de la ville d'Our à celles de Karrak et de Larsam.

Ourcham. — Sémites et Kouschites, Sumirs et Accads ne se sont pas fondus de bonne heure. C'est un nom kouschite que celui de Ourcham, le vieux roi légendaire de Our, capitale de la basse Chaldée, où s'éleva une fameuse tour à étages, rivale de la tour de Babylone, rivale aussi des vieilles pyramides à degrés de Sakkarah que bâtirent vers cette époque les Pharaons de la première dynastie. C'est dans Our également que Ilgi, fils d'Ourcham, élève un temple au dieu Sin, c'est-à-dire à la Lune. Ce sont deux Sémites de la ville plus septentrionale d'Aganê, qui étendent surtout la puissance chaldéenne. Un calcul de Nabounahid, roi de Babylone, un archéologue du VIe siècle avant Jésus-Christ, établit que Sargon l'ancien et son fils Naramsin vivaient vers l'an 3850 avant notre ère.

Sargon l'Ancien. — L'histoire de Sargon, écrite par lui-même sur le bas de sa statue dans la ville d'Aganê est merveilleuse : « Ma mère, dit-elle, me conçut dans la ville d'Aspiranni et m'abandonna au fleuve dans une corbeille de jonc enduite de bitume ; le bon Akki, en tirant de l'eau de l'Euphrate, me recueillit, m'éleva comme jardinier et, avec la protection d'Istar, je devins maître du pouvoir royal. » Sargon réunit sous sa domination toute la Chaldée et battit les Élamites. Il fit réunir à Ouroukh de nombreuses briques et tablettes de terre cuite, contenant des traités d'astronomie et des règles pour l'écriture et la grammaire. Naramsin, fils de Sargon Ier, domina sur toute la Chaldée et sur la Syrie. La suprématie passa aux princes de Larsam.

Asiatiques, prisonniers des Assyriens, avec des singes.

Toute cette période comprend, dit Bérose, quatre-vingt-six rois. Elle se termina par l'invasion des Élamites, l'an 2295 av. J.-C., d'après un calcul d'Assurbanipal.

Dynastie élamite. — Les Élamites qui avec leur roi Khodor-Nakhounta descendirent du plateau de l'Iran pour se jeter sur la Chaldée et renverser sa première dynastie avaient la même origine que les Chaldéens ; mais ils étaient plus particulièrement des fils de Kousch, à l'origine du moins. Le pays d'Elam s'étendait depuis l'embouchure et les bords du Tigre jusque vers la plaine d'Ispahan et jusque vers Chiraz, en comprenant les très fertiles plaines arrosées par le Choaspès, le Pasitigris et l'Eulœus et les pentes du plateau de l'Iran qui s'élevait par degrés à travers le Kuschistan, dont on a fait Susiane.

Suse. — La ville royale, Suse, était au milieu de plaines fleuries de lis et cette ville avait une forteresse bâtie sur une hauteur artificielle de cinquante mètres. Les Kouschites de la Susiane se trouvèrent brusquement mélangés d'éléments étrangers venus à travers le plateau de l'Iran. C'étaient des Scythes, disaient les anciennes traditions, qui, avec leur roi Indrathyrsès, parcoururent toute l'Asie antérieure. Ces Scythes étaient en réalité des Aryas de la Bactriane, qui se dirigèrent, en une sorte de migration, vers le sud-ouest de l'Iran, en même temps que d'autres Aryas descendaient vers l'Inde. Ainsi se forma en Susiane par cette conquête du pays une dynastie aryenne qui presque aussitôt se jeta sur la basse Chaldée et la soumit tout entière.

L'invasion des Chamites en Syrie. — L'invasion de Khodor-Nakhounta et les ravages qui la suivirent déterminèrent de nombreuses tribus kouschites, des bords du golfe Persique, à abandonner leurs îlots d'Arad ou de Tyr et à s'avancer du bas Euphrate jusqu'au Jourdain en livrant bataille, chemin faisant, aux peuples nomades, les Zomzommim, les Réphaïm, les Néfilim, qui habitaient les oasis de l'Arabie du nord. Ces tribus kouschites étaient les gens du pays de Pount, c'est-à-dire des côtes de l'Arabie. Elles emportèrent avec elles leur nom de Pouni, le gardèrent en se mêlant d'Arabes du désert et envahirent la Syrie méridionale ou pays de Chanaan. Une partie de ces tribus asiatiques se jeta sur l'Égypte avec les rois Pasteurs ou Hiq-sos; l'autre partie est connue dès lors sous le nom de Chananéens de la côte ou Phéniciens. C'est à cette même date que des tribus sémitiques partirent également du pays d'Our en Chaldée, qu'Assur remonta avec sa tribu la haute vallée du Tigre et alla peupler l'Assyrie et qu'une autre tribu sémitique, sous la conduite d'un patriarche nommé Tharé, ancêtre d'Abraham, remonta l'Euphrate avec ses troupeaux.

Les rois Susiens. — Khodor-Nakhounta, en réunissant la Chaldée à l'Elam, fonda la seconde dynastie chaldéenne. Postérieurement à lui règne Kourigalzou qui contre les Sémites du nord, les gens d'Assur, qui ont quitté le pays, élève un château, Dour-Kourigalzou. Un autre de ces princes, Khodor-Lagamar règne, dit la Bible, sur toute la région du Tigre et de l'Euphrate. Amraphel, roi de Sennaar, Arioch, qui est roi d'Élassur, c'est-à-dire de l'Assyrie et le « Roi des nations », sorte de chef des tribus mésopotamiennes, sont ses vassaux; il les emmène avec lui jusqu'aux frontières d'Égypte et, au retour, Abraham, chef des Hébreux, lui fait éprouver un échec, c'est-à-dire lui prend une partie de son butin. Ces rois Susiens semblent avoir accordé la même faveur à Our que leurs prédécesseurs. Le roi Khodor-Mabog se vante d'avoir « augmenté l'empire de la ville d'Our ». Cette dynastie élamite avait duré, d'après Bérose, deux cent quarante-huit ans.

Dynastie chaldéenne. Hammourabi. — Une révolte générale de la basse Chaldée chassa les Élamites, et des princes chaldéens gouvernèrent dès lors le pays jusqu'à l'apparition des Égyptiens avec Thotmès III. On comptait quarante-neuf souverains dans cette dynastie qui dura quatre cent cinquante-huit ans. Sous Ismi-Dagon, et le fils de celui-ci, Samas-Bin, la domination des princes chaldéens s'étend sur la haute et sur la basse région, puisqu'Ismi-Dagon, roi de Babylone, consacre à Oannès un temple dans Elassur, capitale des Assyriens. Le plus puissant de tous ces rois chaldéens est Hammourabi qui à Babylone et à Our élève de nombreuses constructions. Pour que la haute Chaldée fût aussi abondamment arrosée et aussi bien peuplée que l'était le bas pays, il creusa le canal royal de Babylone et fonda de nombreux villages nouveaux de Sumériens et d'Accadiens. Cependant les Chaldéens n'étendirent jamais bien au loin leur domination guerrière et les derniers rois de la dynastie ne sont, comme ceux du pays d'Assur et de la Mésopotamie, que des membres de la confédération des Resennou ou Rotennou avec lesquels entrent en lutte les Pharaons de la dix-huitième dynastie.

Les Égyptiens et la dynastie arabe. — Aux rois Pasteurs, contemporains des rois Élamites et des premiers princes de la dynastie chaldéenne, avait succédé la dix-huitième dynastie. Thomès III, vainqueur de la confédération des Rotennou, arriva l'an 31 de son règne, c'est-à-dire vers l'an 1559, jusqu'à la basse Chaldée. Il entra à Ninive et à Babylone et, renversant les princes chaldéens, établit pour gouverner la Babylonie de nouveaux princes qui étaient de race sémitique pure, une dynastie arabe, dit Bérose. Neuf de ces princes se succédèrent ainsi sous la suzeraineté des Pharaons pendant deux cent quarante-cinq ans, c'est-à-dire de 1559 à 1314. A ce moment l'Égypte se trouva trop affaiblie pour maintenir sa suprématie dans les régions du Tigre et de l'Euphrate ; cette suprématie passa à l'Assyrie et le premier empire chaldéen disparut en 1314.

SUJET A TRAITER :

Exposer l'histoire de l'ancien empire chaldéen.

CHAPITRE IV

LE PREMIER EMPIRE ASSYRIEN.

SOMMAIRE :

I. L'Assyrie est aujourd'hui le Kurdistan.

II. Assur était parti de la Chaldée et fonda Elassur, aujourd'hui Kalah-Chergât.

III. Teglath-Phalasar Ier est le prince le plus brillant de la première dynastie assyrienne : il domine à Babylone, et les rois de la Mésopotamie sont vaincus par lui.

IV. La défaite de Karkémisch, honte d'Assur-rab-Amar, amène un changement de dynastie.

L'Assyrie. — L'Assyrie, aujourd'hui le Kurdistan, était la partie moyenne du bassin du Tigre, au sud de l'Arménie ou pays montagneux de l'Ourarti et au nord des grandes plaines de la Chaldée. La chaîne du Masios la séparait de l'Arménie et la chaîne du Zagros la limitait du côté de l'est. C'était une région de hautes plaines, de terrasses s'élevant de plus en plus jusqu'au sommet du plateau où vivaient les Mèdes. Le pays offrait de belles chasses, mais de maigres ressources sur un sol crayeux, de bons pâturages pour les chevaux, mais le terrain n'était réellement propre à la culture des terres que dans quelques cantons privilégiés auxquels le Tigre et ses affluents, le Khaboras et les deux Zab, apportaient la fertilité. La guerre et les conquêtes lointaines, le pillage périodique des riches plaines du sud s'imposaient comme une nécessité aux Assyriens.

Ninive. — Assur, dit la Bible, quitta le pays de Babel en Chaldée et, remontant le Tigre avec ses gens, fonda

Elassur, aujourd'hui Kalah-Chergât, sur la rive gauche du Tigre entre les confluents des deux Zab. Ninive, aujourd'hui Mossoul, s'éleva un peu plus au nord, près de l'endroit où le Tigre recevait le grand Zab dont la vallée ouvre les communications avec l'Arménie et la Médie, avec Van et Tauriz. Ninive, au principal lieu de passage du Tigre, fut la grande forteresse du pays.

A cette ville de Ninive on donna plus tard un fabuleux fondateur, Ninus, lorsqu'on voulut entourer de faits glorieux et éclatants la très modeste et obscure fondation de l'empire assyrien. Le roi chaldéen Ismidagon

Roi assyrien à cheval suivi de deux cavaliers.

régnait de façon certaine à la fois sur Babylone et sur Ninive. Cependant Ninive a ses princes, Assur-bel-Nisisou, vers 1450, et Assuroubalat qui traitent d'égal à égal avec les rois babyloniens et contractent avec eux des alliances de famille. Les Assyriens descendent une première fois en Babylonie avec Assuroubalat pour renverser un usurpateur Nazibougas et rétablir un prince légitime, leur allié. Le joug des Egyptiens pesait également sur les princes d'Assyrie et de Chaldée, mais cette domination était devenue impuissante. Les Assyriens se trouvant plus nombreux, plus forts, se jettent en 1314 sur la haute et la basse Chaldée et, cette fois, leur roi Teglath-Adar réunit sous son sceptre Ninive, Babylone et Our.

La première dynastie assyrienne (1314-1050) — Le premier empire assyrien était fondé, et Babylone n'eut plus que des princes vassaux de Ninive. Cette subordination de la Chaldée à l'Assyrie, des gens des riches plaines d'alluvion aux gens du haut pays, pauvres, braves et avides, ne fut jamais acceptée par eux et les rébellions furent incessantes ; mais la répression de ces révoltes ne se faisait jamais attendre. Le roi de Ninive, Bel-Khodor-Ossor, successeur de Teglath-Adar, vit presque aussitôt après son avènement se soulever le prince de Babylone, Binbaladan, qui chassa les Assyriens et envahit le haut pays. Les Assyriens perdirent le sceau royal de Teglath-Adar, qui fut porté à Babylone. Adarbalasar et ses successeurs refoulèrent les Chaldéens et battirent les Babyloniens. Pendant plus de cent ans ils travaillèrent à étendre leur domination dans la région des sources du Tigre, dans les massifs montagneux du Masios et du Taurus et dans la plus grande partie de la Mésopotamie.

Teglath-Phalasar Ier. — Le plus grand prince d'Assur est Teglath-Phalasar Ier, qui devient roi vers 1100 et refoule les Moschiens, tribus voisines de la mer Noire, qui lui disputent les régions du haut Euphrate et du haut Tigre. De Ninive et d'Elassur, il remonte le grand et le petit Zab pour soumettre les autres tribus des montagnards Iraniens et, par Tauriz, par la vallée du Kyzil-Ouzen, il arrive jusqu'à la mer Caspienne. Teglath-Phalasar, avec les soldats fournis par les régions soumises, attaqua les tribus qui campaient entre l'Assyrie et l'Euphrate. Il trouva une résistance sérieuse ; plus de vingt rois de la Mésopotamie réunirent leurs forces mais furent battus. Teglath-Phalasar entreprit alors la conquête de la Syrie septentrionale ou pays d'Aram. Franchissant l'Euphrate au gué de Karkemisch, il entra sur le territoire des Khétas ou Héthéens et reçut leur soumission. Le roi d'Égypte lui-même lui envoya des présents.

Révolte des Babyloniens. — Teglath-Phalasar eut à réprimer la révolte de Mardoukidinach, prince de Babylone, qui se déclara indépendant, entra en Assyrie, pilla la ville de Hékali et emporta les statues des dieux protecteurs d'Assur. Cependant ces désastres étaient réparés quand mourut Teglath-Phalasar qui fut non seulement un grand conquérant, mais aussi un grand chasseur de lions et qui s'est vanté d'avoir tué lui-même un dauphin dans la grande mer. Les temples d'Elassur, sa capitale, élevés à Oannès, furent réparés et de fastueuses constructions servirent de demeures au roi, aux guerriers et aux eunuques qui l'entouraient et le servaient.

Bataille de Karkemisch (1050). — Pour châtier la précédente révolte, Assur-Belkala, fils de Téglath-Phalasar, porta la guerre chez les Babyloniens et les obligea à demander la paix. Samas-Bin II, son frère, rebâtit un des grands temples de Ninive et maintint encore la suprématie sur la Chaldée ; mais les Khétas ou Héthéens du nord, c'est-à-dire les gens du pays d'Aram et les montagnards de l'Amanos, s'étaient confédérés de nouveau et battirent à Karkemisch Assur-Rab-Amar, fils et successeur de Samas-Bin. Cette bataille de Karkémisch eut de graves conséquences. La Syrie et la Babylonie se soulevèrent et se rendirent indépendantes, tandis qu'à la suite de cette honte nationale une révolution s'accomplissait à Ninive et amenait au trône une dynastie nouvelle. Ainsi finit vers le milieu du XIe siècle av. J.-C. le premier empire assyrien.

SUJETS A TRAITER :

Décrire la religion assyrienne.
Raconter l'histoire du premier empire assyrien.

CHAPITRE V

LE SECOND EMPIRE ASSYRIEN

SOMMAIRE :

I. Belitaras fonde la seconde dynastie assyrienne vers 1050.

II. Assurnazirpal fonde la cité royale de Calach et soumet la Syrie du nord.

III. Salmanasar III soumet la Syrie centrale.

IV. Sammouramit, femme de Binlikhous III, ordonne de grands travaux à Babylone où se conservera la tradition de Sémiramis.

V. Téglath-Phalasar fonde une troisième dynastie assyrienne, mène les Assyriens dans le bassin de l'Indus et laisse le trône à Salmanasar V qui meurt au siège de Tyr en 722.

La Seconde dynastie assyrienne. — L'orgueil militaire des Assyriens était immense et ils avaient un roi pour que celui-ci les conduisît à la conquête. La défaite de Karkémisch les humilia tellement qu'Assur-Rab-Amar périt presque aussitôt dans une sédition et que Belitaras, intendant des jardins royaux, se fit accepter comme roi, vers 1050. Il fut « l'origine de la royauté », le fondateur de la seconde dynastie assyrienne. Ses successeurs les plus connus Irib-Bin, Salmanasar II, Binlikhous II, et Teglath-Adar II, régnèrent pendant plus d'un siècle sans que le souvenir de leurs expéditions se soit conservé; néanmoins ils achevèrent la soumission de la Médie et parurent en vainqueurs dans les hautes régions du Tigre où se retrouvent les stèles de victoire de Binlikhous.

Assurnazirpal (900-860). — L'Assyrie était rede-

6.

venue riche et dominante et ne manquait pas de captifs pour les grandes constructions. Assurnazirpal lui donna une nouvelle capitale qui remplaça la vieille cité royale d'Elassur. Ce fut Calach, aujourd'hui Nimroud, bâtie à six lieues au sud de Ninive, au confluent même du Zab septentrional, sur un emplacement où déjà Salmanasar Ier,

Soldats assyriens.

l'un des princes assyriens du haut Empire, avait élevé vers l'an 1300 des constructions qui furent rasées. Calach ne cessa plus d'être une très grande ville des Assyriens, même quand la dynastie des Sargonides eut choisi Ninive comme capitale.

Calach. — Le temple d'Adar, avec sa haute tour à étages, domina les magnifiques palais royaux où l'on entrait par de hautes portes gardées par des taureaux à bête humaine, avec la haute mitre et la longue chevelure des rois Assyriens. C'était à la suite de ses guerres nombreuses qui lui avaient donné beaucoup de richesses et de captifs qu'Assurnazirpal avait élevé sa grande cité royale de Calach. Sur les murs de son palais il a lui-même raconté avec complaisance ses exploits et sa férocité : « Il a poursuivi les ennemis sur les montagnes inaccessibles, où les oiseaux du ciel pouvaient seuls arriver; il a incendié les villages; il a coupé les têtes des combattants et en a élevé des pyramides. Il a fait écorcher les chefs des villes révoltées et il a recouvert les murs de leur peau. Leurs têtes ont été assemblées en forme de couronnes et leurs cadavres transpercés en forme de guirlandes. » Sur ces ruines que le prince assyrien accumule, sa figure s'épanouit et dans l'assouvissement de son couroux il trouve sa satisfaction.

Conquêtes en Syrie. — Assurnazirpal ne se contenta pas de maintenir sous le joug les populations de l'Arménie, les Moschiens du Pont, les tribus du Zagros et de la Médie, et d'obliger le prince des Babyloniens, Naboubaladan, et la basse Chaldée à reconnaître son autorité. Il y avait, depuis près de deux siècles, une revanche à prendre de la défaite de Karkémisch et de la victoire des Khétas ou Héthéens. Le roi franchit l'Euphrate et entra dans la Syrie du nord; cette contrée était riche et prospère par le génie commercial des vieilles races chananéennes que n'avaient pas encore détruites les longues guerres et le triomphe définitif des nomades du désert; mais elle était divisée et vingt rois environ se la partageaient. Le roi de Karkémisch, par crainte, livra le passage aux Assyriens et si quelques princes refusèrent d'apporter le tribut et furent durement châtiés, les Phéniciens se soumirent prudemment. Avec des cèdres coupés sur les flancs du Liban, avec de grandes quantités de métaux et des richesses de toutes sortes, les Assyriens regagnèrent Calach.

Salmanasar III (860-823). — Salmanasar III succéda vers 860 à Assurnazirpal et, comme lui, fut un grand guerrier. Sur un obélisque de basalte qui est à Londres, il a résumé les trente et une campagnes qu'il conduisit lui-même et pour lesquelles l'ardeur guerrière de son peuple ne lui fit jamais défaut. La Syrie demeurait impuissante à cause des troubles de Tyr et des luttes entre les rois de

Damas, de Juda et d'Israël. Le roi de Damas, Ben-Adar, essaya cependant de grouper toutes les populations syriennes lorsque Salmanasar III franchit l'Euphrate en 854 pour exiger le tribut.

Bataille de Karkar. — Une grande bataille s'engagea à Karkar, non loin de l'Oronte. Les Syriens furent vaincus; mais Salmanasar avait fait de grandes pertes; il ne poussa pas jusqu'à Damas et repassa l'Euphrate. Ce fut pour revenir victorieusement contre Hazaël, successeur de Ben-Adar; le royaume de Damas fut à peu près ruiné; Héthéens, Phéniciens et Juifs envoyèrent leurs tributs aux Assyriens. La Syrie centrale était ainsi soumise par Salmanasar II, comme la Syrie du nord l'avait été par Assurnazirpal.

Samas-Bin, second fils de Salmanasar III et Binlikhous III montrèrent la même énergie guerrière que le vieux conquérant de la Syrie, mais il fallait, non sans peine, maintenir sous le joug les tribus indociles des massifs du Zagros et du Masios et combattre du côté du sud les Chaldéens et les Elamites; il fallait aussi contenir la Syrie et le roi de Damas fut assiégé et pris dans sa capitale,

Sémiramis. — L'épouse de Binlikhous III, était Sammouramit, femme de grande valeur, dont le nom resta populaire; elle vivait, dit Hérodote qui l'appelle Sémiramis, un siècle et demi avant Nitocris, femme de Naboupalossor, roi de Chaldée. Elle était Babylonienne d'origine et ordonna de grands travaux dans sa ville natale pour les eaux de l'Euphrate. Malgré le grand éclat que jetait alors l'empire d'Assyrie, celui-ci s'affaiblit très rapidement parce que les rois Assurdanil et Assurnirari cessèrent de conduire leurs troupes à la guerre et vécurent en rois fainéants et voluptueux. Les Grecs ont personnifié dans un fabuleux Sardanapale cette période d'affaiblissement de l'Empire et imaginé la prise de Ninive par les Mèdes et les Babyloniens, aux ordres de chefs révoltés appelés Bélésis et Arbacès. Il y eut certainement révolte, troubles et incendie et une dynastie nouvelle fut fondée par Teglath-Phalasar II.

Légende de Sémiramis. — Il se forma autour du nom de Sémiramis des traditions populaires curieuses. La légende disait qu'elle était fille d'un prêtre et d'une prêtresse de Syrie et qu'elle avait été exposée dans le désert et nourrie par des colombes. Un officier du roi Ninus, fondateur de Ninive dans la légende, l'achète comme esclave et l'épouse ; mais Sémiramis ayant indiqué, au siège de Bactres, à Ninus le moyen de prendre cette ville, Ninus l'épouse à son tour et la fait reine d'Assyrie. Elle veut tout le pouvoir et fait tuer Ninus.

Alors elle agrandit et embellit Babylone, conquiert l'Arménie dont elle aurait voulu sauver le roi, Ara le Beau, puis victorieuse des Arabes, des Egyptiens, de l'Ethiopie, elle arrive jusqu'à l'Inde.

Elle était si belle, rapportait encore la légende, qu'elle apaisa par sa seule vue une révolte à Babylone, un jour que, surprise par la nouvelle de la sédition, elle avait couru, à demi parée, au-devant des révoltés.

Cependant son fils Ninyas lui arrache par les armes le sceptre ; elle est tuée et devient une déesse adorée sous la forme d'une colombe.

Ninyas, prince incapable et efféminé, rapportait la tradition populaire, aurait été le premier d'une série de princes qui vécurent dans la mollesse et la lâcheté comme Sardanapale, le dernier d'entre eux. Il y avait loin de ces fictions à l'histoire véritable de Sammouramit.

La troisième dynastie assyrienne. — Teglath-Phalasar II, qui régna de 745 à 727, ne pouvait garder la couronne qu'il avait prise qu'en conduisant de nouveau les Assyriens aux grandes conquêtes. Dès la première année de son règne il alla chez les Arméniens et les Mèdes rétablir la domination d'Assur. Une expédition conduite par le roi en Chaldée fit reconnaître son autorité dans toute la région inférieure du Tigre et de l'Euphrate. L'année suivante, ce furent les Syriens qui, après avoir joui longtemps de l'indépendance, virent arriver Teglaht-Phalasar. Les Syriens de Karkémisch, de Damas, les Phéniciens de Tyr se soumirent aussitôt; les autres, et parmi eux Menakhem, roi d'Israël, payèrent également le tribut lorsque le roi eut soumis la région voisine d'Alep, et pris la ville de Hamath en 739.

Guerres dans l'Inde. — A tous ces exploits par lesquels il ne faisait que recommencer les conquêtes de ses prédécesseurs, Teglath-Phalasar II ajouta la guerre dans les pays au sud de l'Hindou-koh. L'Inde fut entamée par une conquête, éphémère, il est vrai. En longeant la Caspienne et par le Khorassan les Assyriens arrivèrent dans l'Arie au nord du lac Hamoun. Par la vallée du Caboul et par la passe de Bolan les deux parties de l'armée assyrienne descendirent dans la vallée de l'Indus, pour revenir assez rapidement. La tradition devait prêter plus tard à la fabuleuse Sémiramis, personnification légendaire d'Istar, la grande déesse au nom de laquelle marchaient les Assyriens, cette expédition des Assyriens dans l'Inde.

Le roi se retourna vers la Syrie et Israël, dont le roi Phacée avait prétendu se rendre indépendant, perdit presque tous ses districts du nord. Rezen de Damas fut pris dans sa capitale dont la population fut emmenée captive et remplacée par d'autres tribus. Teglath-Phalasar II put mourir en paix après vingt-deux années de victoires, et laissa le trône à Salmanasar V, son fils. Aussitôt les Tyriens et Osée, roi d'Israël, se révoltant, appelèrent à leur aide Sabak, roi d'Ethiopie et d'Égypte. Salmanasar V manda auprès de lui Osée, le jeta en prison et commença le double blocus de Samarie et de Tyr. Salmanasar continuait d'assiéger ces deux cités lorsqu'il mourut en 722. Cette mort prématurée allait amener un nouveau changement de dynastie et l'avènement des Sargonides.

SUJET A TRAITER :

Raconter l'histoire de l'Assyrie sous la seconde et la troisième dynasties.

CHAPITRE VI

LES SARGONIDES

SOMMAIRE :

I. Sargon fonde une nouvelle dynastie en 718, après avoir gouverné trois ans comme régent.

II. Sargon prend Samarie, échoue devant Tyr et gagne la bataille de Dour-Yakin en Chaldée.

III. Sinachérib ordonne de terribles exécutions à Babylone et prend comme capitale Ninive, près de laquelle il bâtit Dour-Sargon dont les ruines forment le village de Khorsabad.

IV. Calach reçoit de grands embellissements d'Assur-Haddon qui règne de 681 à 667 et soumet l'Arabie.

V. Assurbanipal est le grand constructeur des Assyriens. Son règne marque l'apogée de la puissance du peuple d'Assur.

VI. Ninive est prise et détruite en 625 et le nom même des Assyriens disparaît.

Les Sargonides. — Une royauté guerrière et absolue comme celle des Assyriens ne pouvait demeurer aux mains d'un enfant. Salmanasar V n'ayant laissé qu'un jeune fils, Samdan, le général en chef des armées, « le tartan » Sargon déclara d'abord qu'il gouvernerait comme régent. Il fit accepter sa régence en 721 et sa royauté en 718, quand il eut remporté les premiers de ses nombreux succès. Ainsi se fonda la plus brillante des dynasties assyriennes.

Sargon (721-704). — Sargon alla d'abord réprimer la révolte de la Chaldée et combattre Khoumbanigas, roi d'Elam. Il revint en Judée et anéantit le royaume d'Israël qui ne forma plus un royaume tributaire mais un pays gouverné directement par les Assyriens, pendant que de nombreux Israëlites étaient emmenés en captivité à Calach. Le roi de Gaza et l'Ethiopien Sabak, roi d'Égypte, perdent la bataille de Raphia. Les petits princes de la basse Égypte payent le tribut, comme la reine d'Arabie et le chef des

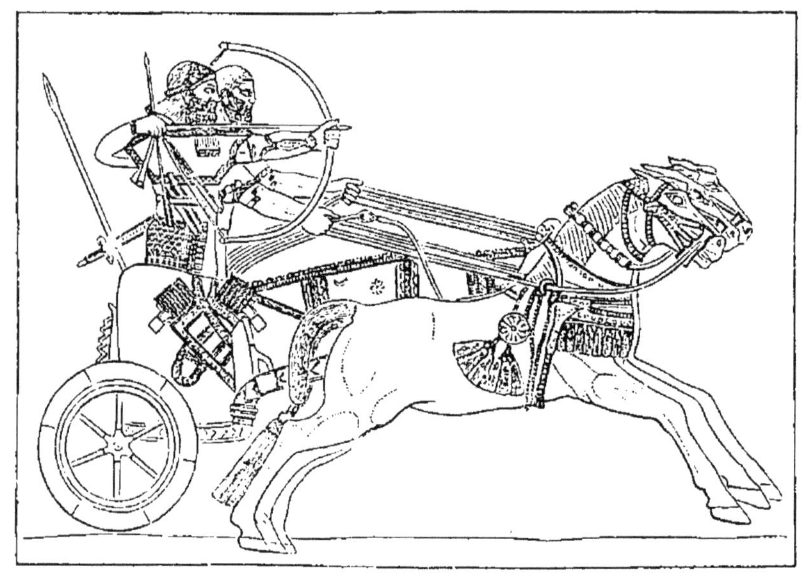

Roi assyrien combattant sur son char de guerre.

Sabéens qui envoient les chameaux, les pierres précieuses, l'or et les parfums à l'Assyrien redouté. En Syrie, le chef d'Hamath s'était révolté et avait armé aussi les villes syriennes et phéniciennes de Damas, d'Arpad et de Simyra. Les rebelles furent vaincus, et de leurs villes le roi fit des lieux de désolation ; mais la ville de Tyr, trop bien située sur son îlot, déjoua tous les efforts de Sargon.

Le chef de la ville de Van, près du lac de ce nom, avait vécu en vassal soumis ; mais à sa mort son peuple fut poussé à la révolte par les Arméniens. Les villes voisines du lac de Van et du lac d'Ourmia furent prises et directement rattachées au gouvernement assyrien. Après avoir ainsi réduit la partie septentrionale de la Médie, Sargon se tourna contre les chefs de l'Ourarti, c'est-à-dire de la région arménienne, qui furent soumis ou écorchés vifs.

Les Assyriens en Asie Mineure. — La Comagène et la Cilicie avec Tarse virent les armées assyriennes dont la domination s'étendit jusqu'à l'Halys. La conquête de l'île de Chypre compléta les conquêtes de Sargon, qui dressa à Larnaca une grande stèle de victoire qui le représente. Les dernières années de Sargon sont remplies par ses guerres contre la Chaldée et l'Elam. Mardouk-Baladan, prince de Babylone, évacua la grande ville et se retira dans le bas pays, vers la ville de Dour-Yakin, près des murs de laquelle une grande bataille s'engagea en 709 ; Mardouk-Baladan fut chassé, et Sargon mit à sa place son fils comme gouverneur direct de la Chaldée ; mais Soutrouk-Nakhounta, roi d'Elam, repoussa victorieusement l'attaque des Assyriens, lorsque, après avoir vaincu ses alliés, ceux-ci voulurent envahir la Susiane.

Le palais de Khorsabad. — Chacun des grands souverains assyriens s'est attaché à bâtir un palais, qui fût son œuvre propre. On prenait généralement les matériaux, les grandes sculptures, ayant servi aux palais antérieurs, et une ville royale nouvelle s'élevait. Sargon, à quatorze kilomètres au nord-est de Ninive, éleva le palais de Dour-Sargon, dont les ruines forment aujourd'hui un énorme tertre, et comprennent le village de Khorsabad, à trois lieues et demie au nord de Mossoul.

C'est à Khorsabad que MM. Botta et Victor Place, par leurs premières fouilles et découvertes, révélèrent l'ancienne Assyrie. Ce palais de Dour-Sargon était un immense rectangle, bâti sur une colline en grande partie artificielle et couvrant au moins dix hectares. Il y avait là le harem et le sérail du prince, et aussi le khan, c'est-à-dire les grandes et nombreuses dépendances que les rois font construire pour y déposer leur bagages, pour y abriter les chevaux, les chameaux, les dromadaires, pour la remplir de richesses. Parfois des arbres se dressaient au milieu de ces palais et on y apportait l'eau nécessaire dans des jarres suspendues aux flancs des bêtes de somme ou aux épaules des esclaves. Ce fut dans ce palais de Khorsabad que Sargon fut assassiné en 704.

Sinachérib (704-681). — Sinachérib arriva de Chaldée, où il était lieutenant de son père, et se fit reconnaître comme roi à Ninive. Il apprit presque aussitôt qu'une révolte générale avait éclaté, que Mardouk-Baladan avait reparu en Chaldée et soulevé les Babyloniens que les Mèdes et les Arméniens, que les Phéniciens, les Philistins, Ezéchias de Juda refusaient les présents de joyeux avènement. Sinachérib commença par battre à Kis en Chaldée Mardouk-Baladan et les Elamites, et il établit à Babylone un Assyrien comme gouverneur. Ainsi la politique des Sargonides supprimait résolument les chefs locaux, et, au lieu de se contenter de tributs versés par des chefs nationaux, établissait des satrapes ou gouverneurs de race assyrienne.

Guerres de Sinachérib. — Sinachérib soumit alors l'Arménie, la Médie, la Comagène et, redescendant vers la Syrie, marcha contre Elouli de Tyr qui s'enfuit et dont le royaume fut donné à Ithobaal. Tous les autres princes de la Syrie, à l'exception de celui d'Ascalon que l'on tua, offrirent leur soumission ; mais restaient les Egyptiens et les Juifs. Les Egyptiens furent battus à Eltekeh, et Ezéchias de Juda rendit hommage. Cependant l'Ethiopien Tharaka, roi d'Egypte, et Ezéchias reprirent de nouveau les armes, et Sinachérib perdit brusquement par la peste la plus grande partie de son armée. Il ne put revenir en Syrie à cause des luttes qui ne cessèrent plus contre la Chaldée et contre la région du Nord.

Destruction de Babylone. — Mardouk-Baladan, battu de nouveau, s'était refugié chez les Elamites; mais les Chaldéens s'étaient donné un autre chef, Souzoub, et même les gens de Bet-Yakin, c'est-à-dire de la Chaldée maritime, émigrèrent chez les Elamites. Les Assyriens firent alors venir de Phénicie des constructeurs de navire et des bois, et, sur une flotte rapidement construite, allèrent poursuivre les Chaldéens fugitifs et les ramenèrent. Khodor-Nakhounta, roi d'Elam, et Souzoub soulevèrent encore les Babyloniens. Sinachérib exaspéré par ces révoltes incessantes de Babylone résolut d'en finir avec ce foyer de rébellion. Malgré le respect attaché à la grande et vieille métropole religieuse, il abattit les murs des édifices, ruina les temples, les palais, les maisons et en fit jeter les débris dans le canal d'Hammourabi.

C'est par cette destruction sauvage de Babylone que Sinachérib termina ses terribles expéditions guerrières. Sinachérib employa, comme Sargon, les nombreux captifs que ses guerres lui avaient donnés à l'embellissement de Ninive qu'il adopta comme capitale et où il éleva son palais d'albâtre et de cèdre, dédié à ses dieux protecteurs, Assur et Istar. Les quais du Tigre furent reconstruits, les rues étroites furent élargies et Sinachérib fit de Ninive « une cité resplendissante comme le soleil ».

Assur-Haddon (681-667).— Sinachérib fut assassiné à Ninive par deux de ses fils, un jour qu'il offrait un sacrifice, en 681. Assur-Haddon, le troisième, obligea les meurtriers à s'enfuir en Arménie et se fit reconnaître comme roi. La Médie, les pays des Moschiens et autres populations bordant la mer Noire du Caucase à l'Halys, furent parcourus pendant quatre années. En Chaldée, le roi se contenta de nommer comme gouverneur le Babylonien Nabou-Nahid. En Syrie, le roi de Sidon avait refusé le tribut; sa ville fut prise et détruite, et à la place de ses habitants transportés en Assyrie Assur-Haddon établit des Chaldéens.

Soumission de l'Arabie. — L'Arabie avait vécu jusqu'alors à peu près indépendante, à l'exception du pays de Pount qui avait obéi aux Égyptiens. Les Assyriens, devenus les suzerains des Phéniciens et les maîtres des rives du golfe Persique, obligèrent les Arabes à se reconnaître leurs vassaux et à leur apporter leurs tributs. Assur-Haddon entra alors en Egypte et refoula les Ethiopiens du roi Tahraka jusque sur Napata; Memphis et Thébes furent pillées. et tout le pays fut partagé entre de petits chefs, comme Néchao de Saïs, qui promirent formellement le tribut. Assur-Haddon, vainqueur de l'Egypte, revint à Ninive et à Calach, et alla mourir à Babylone après avoir appris un retour agressif des Ethiopiens en Egypte et sans avoir eu le temps d'en tirer vengeance. Assur-Haddon avait construit dix palais et trente-six temples, et il avait choisi la vieille cité de Calach pour y bâtir sa résidence royale dont la magnificence se laisse deviner dans « les Ruines du sud-ouest », à Nimroud.

Assurbanipal (667-647). — Assurbanipal, fils aîné d'Assur-Haddon, était dans la force de l'âge, en 667; il marcha vers l'Egypte, que les Assyriens continuèrent de disputer aux rois-prêtres de Napata. Allié des princes du, Delta, Assurbanipal marcha contre Thèbes et la saccagea, comme son père avait saccagé Babylone. Les Phéniciens, les Ciliciens étaient soumis, et même le roi de Lydie, Gygès, se reconnut le vassal des Assyriens. Une conquête qu'avaient tentée vainement les précédents rois d'Assyrie celle de l'Elam, fut le dernier triomphe d'Assurbanipal qui domina ainsi de l'Archipel aux déserts de l'Iran et depuis la Caspienne jusqu'à Thèbes aux Cent Portes.

Puissance des Assyriens. — C'était l'apogée de la puissance des Ninivites, ces Sémites du haut Tigre, qui avaient ainsi réuni sous leur suprématie toute l'Asie occidentale, mais en écrasant les vieilles races, en dépeuplant des régions fertiles et qui devinrent stériles, sans justifier, à la façon des Romains, leur domination par de grands services rendus à la civilisation. La décadence était proche d'ailleurs; car la race assyrienne s'était épuisée par la continuité de ses guerres et l'étendue même de ses conquêtes. Assurbanipal avait pris Ninive comme capitale et y avait réuni une très précieuse collection de documents littéraires et historiques, qui ont été transportés en bonne partie à Londres.

Apprêts d'un festin dans le palais d'un roi assyrien.

Les Mèdes. — De même que les Normands, qui devaient détruire l'empire de Charlemagne, avaient paru sur les côtes pour la première fois au temps même du grand empereur, les Mèdes attaquèrent, du vivant même d'Assurbanipal, l'empire d'Assyrie. Ces Mèdes étaient des Aryas, partis à l'origine de la Bactriane, établis sur le plateau de l'Iran, et qui avaient longtemps payé le tribut aux Assyriens. Lorsqu'ils parurent avec leur chef Phraorte,

Assurbanipal les repoussa ; Phraorte fut tué à Ragau et les Mèdes vaincus remontèrent les pentes du plateau.

Chute de Ninive (625). — A ce moment les Scythes Cimmériens, ancêtres des Tartares, se jetèrent sur l'Asie et la ravagèrent cruellement pendant vingt-huit années jusqu'à ce que les combats, le climat et les excès eussent eu raison de ces barbares. Ils furent bientôt assez affaiblis pour que les Mèdes pussent les attaquer et les chasser vers les déserts du Nord. Les Mèdes, vainqueurs des Scythes, attaquèrent de nouveau l'Assyrie où Assurbanipal était mort, laissant le trône à Assuredilani. Celui-ci venait d'essayer de réparer les ravages des Scythes ; il venait de rebâtir à Calach le temple de Nabou quand les Mèdes parurent. Le gouverneur de la Chaldée, Naboupalossor, se révolta et se joignit à Cyaxare, roi des Mèdes. Le roi d'Assyrie résista de son mieux et quand tout espoir fut perdu, il mit le feu à son palais et périt en 625. Ninive tomba avec le dernier des Sargonides.

La prophétie de Nahum. — Comme les autres peuples de l'Asie, les Hébreux, pleins de haine contre Ninive, apprirent avec joie la chute de la cité assyrienne. « Malheur à toi, avait chanté le prophète Nahum, malheur à toi, ville de sang, qui es toute pleine de fourberie et qui te repais sans cesse de tes rapines et de tes brigandages !

— Voici que Ninive est toute couverte d'eau comme un grand étang et que ses citoyens prennent la fuite.

— Pillez l'argent, pillez l'or ; ses richesses sont infinies, ses vases et ses meubles précieux sont inépuisables.

— Où est maintenant cette caverne de lions ? Cette caverne où le lion se retirait avec ses petits sans que personne vînt les y troubler ?

— Voici que le Seigneur met le feu à leurs chariots et les réduit en poudre et il leur arrachera tout ce qu'ils avaient pris aux autres, et on n'entendra plus la voix insolente des ambassadeurs qu'ils envoyaient. Ses petits enfants ont été écrasés au milieu de ses rues, les plus illustres de son peuple ont été partagés au sort ou chargés de fer.

— O roi d'Assur, vos pasteurs se sont endormis; vos princes ont été ensevelis dans le sommeil, votre peuple est allé se cacher dans la montagne et il n'y a personne pour le rassembler. »

SUJETS A TRAITER :

Dire quelles furent les villes royales et les grandes constructions des Sargonides.

Exposer la formation de l'empire des Sargonides, leurs grandes guerres et la chute de leur puissance.

CHAPITRE VII

MOEURS ET COUTUMES DES ASSYRIENS

SOMMAIRE :

I. Les Assyriens ont conservé la religion des Chaldéens et invoquent Istar et Adar, mais particulièrement Assur, l'ancêtre de la race.

II. Le roi a le pouvoir religieux et politique, et gouverne à la turque.

III. Les esclaves royaux, fournis par les populations soumises, jouent un grand rôle dans l'administration et même à l'armée.

IV. L'armée assyrienne est parfaitement organisée.

V. La vie intime des rois assyriens est sensuelle et voluptueuse et la légende de Sardanapale conserve le souvenir de la mollesse et du luxe des princes d'Assur.

Les Assyriens. — En même temps que Ninive, disparurent le culte d'Assur, la puissance des Assyriens et le peuple lui-même. Pour abattre ce terrible peuple qui avait été pendant des siècles la terreur de l'Asie occidentale il avait fallu l'effort des Scythes, puis des Mèdes se joignant aux Babyloniens ; il avait fallu surtout que ce peuple s'épuisât de lui-même. Le nom que les Assyriens laissèrent dans l'histoire du monde était grand ; mais que restait-il en dehors de ce nom et de son sanglant prestige?

Religion. — Les Assyriens étaient des Sémites, purs de race comme les Hébreux, qui vécurent dans des cantons assez pauvres, en regardant toujours avec envie du côté de la riche Chaldée d'où ils étaient partis. Ils gardèrent de Babylone, comme les Juifs, une sorte de haineux respect. Les peuples de la Chaldée restent leurs dieux ; ils invoquent Istar, Adar, leur élèvent des temples; mais dans leur étroit crâne sémitique il n'y a pas place pour des idées religieuses bien larges et élevées. Le dieu par excellence est celui de la tribu, le père de la race, Assur. C'est à lui

Roi assyrien faisant le sacrifice du taureau.

qu'on demande la ruine des ennemis, la victoire et le pillage; c'est à lui que l'on immole les taureaux; c'est lui qu'on honore par le sang et la mort de ceux qui ont nié sa puissance.

Le roi assyrien. Son pouvoir religieux. — Le vicaire d'Assur, son représentant sur la terre, est le roi. qui n'est pas un personnage divin comme en Égypte, mais que l'on honore à l'égal d'une divinité. qu'il faut saluer dans l'attitude de la prosternation, à genoux, les mains jointes derrière le dos. C'est le roi qui prie les dieux au nom de son peuple, qui dédie les temples et célèbre les sacrifices. On ne voit pas à côté de lui de grands prêtres, et rien dans les monuments assyriens ne montre l'existence d'une caste, ni même d'une classe sacerdotale. Les prêtres sont « les Chaldéens », c'est-à-dire les gens, venus de Babylone, qui savent conjurer les esprits et qui de l'Asie occidentale se répandront dans le monde de l'Empire romain.

Pouvoir politique du roi. — A ce pouvoir religieux le roi joint tout le pouvoir politique. A côté de lui sont de grands officiers comme « le tartan » ou général en chef des armées, qui représente le pur sang assyrien et le chef des eunuques, le « rabsaris ». Les eunuques sont fort nombreux à Ninive comme ils le furent à Constantinople : ce sont les esclaves royaux, qui ont été faits prisonniers dans les nombreuses guerres et qui forment un élément considérable de la population. Leur chef est chargé des missions les plus importantes, comme on le voit par l'ambassade envoyée à Ézéchias de Juda. Les eunuques tiennent le parasol royal au-dessus de la tête du roi, lui présentent les coupes destinées aux libations sacrées, agitent le chasse-mouches. Ces eunuques, comme on le voit également dans l'empire byzantin par l'exemple de Narsès, pouvaient être aussi des guerriers. On les voit avec l'arc et l'épée au côté, formant une partie de la maison militaire du roi.

L'administration assyrienne. — Il y a aussi à côté du roi de nombreux préfets et, sous les Sargonides surtout, ces préfets sont chargés de l'administration des provinces assyriennes, à moins que les pays conquis ne soient laissés à des princes nationaux qui s'engagent à payer le tribut et à fournir des contingents militaires. Les rébellions sont fréquentes et châtiées avec une férocité inouïe. Les rois assyriens ne cherchèrent jamais, comme les Romains, à établir entre leurs vassaux la solidarité des intérêts, ils n'ordonnèrent ni grands travaux publics, ni routes, ni aqueducs ; rien ne pouvait permettre aux peuples vaincus d'oublier l'atrocité de la conquête. Les Assyriens, ne comptant que sur la terreur, levaient de lourds impôts, en nature principalement, et exigeaient de nombreux enfants des peuples soumis pour en faire des eunuques de guerre ou de palais. Quant à établir une administration régulière, les rois assyriens n'y songèrent jamais. Ils gouvernèrent à la turque.

Les troupes assyriennes. — La seule supériorité des Assyriens venait de leur valeur guerrière et de l'organisation de leurs troupes. Les soldats assyriens sont vêtus d'une tunique de poil de chèvre, serrée à la taille, presque collante, et qui s'arrête un peu au-dessous du genou ; parfois ils ont une cuirasse de petites cordes tressées ; leur casque ou leur bonnet est pointu au sommet ; une épée pend toujours à leur côté, mais on les voit combattre les uns avec la lance et les autres avec l'arc. Ils avaient sur le champ de bataille une organisation rappelant celle des piquiers et mousquetaires du commencement du XVIIe siècle. Le premier rang, armé de lances, a un genou en terre, le second rang, armé également de lances, est presque debout ; le troisième rang se compose d'archers, qui sont debout, et que protège le haut bouclier d'osier planté en terre, tandis qu'aux coups de l'ennemi les deux premiers rangs opposent le bouclier rond de métal, recouvert de peau. Le son de trompettes droites anime et rallie les Assyriens. Les chars de guerre sont nombreux et servent aux rois et aux principaux guerriers. On voit par les bas-reliefs que les Assyriens avaient de véritables machines de guerre, des tours roulantes, portant de grosses poutres garnies de métal qui heurtent les murailles et les renversent.

La vie intime des Assyriens. — Le pouvoir des rois assyriens ne reposait que sur l'idée qu'ils donnaient de leur force, et ils pouvaient toujours craindre la mort violente qui fut le sort d'un si grand nombre d'entre eux. Du moins ces rois songeaient-ils à jouir de cette souveraine puissance et l'on est frappé du caractère sensuel et voluptueux autant que cruel de ces princes assyriens. De la Chaldée les rois ramenaient en Assyrie des architectes, des peintres, des sculpteurs ; ils leur faisaient construire sur des tertres élevés leurs palais qu'on décorait de bas reliefs, de peintures représentant leurs chasses, leurs combats et aussi leur repos après la lutte.

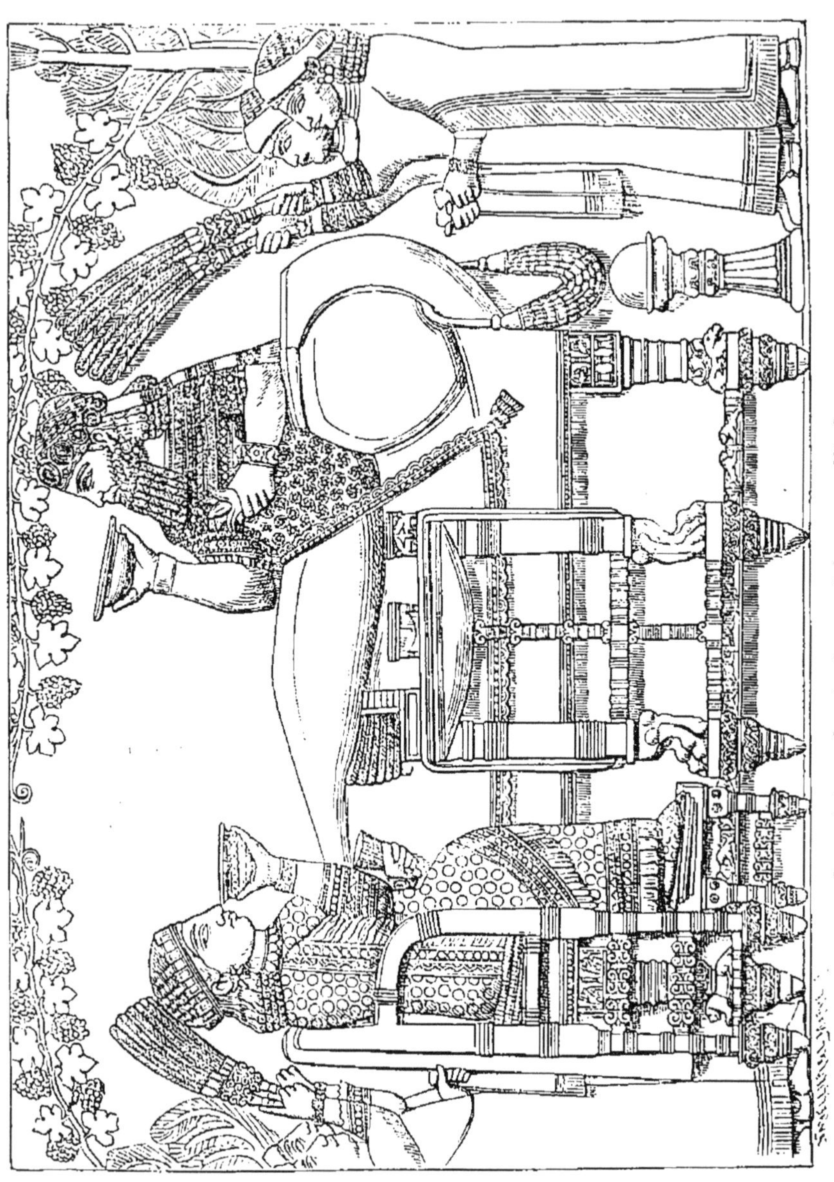

Le roi Assurbanipal couché sur un lit de repos.

La légende de Sardanapale. — C'est ainsi qu'un de ces bas-reliefs représente le roi Assurbanipal, dont le nom s'écrit encore Assurdanapal, étendu mollement sur un lit richement orné ; à côté du roi, la reine, assise sur un siège élevé, partage son repas. La reine est la seule épouse légitime ; mais la polygamie est d'un usage général. Le roi, dans son harem, à son repas, porte un bandeau royal orné, tandis que d'ordinaire il est coiffé d'une mître ou haut bonnet avec un petit cône au milieu. Il a dans les mains une de ces coupes en verre transparent, comme on en possède, portant des noms de souverains assyriens. En avant du lit de repas est un brûle-parfums, car les Assyriens font grand usage des aromates qui viennent d'Arabie et qui dans les festins servent à parfumer l'atmosphère. Les parfums sont aussi jetés abondamment sur ces grandes chevelures et ces grandes barbes, finement frisées et tressées, emmêlées de fils d'or et d'argent, dont les Assyriens sont fiers, mais qui malheureusement sont fausses le plus souvent, comme les coiffures des Égyptiens.

Les rois, aussi bien que leurs sujets, portent de nombreux tatouages. « Tous, dit Lucien, portent à la tête et aux poignets des stigmates en l'honneur d'Istar. » Nul doute qu'à côté de ces splendeurs des palais des princes et des grands chefs militaires assyriens, il n'y ait eu que gêne chez les Assyriens de race pure, qui méprisaient l'industrie et le commerce, l'agriculture, pour vivre seulement de la guerre, et que misère chez ceux que la mauvaise fortune faisait leurs sujets.

Il n'y avait donc rien eu d'original dans la civilisation assyrienne. Les Assyriens avaient tout emprunté à la Chaldée la religion, les notions scientifiques et médicales, les arts, sans rien créer. Sans doute ils servirent à porter au loin la civilisation babylonienne, mais sans rien ajouter par eux-mêmes. Ils disparurent après n'avoir su que détruire.

SUJET A TRAITER :

Exposer quel était le gouvernement des Assyriens.

CHAPITRE VIII

LE NOUVEL EMPIRE CHALDÉEN

(625-538)

SOMMAIRE :

I. Naboupalossor, vainqueur de Ninive, fonde le nouvel Empire Chaldéen et demeure l'allié de Cyaxare de Médie.

II. Nabuchodonosor, successeur de Naboupalossor prend Jérusalem en 588 et Tyr en 574.

III. De grands travaux ont été exécutés à Babylone, pour fertiliser le pays par les eaux de l'Euphrate.

IV. Sous Nabou-Nahid et le prince Belsarossor, ou Balthasar, Babylone est prise et détruite par Cyrus en 538.

Naboupalossor (625-604). — A la chute de Ninive deux empires se partagèrent l'Asie antérieure. Pendant que les Mèdes qui avaient pour chef Cyaxare, dominaient depuis le plateau de l'Iran jusqu'aux régions de la mer Noire et de l'Asie Mineure, Naboupalossor fondait le nouvel Empire Chaldéen en joignant à la haute et à la basse Chaldée le pays d'Elam, l'Assyrie, la Mésopotamie, la Syrie et ses dépendances, c'est-à-dire la Phénicie et la Palestine. Cependant l'Égypte, avec Néchao II, avait retrouvé la vie et la prospérité par suite des grandes luttes asiatiques et des guerres des bords du Tigre et Néchao II reconquit la Syrie. Le roi chaldéen, uni par une alliance de famille à Cyaxare de Médie, l'avait secondé dans une guerre contre les Lydiens ; mais, en 605, l'héritier du trône, Nabuchodonosor, dirigea lui-même une grande expédition contre les Égyptiens qui furent battus à Karkemisch. Il suspendit cependant la guerre pour aller à travers le désert d'Arabie se faire reconnaître comme roi à Babylone, en apprenant la mort de son père.

Babylone. — La vieille cité chaldéenne avait toujours été fort riche à cause de son admirable situation. Ses artisans étaient renommés dans toutes les nations pour leurs riches étoffes de laine et de lin, les tapis et les robes, les armes ciselées, les bijoux. D'Arménie par l'Euphrate, des régions du Caucase et du lac de Van par le Tigre, de l'Inde et de l'Arabie par la mer, les objets précieux arrivaient pour être entassés dans les entrepôts bâtis aux bords du fleuve. Des routes de caravanes conduisaient de Babylone à Tyr et à Sardes en Lydie.

La reine Nitocris. — Naboupalossor, avec l'aide de la reine Neth-Akher ou Nitocris, d'origine égyptienne, ordonna à Babylone de grands travaux dont Hérodote rapporte surtout l'honneur à la reine. Entre autres ouvrages dignes de mémoire, Nitocris fortifia le pays contre les Mèdes, ayant remarqué qu'ils ne pouvaient rester en repos. Elle fit creuser de nombreux canaux au nord de Babylone et rendit sinueux le cours de l'Euphrate qui arrosa et fertilisa un grand nombre de terres. A une petite distance du fleuve, elle fit creuser un lac de quatre cent vingt stades de tour, destiné à recevoir les eaux de l'Euphrate quand il viendrait à déborder ; on revêtit les bords du lac de pierres et avec les terres qu'on retira on construisit de hautes digues. L'Euphrate coula entre des quais de briques et un pont jeté sur le fleuve réunit les deux parties de la ville. On citait aussi avec admiration les fameux jardins suspendus de Babylone.

Nabuchodonosor (604-561). — Nabuchodonosor dont le nom s'écrit réellement Nabouchodorossor, était aussi vaillant et aussi ferme que l'avaient été les rois assyriens. Il commença par réprimer les troubles de Syrie excités par Néchao II, en soumettant Joachim de Juda. Il se fit ouvrir les portes de Jérusalem et emmena en captivité, à Babylone, une partie des Juifs, en laissant, cependant comme roi en Judée Sédécias, qui lui promit l'obéissance la plus complète. Une nouvelle révolte réunit contre le roi babylonien Sédécias de Juda et les Phéniciens de Tyr, qu'Apriès d'Égypte devait secourir. Cette fois Nabuchodonosor prit Jérusalem, la fit démolir et brûler, et conduisit à Babylone tous les Juifs à l'exception des pauvres gens, qui reçurent les terres et les maisons qui avaient appartenu aux riches. A cette conquête de la Judée le roi ajouta la soumission des populations de l'Arabie du nord et du sud, des Ammonites et des Moabites comme aussi des gens de l'Yémen. Tyr résista treize ans à de grands efforts du roi. Enfin, elle fut prise, ruinée, son roi fut emmené captif, et comme les Sidoniens, les Tyriens consentirent à servir le roi de Chaldée. Nabuchodonosor, avec l'aide des Phéniciens, put alors attaquer Apriès d'Égypte ; mais celui-ci avait organisé des corps de soldats et de marins grecs qui lui permirent de repousser victorieusement les Babyloniens. Nabuchodonosor, pendant son long règne, fit faire à Babylone de grands travaux. Les captifs ne manquaient pas ; on put réparer les digues, les canaux de l'Euphrate et le grand réservoir au nord de Babylone.

Grands travaux en Chaldée. — Les vieilles cités chaldéennes de Sippara, de Kouti, de Borsippa sortirent de leurs ruines. De nombreux temples s'élevèrent. A Babylone, le roi construit en bitume et en briques le temple de la grande Lumière, dédié à Sin, le dieu Lunaire, qui inspire son jugement ; à la grande déesse Nana, femme de Sin, il élève et dédie le temple des Profondeurs. Un autre temple s'élève à Adar-Samdan, qui brise les armes des ennemis du roi ; celui de Mardouk est restauré et le pieux Chaldéen donne à sa coupole la forme d'un lis en la revêtant d'or ciselé, de telle sorte qu'elle resplendit comme le jour. Il dut y avoir là des merveilles de construction, malheureusement perdues presque absolument. Pour que Babylone fût vraiment la capitale d'un grand empire, Nabuchodonosor l'avait entourée de six enceintes dont l'immense développement permit à une nation toute entière de se considérer comme la population d'une seule ville.

Décadence de l'empire chaldéen. — La grandeur que l'empire chaldéen avait atteinte avec Nabuchodonosor ne se soutint pas longtemps et les prophètes d'Israël purent prédire avec une joie haineuse la chute de la puissante Babylone. Les Babyloniens n'étaient pas par eux-mêmes un peuple de guerriers ; les tribus voisines du désert, dont ils avaient entraîné les rapides cavaliers à la ruine de Ninive, cessèrent d'obéir et la décadence fut rapide. Evil-Mardouk, fils de Nabouchodorossor, ne régna que deux années et perdit, suivant Bérose, toute retenue et toute loi ; il était devenu fou, comme l'avait été un certain temps son père, qui dans sa folie était monté sur le toît de son palais et avait annoncé lui-même la chute prochaine de l'empire.

Évil-Mardouk fut assassiné par Nergalsarossor, son beau-frère, qui mourut lui-même quatre ans après, en 555, dans une grande bataille livrée contre Cyrus, roi des Mèdes et des Perses. Son jeune fils fut proclamé roi ; mais le danger venant des Mèdes et des Perses était trop menaçant ; on prit pour chef Nabou-Nahid ou Labynethos, ainsi qu'écrit Hérodote. Nabou-Nahid profita du répit que laissèrent à la Chaldée les guerres que soutint Cyrus contre Crésus de Lydie et les peuples du Nord pour mettre le pays en état de défense. Cyrus, vainqueur de Crésus, marcha vers le sud et dispersa en avant de Babylone l'armée de Nabou-Nahid.

Chute de Babylone (538). — Le roi alla s'enfermer dans Borsippa, en chargeant son fils Belsarossor ou Balthasar de diriger dans Babylone la défense contre Cyrus et les Perses qui furent d'abord victorieusement repoussés. Cyrus prépara patiemment le détournement des eaux de l'Euphrate et, lors d'une des grandes fêtes religieuses orgiatiques de Babylone, mit le fleuve presque à sec. Ses soldats, dont nul garde ne signala l'approche, remontèrent les quais de l'Euphrate et entrèrent dans la ville. Babylone était si vaste, que dans certains quartiers on apprit le lendemain seulement que Babylone était prise. Balthasar fut tué et son palais fut incendié, comme l'avait annoncé le prophète Daniel.

Les Babyloniens se soumirent d'ailleurs sans grande résistance, comme le roi Nabou-Nahid, qui remit Borsippa sans combattre et reçut un gouvernement de province. Babylone ne fut pas détruite par Cyrus et resta une des capitales des Perses; mais à cette date de 538 se termina pour toujours l'existence indépendante des Chaldéo-Babyloniens.

SUJETS A TRAITER :

Raconter le règne de Nabuchodonosor.
Raconter comment Cyrus prit Babylone.

Gravé par Mlle Perrin.

LIVRE III

LES ISRAÉLITES

CHAPITRE PREMIER

LES HÉBREUX AVANT LEUR ÉTABLISSEMENT DANS LA PALESTINE

SOMMAIRE :

I. La Palestine a été appelée ainsi à cause des Philistins ; c'est la Syrie méridionale.

II. Deux plateaux montagneux, continuant le Liban et l'Anti-Liban, forment la Palestine en laissant entre eux une dépression où coule le Jourdain et où se trouve la mer Morte.

III. Les Hébreux sont des Sémites partis du pays d'Our en Chaldée avec Abraham, à l appel de Jéhovah, et qui vécurent d'abord sous la tente.

IV. Les Hébreux viennent en Egypte, où ils habitent la terre de Gessen où Joseph, fils de Jacob, les a établis.

V. Moïse les fait sortir d'Egypte et les conduit au désert où ils séjournent quarante années.

Géographie de la Palestine. — Au nord-est de l'Égypte commençait l'Arabie Pétrée à laquelle appartiennent déjà le désert de Tih et le Sinaï; au delà était la Syrie, divisée en Syrie du Nord ou pays d'Aram et Syrie du Sud ou pays de Chanaan. Ramsès III ayant établi à la frontière même d'Égypte et le long de la côte méditerranéenne les Philistins ou Palestins, le nom de ceux-ci fut donné par les Grecs et les Romains à une petite partie de la Syrie du Sud, au pays que vinrent habiter les Hébreux et que l'on appelle aussi la Judée.

La Palestine est une région bornée au nord par le cours inférieur du fleuve Léontès et le massif du grand Hermon, aujourd'hui Djebel-el-Cheikh à l'extrémité méridionnale de l'Anti-Liban, où le Jourdain prend sa source. La Méditerranée la limitait à l'ouest, le désert de Syrie à l'est et l'Arabie au sud-est. Des montagnes couvrent le pays, continuant le Liban et l'Anti-Liban et formant deux chaînes ou deux plateaux. Dans la chaîne de l'ouest sont les monts Gelboé, Garizim et de Juda; le mont Carmel se détache obliquement vers la Méditerranée dominant la plaine d'Esdrelon. Du côté de l'est est un plateau que dominent les montagnes de Galaad et le mont Nébo.

Le Jourdain. — Ce pays montagneux était heureusement créé pour qu'un peuple y vécût et y gardât son indépendance. Un fleuve de 280 kilomètres, le Jourdain, coule du nord au sud entre les deux chaînes, dans une dépression profonde, en formant le lac de Génésareth ou de Tibériade et le lac Asphaltite ou mer Morte, qui est à 420 mètres au-dessous du niveau de la mer. Le Jourdain reçoit à gauche le Yermouk et le Jabbok; la mer Morte reçoit le petit torrent de Cédron, dans la vallée duquel fut fondée Jérusalem. Les montagnes de la Palestine sont d'origine volcanique et assez élevées pour être couvertes de neige en hiver; elles ont des forêts, de chênes notamment, sur leurs pentes, comme la forêt de Harech où David trouva asile. Le climat est brûlant sur les côtes et dans les plaines.

En dehors du Jourdain, la Palestine n'a que des torrents; cependant ses terres noires et grasses donnent en abondance le blé, le millet, les fruits et surtout les raisins, les fameux raisins d'Ephraïm. Le sol renferme du cuivre, du fer, du bitume et du sel; enfin, dès les temps les plus reculés, le sol nourrissait des brebis, des chameaux, des chevaux et des ânes d'une force et d'une beauté singulières, dont parle le cantique de Débora. Tel était le pays où se sont déroulés les principaux faits de l'histoire du peuple Juif.

Les Hébreux. — Les Hébreux étaient des Sémites, caractérisés sur les monuments d'Égypte, comme les autres Asiatiques, par leur barbe et leur nez fortement busqué. Abraham, l'ancêtre de la race, était sorti, du pays d'Our en Chaldée, avec ses troupeaux. C'était pour fuir les maux de l'invasion des Elamites que cette tribu sémitique avait remonté l'Euphrate et passé plus tard au pays de Chanaan, où s'étaient tout d'abord rendues de nombreuses tribus sémito-kouschites, chassées également des bords du golfe Persique par l'invasion des Elamites.

Les Israélites en Egypte. — Les descendants d'Abraham quittèrent le pays de Chanaan pour éviter une famine et entrèrent en Egypte où il y avait du blé en abondance. Leur chef, le patriarche Jacob, surnommé Israël, avait eu un fils, Joseph, qui, vendu par ses frères aux Madianites et par ceux-ci à Putiphar, serviteur de Pharaon et général de ses troupes, leur pardonna, les attira en Egypte et les établit dans la terre de Gessen, aujourd'hui l'Ouadi. Ils étaient « soixante-dix sortis de Jacob », mais la tribu d'Israël demeura de longues années en Egypte et multiplia prodigieusement. Joseph avait été longtemps le protecteur des enfants d'Israël, parce qu'il était lui-même le favori du pharaon Apapi. Les rois Pasteurs qui gouvernaient l'Egypte favorisèrent volontiers ces Sémites, Asiatiques comme eux. Cependant la Bible nous montre que Joseph, bien que devenu intendant royal du blé, mangeait à l'écart des autres Egyptiens. Les Hébreux n'étaient en Egypte que des étrangers méprisés. Après la guerre de l'indépendance et le triomphe d'Ahmès, Ramsès, le grand prince constructeur, les soumit aux plus durs travaux, leur fit mouler les briques et tailler et porter les pierres; les persécutions s'étendirent à la religion.

Moïse. — Alors Moïse, sur l'ordre du Dieu d'Israël, tira les Hébreux d'Egypte. Moïse avait été miraculeusement sauvé des eaux auxquelles sa mère l'avait confié, par la fille du Pharaon. Moïse avait grandi; puis, ayant tué un jour un Egyptien, il s'était retiré au désert où il avait longtemps vécu et médité comme Mahomet. A son retour, il décida les siens à le suivre à l'ancien séjour de la race, au pays de Chanaan et, après avoir plusieurs fois maudit les Egyptiens dans leurs personnes et dans leurs biens, il quitta la terre d'Egypte. C'était Méronphtah qui gouvernait alors, et l'époque était fort troublée; cependant, les Egyptiens voulurent poursuivre leurs esclaves fugitifs; mais les flots de la mer Rouge, dit la Bible, les engloutirent et les Hébreux purent arriver au désert, où ils devaient vivre quarante années.

CHAPITRE II

LA LÉGISLATION MOSAIQUE, JOSUÉ

SOMMAIRE :

I. Moïse rapporte du Sinaï aux Juifs la révélation que Dieu lui a faite des origines du monde, la promesse de son alliance et les commandements de sa loi.

II. Dieu commande que le jour du Sabbat lui soit consacré comme aussi les fêtes de la Pâque ou du départ d'Egypte, des Prémices ou de la Pentecôte et des Tabernacles, commémoration du séjour des Hébreux sous les tentes, au désert.

III. Les Hébreux offrent au Seigneur et ne mangent que les animaux purs, les veaux, les agneaux.

IV. La loi du talion punit les crimes contre les personnes, œil pour œil, dent pour dent.

V. La terre ne doit pas être aliénée à jamais : elle est toujours rachetable.

VI. L'esclave doit être humainement traité.

VII. Josué conduit, après la mort de Moïse, les Juifs au delà du Jourdain, prend Jéricho et triomphe de Jabin, roi d'Hazor qui a formé une coalition des princes chananéens. Les Juifs se partagent le pays de Chanaan.

La révélation mosaïque. — C'est au désert que Moïse donna aux Hébreux leurs lois. Sur le Sinaï, aujourd'hui le Djebel-Moussa, dit la Bible, Moïse reçut de Dieu lui-même le récit de la création et les commandements de la loi.

Le Seigneur révéla à Moïse qu'il avait créé en six jours

le ciel, la terre et la mer et tout ce qui y est renfermé. Il s'était reposé le septième et c'est pourquoi ce jour-là devait être le sabbat ou jour de repos.

Dieu avait créé le premier homme Adam èt la première femme Eve et les avait placés dans le paradis terrestre.

Le démon les avait tentés en prenant la forme du serpent, le plus fin de tous les animaux que le Seigneur Dieu avait créés sur la terre, et la faute d'Adam et d'Eve était retombée sur leurs enfants.

Le déluge et l'arche d'alliance. — Dieu, lassé des crimes des premiers hommes les avait fait périr par le déluge qui avait couvert toute la surface de la terre ; mais Noé avait été sauvé avec ses fils Sem, Cham et Japhet et l'arc-en-ciel était le signe de l'alliance entre la race humaine et Dieu.

Dieu avait ensuite appelé Abraham du pays d'Our en Chaldée pour qu'il reçut sa loi et il avait tiré les Hébreux d'Egypte.

Les dix commandements de la Loi interdisant le meurtre, le vol, le faux témoignage, furent écrits par Moïse sur des tables et ces tables furent déposées dans l'Arche d'alliance. Cette arche, souvenir de l'arché de Noé, était un coffre en bois de cèdre recouvert de lames d'or, sorte de barque sacrée semblable à celle que les Égyptiens portaient dans les fêtes comme image de la barque solaire sur laquelle Osiris traverse le ciel et les espaces infernaux ; elle n'était pas grande et quelques hommes la portaient facilement sur leurs épaules.

Les fêtes sacrées. — Dieu promit son alliance éternelle aux Hébreux, mais ceux-ci devaient lui consacrer outre le jour du sabbat trois grandes fêtes, la Pâque, la Pentecôte et la fête des Tabernacles. La première était la fête des pains sans levain que l'on devait manger pendant sept jours, au mois des fruits nouveaux, car c'était le temps où les Hébreux étaient sortis d'Egypte.

Les prémices de la moisson ou la première gerbe de blé devaient être consacrées au Seigneur un jour de sabbat et sept semaines pleines après le lendemain de ce jour d'offrandes des prémices, c'est-à-dire au bout de cinquante jours, il fallait offrir un nouveau sacrifice, celui de la Pentecôte avec des agneaux sans tache, des béliers, un veau et un bouc.

Quand tous les fruits de la terre sont recueillis, une autre fête de sept jours est célébrée, celle des Tabernacles. Les Hébreux doivent demeurer sous l'ombre des branches d'arbres pendant sept jours. Tout homme de la race d'Israël doit demeurer sous les tentes, afin que les descendants apprennent que Dieu avait fait demeurer sous les tentes tous les enfants d'Israël quand il les avait tirés d'Égypte.

Les présents et les sacrifices. — La dixième partie de tous les fruits de la terre doit être mise à part chaque année, mangée en l'honneur de Dieu et partagée avec les prêtres qui sont les fils d'Aaron, frère de Moïse. Les Hébreux doivent offrir de bon cœur et de pleine volonté à Jéhovah l'or, l'argent, l'airain, la pourpre, l'écarlate teinte deux fois, le fin lin, les poils de chèvres, les peaux de moutons teintes en rouge et les peaux violettes et l'huile pour entretenir les lampes des sanctuaires et pour composer les parfums ; mais Moïse défend avec horreur au nom de Dieu de donner ses enfants à l'idole de Moloch pour être jetés au feu.

Le feu doit toujours brûler sur l'autel, entretenu par les prêtres, et sur l'autel on dépose les offrandes de chaque jour. Nulle bête impure comme le porc, le lièvre ou le chameau ne doit être offerte en sacrifice, ni mangée, mais on peut offrir et manger les agneaux et les veaux. On écarte du sacrifice après les avoir amenés au prêtre les gens que l'on croit lépreux, car la lèpre doit être surveillée comme un fléau redoutable et toujours à craindre.

Loi du talion. — Celui qui aura blasphémé le nom de Dieu sera lapidé par tout le peuple, qu'il soit citoyen ou étranger.

Celui qui aura frappé et tué un homme sera puni de mort. Celui qui aura tué une bête en rendra une autre à sa place.

Celui qui aura blessé quelqu'un de ses concitoyens sera traité comme il a traité l'autre. Il recevra fracture pour fracture et perdra œil pour œil, dent pour dent; il sera contraint de souffrir le même mal qu'il aura fait souffrir à l'autre. La justice doit être également rendue, que ce soit un étranger ou un citoyen qui ait péché.

Lois de propriété. — La terre ne doit pas être vendue à perpétuité parce qu'elle est à Dieu et que les hommes sont comme des étrangers auxquels Dieu la loue. C'est pourquoi le fonds possédé sera toujours vendu sous condition de rachat.

Celui qui aura vendu une maison dans l'enceinte des murs d'une ville aura le pouvoir de la racheter pendant un an; s'il laisse passer l'année, il ne pourra plus la racheter; mais si cette maison est dans un village qui n'a point de murailles, elle sera vendue selon la coutume des terres.

Rapports avec les esclaves. — Si l'on achète un esclave hébreu, il doit servir six ans et au septième il sera libre sans rien donner. Si un homme frappe son esclave ou sa servante avec un bâton, il sera réputé coupable; s'il les frappe et qu'ils perdent un œil ou une dent, il les renverra libres.

L'usure permise quand il s'agit d'étrangers est interdite entre les Israélites.

Les juges d'Israël rendent les sentences et l'assemblée du peuple a le droit de lapider l'homme, la femme, les enfants qui violent les lois d'obéissance sur lesquelles repose la famille. Telles furent les principales dispositions de la loi mosaïque, qui fit des Hébreux un peuple à part par l'élévation morale et surtout le caractère bien national, exclusif, de ses doctrines religieuses et de ses institutions. Ce fut le peuple de Dieu.

Conquête du pays de Chanaan. — La vie au désert avait fait des Hébreux, que le séjour en Égypte avait amollis, un peuple endurci aux fatigues et plein d'ardeur pour la conquête. Quarante années après le départ d'Égypte, Moïse amena les Israélites, sur les confins de la Terre promise, c'est-à-dire du pays de Chanaan. Pour éviter les pays de la côte mieux surveillés par les Égyptiens, on passa par le pays de Moab, et, après la défaite du roi des Amorrhéens et du roi de Basan, la partie orientale de la Palestine fut occupée. Les tribus qui avaient le plus de bétail demandèrent un établissement immédiat et se fixèrent, celle de Gad au nord de l'Arnon, celle de Ruben au sud. La demi-tribu de Manassé s'établit dans l'ancien royaume de Basan.

Josué. — Ce ne fut pas Moïse qui conduisit les Hébreux au delà du Jourdain ; il vit le pays du haut du mont Nébo et mourut. Josué, avec les douze tribus d'Israël, car même les tribus établies au delà du Jourdain devaient continuer de prendre part à la lutte commune, passa le fleuve. La ville importante de Jéricho, à l'entrée d'une vallée ouvrant les routes vers la mer et l'Égypte, fut prise et détruite ; Haï fut de même enlevée et brûlée, et l'on crucifia son roi. Une coalition se forma entre les rois des cités chananéennes ; mais la puissante ville de Gabaon se plaça sous la dépendance de Josué, et la coalition formée par Adonisédec, roi de Jébus ou de Jérusalem, fut vaincue. On tua tous les vaincus, mais on laissa les Jébuséens dont la ville était trop forte.

Défaite de Jabin. — Jabin, roi d'Hazor, forma sans succès une seconde coalition; trente et une petites principautés chananéennes furent détruites, les habitants furent refoulés vers le nord sur le territoire sidonien, d'où bon nombre s'embarquèreut pour l'Afrique. Josué, craignant d'entrer en lutte avec les Sidoniens, arrêta à la frontière de leur pays la poursuite des confédérés chananéens. Les Israélites se trouvèrent maîtres des deux rives du Jourdain depuis la source du fleuve et des deux plateaux jusqu'à Kadesch-Barnéa et jusqu'à l'Arnon du Sud. Les tribus d'Aser, de Zébulon, de Nephtali et d'Issachar reçurent les territoires du nord; c'étaient les tribus les moins nombreuses.

Etablissement des tribus juives. — Au centre s'établirent les descendants de Joseph, Ephraïm, la demi-tribu de Manassé, et aussi la tribu de Dan. La tribu de Juda avait pris d'abord le territoire méridional, de la mer Morte au pays de Gaza; mais, comme cette étendue de terres était trop considérable, on donna une part aux enfants de Siméon au milieu du territoire de Juda. Benjamin s'établit près de l'embouchure du Jourdain dans la mer Morte, entre Juda et Ephraïm. La tribu de Lévi ne reçut pas de territoire particulier, mais comme elle était spécialement consacrée à Jéhovah, elle reçut un certain nombre de villes, et ces villes lévitiques furent des « Villes de Refuge. » Josué éleva à Silo l'autel unique du peuple d'Israël et l'Arche d'alliance y fut déposée sous la garde particulière de la tribu d'Ephraïm, qui exerçait une sorte de prééminence.

SUJETS A TRAITER :

Dire ce que l'on sait de Moïse et de la législation mosaïque.

Raconter comment Josué fit la conquête de la terre promise.

CHAPITRE III

LES JUGES

SOMMAIRE :

I. Après la mort de Josué, les Juifs n'ont pas de chef unique et la conquête s'arrête, malgré la prise de Bethel.

II. Des Juges surgissent de temps en temps pour délivrer Israël et maintenir le lien social et religieux des tribus.

III. Gédéon repousse les Madianites et son fils Abimélek cherche à se faire roi.

IV. Les fils du grand prêtre Héli perdent la bataille d'Aphek et les Philistins prennent l'arche d'alliance.

V. Les Philistins, qui possèdent cinq grandes villes de la côte syrienne du sud, maintiennent leur domination sur Israël.

Les juges. — De la mort de Josué à l'établissement de la royauté en Israël s'étend la période des Juges, qui ne furent pas des chefs réguliers, mais des hommes qui, par leurs services rendus à la cause nationale et par l'influence plus ou moins grande qu'ils exercèrent, laissèrent la mémoire de leur nom. Josué était mort à Sichem en recommandant aux siens de ne pas se mêler aux Chananéens et de combattre ceux-ci en gardant fidèlement le culte de Jéhovah. On éleva son tombeau à Timnath, aujourd'hui Tibneh. On ne lui donna pas de successeur, et les anciens gouvernèrent les tribus ; mais toute vie commune cessa bientôt et la conquête s'arrêta.

Arrêt de la conquête. — Les tribus du nord n'osèrent s'approcher de la grande route de Syrie, que les Égyptiens occupaient; mais, par contre, les Chananéens furent chassés du massif des monts de Juda qui domine la mer Morte à l'ouest. Adonibezec, roi de la ville chananéenne de Bezec, qui avait réuni dix mille guerriers fut battu, et on lui coupa les pouces et les orteils. Les Ephraïmites s'emparèrent de Béthel. Les Juifs, entourés de familles, chananéennes, voisins des Phéniciens, contractant des unions avec des femmes du pays, connurent bientôt et pratiquèrent le culte de Baal et d'Astarté. Baal était le Seigneur, le Créateur, le Bel-Dagon des Chaldéens, et Astarté était Istar ou la Nature, la Vénus des Asiatiques. Il était difficile que ces petites tribus juives, surtout isolées, pussent rester indépendantes.

Othoniel, Aod et Samgar. — La Bible cite les différents princes voisins auxquels il fallut successivement payer tribut en même temps qu'elle nomme les hommes qui appelèrent le peuple aux armes, en combattant au nom du Dieu d'Israël. C'est d'abord un petit roi de la Mésopotamie, Kouschan de Resen, qui les soumit au tribut pendant huit ans, jusqu'à ce que Dieu, dit la Bible, eût suscité Othoniel qui chassa les étrangers.

Un autre danger vint du sud-est, où étaient les Sémites du désert. Les Moabites, les Amalécites et les Ammonites se coalisèrent et vinrent occuper une partie des territoires méridionaux. Aod, de la tribu de Benjamin, poignarda Eglon, roi des Moabites, un jour que celui-ci avait appelé à Jéricho les gens du pays pour lui apporter le tribut, et, courant au Jourdain, les Israélites tuèrent bon nombre des Moabites qui tentaient de fuir vers leur pays. Après Aod, Samgar, fils d'Anath, fut à sa place. Vainqueur des Philistins, il fut aussi le libérateur d'Israël.

Les Philistins. — Les Palestins ou Philistins, d'origine pélasgique, étaient venus de Crète. Ces Crétois, avec d'autres pirates de la côte d'Asie Mineure, tels que les Cariens, s'étaient jetés sur l'Égypte à l'époque de Ramsès III; celui-ci les battit, mais comme ces aventuriers ne demandaient qu'un établissement, le roi Égyptien les prit comme une sorte d'armée qui pouvait lui être utile et les établit dans cinq villes de la Syrie méridionale, Gaza, Ascalon, Asdod, Gath et Ekron. Ces cinq villes étaient situées dans la plaine de Séphéla.

La Séphéla. — Le long du rivage de la mer s'étend une large bande de sable stérile, mais tout le reste de la Séphéla est très fertile, et les Philistins tirèrent rapidement un grand profit du sol qui, aujourd'hui encore, en été, est un immense champ de blé, avec des vergers. On a pu le comparer à une petite Égypte où, en temps de famine, on se réfugiait pour échapper à la mort. Ramsès III pouvait compter sur la haine et la jalousie que ces étrangers, maîtres d'aussi riches terres, devaient inspirer à leurs voisins pour les maintenir dans la dépendance de l'Égypte.

Les Philistins n'étaient d'ailleurs qu'une migration guerrière, presque sans femmes et sans enfants avec eux; en s'établissant dans le pays, au milieu des Avvim, ils se mêlèrent immédiatement à la population chananéenne et prirent ses dieux, surtout la vieille divinité kouschite de l'embouchure de l'Euphrate, Bel ou Baal-Dagon, littéralement le Dieu-Poisson.

Les Philistins se mêlent aux Chananéens. — Les Chananéens, chassés par les Israélites, se réfugièrent auprès des chefs des cinq villes des Philistins, qui les accueillirent. Ces cinq chefs, à la façon des vieux rois de la Grèce pélasgique, vivaient en chefs militaires, combattaient comme leurs nobles sur des chars de guerre, tandis que leurs soldats combattaient à pied, avec l'arc, qu'ils maniaient merveilleusement; les Chananéens, leurs vassaux, cultivaient la terre. Des sacrifices célébrés en commun étaient l'occasion des fêtes et maintenaient l'union entre les chefs. Les Philistins, en leur qualité de pirates d'origine grecque, étaient les rivaux naturels des Phéniciens. Un jour, ils parvinrent à surprendre Sidon et détruisirent

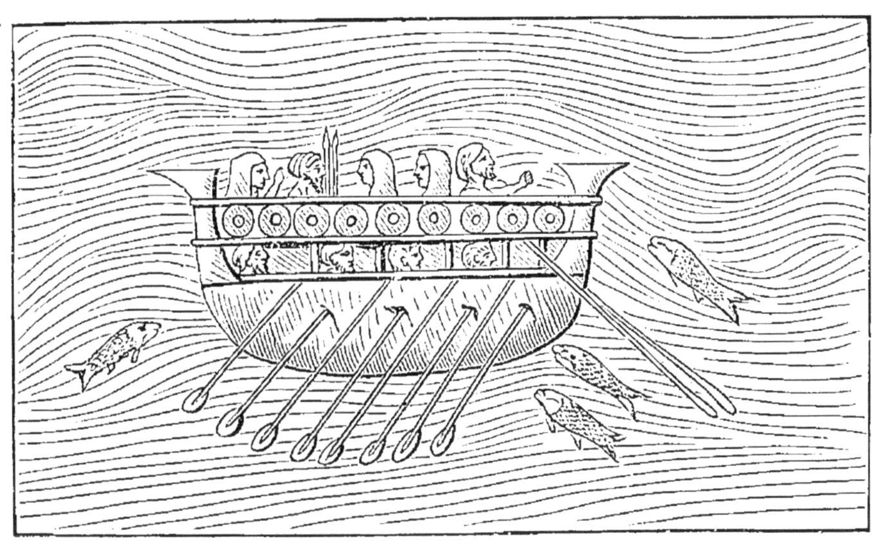

Galère phénicienne.

ainsi la puissance de cette ville dont les fugitifs allèrent chercher un asile à Tyr; ils y trouvèrent d'immenses richesses. Les Juifs offraient une proie moins tentante, et d'ailleurs le victoire de Samgar les arrêta pour un temps.

Débora. — Les Juifs avaient toujours à combattre les Chananéens et les nomades du désert, qui convoîtaient leurs blés, leurs vins, leurs ânes et leurs chevreaux et ces précieuses écharpes brodées à l'aiguille, dont espèrent se parer, ainsi que chante Débora, les femmes des guerriers partis avec Sisara. En effet Jabin, roi des Chananéens d'Hazor, qui avait neuf cents chariots armés de faux, a envoyé son général Sisara occuper Israël. Or, il y avait une prophétesse, nommée Débora, qui se tenait assise sous un palmier entre

Rama et Béthel, sur la montagne d'Ephraïm et auprès de laquelle on venait pour faire juger les différends.

Elle appela Barach, de la tribu de Naphtali, et lui commanda d'assembler les fils de Naphtali et de Zabulon. Sisara vaincu fuyait; il se réfugia dans la tente de Jahel, femme de Haber, chef nomade allié de Jabin. Celle-ci, la nuit, mit un clou sur la tempe de Sisara, le frappa avec son marteau et lui en perça le cerveau d'outre en outre et, quand Barach arriva, elle lui montra sa victime. Débora chanta la victoire des braves et Jahel, « bénie entre toutes les femmes, bénie par-dessus toutes celles qui se tiennent dans les tentes. »

Gédéon et les Madianites. — Les Madianites s'unissant aux autres nomades du désert, venaient piller tout le pays, chaque année, jusqu'à Gaza. « Israël était complètement humilié sous Madian. » Gédéon fils de Joas, de la ville d'Éphra et de la tribu de Manassé, était un fidèle serviteur de Jéhovah, quoique son père eût, avec les gens de sa ville, élevé un autel à Baal et tînt pour sacré un bois voisin. Sur un ordre divin, Gédéon renversa le Baal, coupa par le pied les arbres du bois sacré et appela à lui les hommes de bonne volonté pour marcher aux Madianites qui étaient venus camper dans la plaine d'Esdrelon. Il vint des hommes de Manassé, d'Aser, de Zabulon et de Naphtali.

Avec trois cents compagnons résolus, Gédéon surprit de nuit le camp des ennemis qui, terrifiés par des torches enfermées d'abord dans des vases de terre, s'enfuirent. Les Ephraïmites, prévenus un peu tard, se joignirent aux compagnons de Gédéon pour achever la défaite des Madianites et la délivrance du pays. Le peuple offrit à Gédéon d'être prince en Israël; mais celui-ci, se contentant des pendants d'oreilles en or enlevés aux vaincus, déclara que le Seigneur devait seul régner et commander en Israël.

Abimélek. — Si Gédéon avait refusé la couronne, un de ses fils, Abimélek, chercha au contraire à se la faire donner. Il tua ses frères et forma une bande guerrière avec ceux des gens du pays qui vivaient sans famille et sans profession; puis les gens de Sichem le reconnurent pour roi, espérant dominer avec lui le reste d'Israël. Abimélek fut trois ans prince d'Israël et finit par se brouiller avec les Sichémites; il essayait d'enlever une ville du pays lorsqu'une femme lui jeta du haut des murs un morceau d'une meule de moulin et le tua.

Jephté. — Après Abimélek, Thola et Jaïr de Galaad jugèrent Israël. Ce dernier était riche. Ses trente fils montaient sur trente poulains d'ânesses et étaient seigneurs de trente villages au pays de Galaad. Ce même pays de Galaad, situé sur la rive gauche du Jourdain, organisa la résistance contre les Ammonites. Jephté, de Galaad, chassé de la maison paternelle parce qu'il était né d'une esclave, s'était retiré au pays de Tob, à la tête de gens qui n'avaient rien et vivaient de brigandages. On l'élut pour prince à Maspha, et Jephté chassa les Ammonites ; mais il avait fait vœu d'offrir en sacrifice au Seigneur le premier être vivant qui sortirait de sa maison, et ce fut sa fille qui vint au-devant de lui en dansant au son des tambours. Elle pleura deux mois sa virginité avec ses compagnes sur les montagnes, et Jephté l'immola. Cependant les Ephraïmites, jaloux de ce que la guerre s'était faite sans eux, vinrent combattre les gens de Galaad. On les battit et, lorsqu'ils voulurent repasser le Jourdain, on les tua en les reconnaissant à ce qu'ils ne pouvaient prononcer le mot Scibboleth, qui signifie un épi.

Samson. — Jephté mourut et Abesan de Bethléem, Ahialon et Abdon jugèrent successivement Israël. Les Philistins étaient devenus plus redoutables et s'étaient emparés notamment de Timnath, aujourd'hui Tibneh, que dominait du côté du nord-est le village de Saraah. C'est dans ce village que la Bible fait naître Samson, fils de Manué. Toute l'histoire de celui-ci est merveilleuse. Avec une mâchoire d'âne il tue mille Philistins et, comme il avait une grande soif, le Seigneur ouvrant une des grosses dents de cette mâchoire d'âne, il en sortit un ruisseau d'eau. Plus tard Samson enlève les lourdes portes de bronze de Gaza et les porte au sommet d'une colline; mais les Philistins apprenant d'une femme, Dalila, que toute sa force est dans ses cheveux, les lui coupent, et Samson meurt en renversant sur ses ennemis le temple de Dagon.

Héli et la bataille d'Aphek. — Il n'y avait point de roi en Israël, dit le livre des Juges, et chacun faisait ce qui lui plaisait. Les plus grands excès se commettaient, et l'on se combattait de ville à ville, de tribu à tribu. Pour venger la mort odieuse de la femme d'un lévite, Juda et le reste d'Israël marchèrent contre la tribu de Benjamin, qui faillit disparaître. Il n'en restait que six cents hommes réfugiés sur un rocher, lorsque l'assemblée générale résolut de ne pas faire périr ainsi une des tribus d'Israël, et l'on tua toute la population de Jabès de Galaad en n'épargnant que les jeunes filles que l'on donna pour épouses aux enfants de Benjamin.

Héli, de la famille d'Aaron, grand prêtre, restaura le temple de Silo, et au milieu de cette anarchie se fit reconnaître comme Juge par les tribus du nord; mais Héli était faible et laissait commettre de nombreux crimes à ses fils, Ophni et Phinéas. Le pouvoir d'Héli sur Israël ne pouvait être ni respecté, ni fort. Cependant les Philistins avaient déjà conquis les territoires du sud; par les gorges du Carmel, ils descendirent dans la plaine d'Esdrelon et livrèrent la bataille d'Aphek. Les fils d'Héli avaient emporté avec eux l'Arche d'alliance, ils furent vaincus et tués; les Juifs s'enfuirent, et l'Arche demeura aux mains des Philistins qui la transportèrent dans leur ville d'Azoth et la déposèrent dans le temple de Dagon. Ils ne tardèrent pas, il est vrai, à la renvoyer, attribuant à la vengeance du dieu d'Israël une peste qui les frappa ; mais ils n'en maintinrent pas moins leur domination sur tout le pays.

SUJETS A TRAITER :

Raconter l'histoire des Juges d'Israël.

Expliquer pourquoi et comment la conquête juive s'était arrêtée après Josué.

CHAPITRE IV

LA ROYAUTÉ JUIVE. — SAÜL ET DAVID

SOMMAIRE :

I. Samuel, créateur de l'ordre des prophètes, juge Israël pendant de longues années.

II. Les Hébreux demandent un roi, et Samuel sacre Saül au nom du Seigneur.

III. Saül n'est que le capitaine d'Israël : il veut se saisir du pouvoir religieux et offre le sacrifice en l'absence de Samuel qui le maudit.

IV. Samuel sacre David, qui devient l'ami de Jonathas, fils de Saül.

V. David bat les Philistins et fonde l'empire juif, auquel il donne comme capitale Jérusalem, enlevée aux Jébuséens.

Samuel. — La domination des Philistins sur Israël dura vingt années ; ce temps écoulé, Samuel, fils d'Elcanah, qui avait été consacré au Seigneur et avait grandi aux côtés du grand prêtre Héli, parla au peuple. C'est le premier des prophètes, qui ne cessent plus de se succéder en Israël et annoncent au peuple la volonté de Jéhovah. Le rôle de Samuel a été capital dans l'histoire du peuple juif.

L'ordre des prophètes. — Les destinées ultérieures d'Israël furent en grande partie son œuvre, parce qu'il organisa un pouvoir dont l'influence s'exerça toujours irrégulièrement, mais puissamment, celui des collèges de prophètes ou voyants, qui furent les congrégations religieuses des Juifs. A côté du grand prêtre, qui tenait héréditairement cette haute charge, des prêtres et des lévites, qui étaient surtout chargés des sacrifices, des purifications et des soins matériels du culte, les prophètes se recrutaient parmi les hommes ardents et éloquents d'Israël, qui vivaient dès lors sans famille et sans biens terrestres ; parlant au nom de Dieu, ils n'avaient à ménager ni les rois, ni les grands, ni même parfois le grand prêtre et les lévites.

Samuel convoqua le peuple à Masphath pour une grande fête religieuse de purification. Les Philistins, inquiets, voulurent dissiper le rassemblement de leurs vassaux. On les repoussa à la voix de Samuel, et le mouvement de révolte s'étendit rapidement. Les Philistins rendirent les villes qu'ils avaient prises. Samuel ne cessa de juger Israël durant tout le reste de sa vie. Il allait tous les ans à Béthel, et de là à Galgala et ensuite à Masphath, et il y rendait la justice à Israël. Il retournait de là à Ramath, qui était le lieu de sa demeure, où il avait bâti un autel au Seigneur et où il jugeait le peuple.

Israël demande un roi. — Samuel, étant devenu vieux, établit ses enfants pour juger en Israël. Son fils aîné s'appelait Joël et le second Abia ; ils exerçaient la charge de Juges dans Bersabée ; mais ils ne marchèrent point dans ses voies ; ils se laissèrent corrompre par les présents et rendirent des jugements injustes. Tous les anciens d'Israël s'étant donc assemblés vinrent trouver Samuel et lui dirent : « Vous voyez que vous êtes devenu vieux et que vos enfants ne marchent point dans vos voies. Donnez-nous un roi, afin qu'il nous juge. »

Opposition de Samuel. — Cette proposition déplut à Samuel, et il dit : « Voici quel sera le droit du roi qui vous gouvernera. Il prendra vos fils pour conduire ses chariots ; il s'en fera des gens de cheval et les fera courir devant son char. Il en fera ses officiers pour commander, les uns mille hommes et les autres cent. Il prendra les uns pour labourer ses champs et pour recueillir ses blés, et les autres pour lui faire des armes et des chariots. Il se fera de vos filles des parfumeuses, des cuisinières, des boulangères. Il prendra aussi ce qu'il y aura de meilleur dans vos champs, dans vos vignes et dans vos plants d'oliviers et le donnera à ses serviteurs. Il vous fera payer la dîme de vos blés et du revenu de vos vignes, pour avoir de quoi donner à ses eunuques et à ses officiers. Il prendra vos serviteurs, vos servantes et les jeunes gens les plus forts avec vos ânes et les fera travailler pour lui. Il prendra aussi la dîme de vos troupeaux, et vous serez comme ses esclaves. » Le peuple ne voulut rien entendre, et Samuel résolut de lui donner du moins un roi qui gouvernerait en suivant ses conseils.

Saül. — Or il y avait dans la tribu de Benjamin un jeune homme, beau et riche, plus grand de toute la tête qu'aucun du peuple. C'était Saül, fils de Cis. Par une inspiration divine, Samuel lui répandit une petite fiole d'huile sur la tête et lui dit que par cette onction le Seigneur le sacrait pour prince. A quelque temps de là, Samuel convoqua toutes les tribus et jeta le sort, qui tomba sur la tribu de Benjamin et, entre les familles de Benjamin, sur la famille et sur la personne de Saül, que le peuple salua du cri de : Vive le roi ! Samuel ne voyait qu'à regret et avec crainte l'établissement de cette royauté ; il rédigea une sorte de constitution, la loi du royaume, et l'écrivit sur un livre qu'il déposa dans l'Arche d'alliance.

Nature du pouvoir de Saül. — Saül ne devait être que le capitaine d'Israël ; trois mille hommes des plus forts et des plus braves devaient se tenir en tout temps à côté de lui. En cas de guerre sérieuse, le roi appelait tout le peuple aux armes. Saül s'établit près de Gabaa, qui était le meilleur poste de défense du pays, souvent disputé aux

Philistins. Il devait vivre là dans son camp sans courtisans et avec un grand officier, le général en chef, sans avoir à se préoccuper du gouvernement du pays, les anciens de chaque ville lui assurant à lui et à ses compagnons les choses nécessaires, si la guerre ne suffisait pas à les faire vivre.

Un mois après, Naas, l'Ammonite, vint attaquer Jabès de Galaad, menaçant les gens de Jabès de leur crever l'œil droit pour jeter l'opprobre sur tout Israël. Saül partit de Gabaa, convoqua tout le peuple, et courant aux Ammonites, les tailla en pièces. Ce succès excita l'enthousiasme des Juifs, qui voulurent massacrer ceux qui s'étaient opposés à l'élection de Saül et reconnurent de nouveau solennellement celui-ci à Galgala. Cependant les Philistins voyaient avec crainte l'établissement d'une royauté en Israël.

Jonathas. — Une rencontre eut lieu près de Gabaa où Jonathas, fils de Saül, s'était porté avec mille hommes. Celui-ci triompha; mais les Philistins formèrent une grande armée qui vint camper à Machmas. Saisis de terreur, les Juifs s'étaient enfuis sur les montagnes et jusqu'au delà du Jourdain, au pays de Galaad. Saül rassembla les guerriers à Galgala et attendit sept jours Samuel qui devait célébrer le sacrifice par lequel la campagne devait commencer. Samuel ne venant pas, Saül offrit lui-même le sacrifice. Peu après, Samuel arriva et fut grandement irrité, car c'était une usurpation manifeste du pouvoir militaire sur le pouvoir religieux. Le roi des Juifs, offrant les sacrifices, devenait comme chez les Égyptiens et les Assyriens, le chef de la religion.

Samuel maudit Saül. — Saül et Jonathas repoussèrent les Philistins, mais la guerre avec ces belliqueux voisins se prolongea pendant tout le règne de Saül. Il y avait aussi une vieille haine contre les nomades du Sud, les

Amalécites, qui autrefois s'étaient opposés à Israël dans son chemin, lorsqu'il sortait de l'Égypte. Saül marcha contre eux sur l'ordre de Samuel, les tailla en pièces depuis Hévila jusqu'à Sur, qui est vis-à-vis de l'Égypte, et prit vif Agag, roi des Amalécites. Il avait réservé, malgré la défense du prophète, ce qu'il y avait de meilleur dans les troupeaux de brebis et de bœufs, dans les meubles et les habits, et allait mettre Agag à rançon, lorsque Samuel, irrité, arriva au camp, tua Agag de sa main et rappelant à Saül, « que la désobéissance était un crime égal à celui de la magie », il le maudit, lui et les siens.

Sacre de David par Samuel. — Samuel se rendit à Bethléem, appela auprès de lui les fils d'Isaïe, vit David, qui était roux, d'une mine avantageuse, et avait le visage fort beau; il lui versa sur la tête une corne pleine d'huile. Or Saül étant agité du malin esprit, on fit venir devant lui David qui savait jouer de la harpe et le calmait. Un jour, David tua devant l'armée un Philistin, le géant Goliath, et Jonathas le prit en grande amitié. Saül lui donna des gens de guerre à commander et lui fit épouser sa fille Michol; mais comme les femmes chantaient sur le passage de l'armée : « Saül en a tué mille et David dix mille », dans son dépit le roi faillit tuer David. David se retira auprès de Samuel; Jonathas lui conserva son amitié et l'avertit des mauvais desseins de son père.

David persécuté. — David, toujours persécuté, passa à Nobé chez le grand prêtre Achimélek, qui l'accueillit et lui donna l'épée de Goliath; puis, appelant à lui tous ceux qui avaient de méchantes affaires et qui étaient accablés de dettes ou mécontents, il devint leur chef et, ayant environ quatre cents hommes avec lui, il alla s'établir dans la forêt de Hareth et rançonna le pays. Pendant ce temps, Saül faisait tuer par un Iduméen de sa garde Achimélek et quatre-vingt-cinq prêtres, et à Nobé, la ville des prêtres, il fit tout passer au fil de l'épée, hommes et femmes, sans épargner les petits enfants, ni les bœufs, ni les ânes, ni les brebis. Un seul fils d'Achimélek, Abiathar, échappa au carnage et se réfugia auprès de David. Ainsi Saül rompait avec tout ce qui représentait le pouvoir sacerdotal chez les Juifs. Samuel mourut peu après à Ramath.

Mort de Saül. — David, après de romanesques aventures, se retira avec sa troupe de bandits, d'environ six cents hommes, chez Achis, roi des Philistins de Gath, qui lui donna asile ; mais il n'y séjourna pas longtemps, les autres princes Philistins n'ayant pas voulu que David pût se battre à leurs côtés.

D'ailleurs le moment de la mort de Saül était venu. Pour repousser une attaque générale des Philistins, Saül était venu s'établir sur le mont Gelboé avec tout ce qu'il avait réuni de forces. Il était inquiet, et, bien qu'il eût chassé du pays tous les devins et les magiciennes, il alla consulter la pythonisse d'Endor qui évoqua l'ombre de Samuel. Saül, maudit de nouveau, engagea la lutte sans confiance sur les montagnes de Gelboé ; il périt avec Jonathas, et David, dans un admirable chant de deuil, célébra la mort des braves qui étaient morts sur les monts de Gelboé, des forts qui étaient tombés, perdant l'épée de Saül et l'arc de Jonathas.

David (1020-980). — Les Philistins avaient fait de grandes pertes et ne continuèrent pas la guerre, laissant les Hébreux se déchirer eux-mêmes. La grande tribu de Juda reconnut David, qui, pendant sept ans, ne régna que sur cette seule tribu, à Hébron ; d'autre part, Abner, chef de l'armée, fit reconnaître par les autres tribus Isboseth, fils de Saül,qui s'établit à Mahnaïm. Abner, maltraité par Isboseth, l'abandonna et demanda aux anciens de Benjamin de reconnaître David ; mais Joab, le principal des officiers de David, tua Abner par jalousie. Deux serviteurs d'Isboseth apportèrent sa tête à David et l'on tua aussi son fils Méphiboseth. Ainsi disparut la maison de Saül, et David put être sacré roi sur tout Israël, à Hébron. Il avait trente ans lorsqu'il avait commencé à régner sur Juda, à la mort de Saül, et régna en tout quarante ans.

Guerres de David. — L'ancien chef de bande, devenu roi, voulut faire des conquêtes pour occuper les gens de guerre, pour flatter l'orgueil des Juifs, pour s'enrichir et enrichir les siens et répandre le nom de Jéhovah. Il y avait une singulière prudence chez ce soldat parvenu, et s'il ne se gêna guère pour satisfaire toutes ses passions, il savait écouter patiemment les prophètes et subir leurs reproches, de telle sorte que l'union fut étroite entre toutes les fractions du peuple juif et que David fut réellement le roi national et cher à tous, à la façon de Henri IV. David forma donc une véritable armée juive, et par des guerres incessantes put la maintenir organisée. L'une des cinq villes des Philistins, Gath, fut conquise avec les villages voisins et, par traité, fut laissée aux Juifs.

Soumission des peuples du désert. — Des guerres d'extermination placèrent les Moabites, les Iduméens et les Amalécites sous le joug de David qui se tourna vers les royaumes syriens du nord, de Damas, de Tsobah et de Hamath. Ceux-ci étaient divisés et David ayant battu le roi de Tsobah et contraint au tribut celui de Damas, reçut les félicitations du roi de Hamath. Les Ammonites restaient redoutables, malgré la défaite qu'ils avaient éprouvée au temps de Saül. Hanon, fils de Naas, forma une grande coalition avec les gens de Tsobah et des autres villes syriennes, de Maacha, d'Istob et de Rohol. Joab partit avec l'élite d'Israël contre les Syriens et les battit, tandis que le reste de l'armée avec Abisaï, frère de Joab, triomphait des Ammonites.

Défaite des Syriens. — David franchit lui-même le Jourdain et obligea les petits rois syriens et les Arabes du désert à se reconnaître ses vassaux, de telle sorte qu'au nord sa domination s'étendit jusqu'à l'Euphrate. Du côté du sud, David, vainqueur des Ammonites et des Iduméens, maître de Rabbath Ammon, de Rabbath Moab, occupa toute la dépression qui conduit de la mer Morte au golfe d'A-kaba ou golfe Elanitique, et occupa les ports d'Aziongaber et d'Elath qui appartenaient aux Arabes ; ainsi les Juifs purent communiquer avec le pays de Pount et les côtes d'Afrique et d'Asie. Cette domination des Juifs était imposée avec les mêmes violences cruelles que celle des Assyriens. David ayant, après la prise de Rabbath Ammon, fait sortir les habitants, les coupa avec des scies, fit passer sur eux des chariots avec des roues de fer, les tailla en pièces avec des couteaux et les jeta dans les fourneaux où l'on cuit la brique. C'est ainsi qu'il traita toutes les villes des Ammonites. David revint ensuite à Jérusalen avec son armée.

Jérusalem. — Jérusalem avait été longtemps, sous le nom de Jébus, la ville d'une tribu chananéenne sur le territoire de Benjamin. Ce fut la montagne et la ville de Sion, la cité de David, qui remplaça Hébron comme capitale. C'est là que David organisa son gouvernement, qu'il plaça auprès de lui un surintendant des tributs, un garde des registres, des secrétaires et des prêtres du culte. David, renonçant à la simplicité de Saül qui n'avait pas eu de demeure déterminée, établit à Jérusalem sa résidence fixe. Il y fit bâtir un beau palais, avec de précieux matériaux et surtout du bois de cèdre que lui envoya Hiram Ier de Tyr, son allié.

Palais de David. — Comme les Hébreux ne connaissaient guère la construction des édifices, Hiram lui envoya également les architectes et ouvriers qui bâtirent le palais.

David y vécut en prince oriental, dans le luxe, et prit de nombreuses épouses, par politique ou par passion coupable, comme lorsqu'il fit périr Uriah le Héthéen, l'un de ses officiers, et fit entrer dans son harem la femme de celui-ci, Bethsabée. Comme dans toutes les monarchies orientales, le palais fut troublé par les haines et les rivalités des nombreux fils du roi, qui donnèrent l'exemple des plus grands scandales. Absalon tue son frère Ammon et prend les armes, David est obligé de fuir au delà du Jourdain ; mais ayant réuni ses gens de guerre, il attaque Absalon dans la forêt d'Ephraïm. Absalon fuyait quand sa longue chevelure s'accrocha à un chêne ; Joab le perça de sa lance. David, vainqueur de ses ennemis, remercia le Seigneur dans le célèbre cantique : « Le Seigneur est mon rocher, ma force et mon sauveur ! » et composa un certain nombre de ces admirables poésies qui sont les Psaumes. Il mourut vers 980, laissant le trône à son fils Salomon.

SUJETS A TRAITER :

Exposer le rôle de Samuel dans l'histoire d'Israël.
Raconter l'histoire de Saül.
Raconter l'histoire de David.

CHAPITRE V

SALOMON

SOMMAIRE :

I. Salomon devient roi en triomphant de la révolte de son frère Adonias.

II. Salomon est allié de Hiram, roi de Tyr.

III. Le commerce des Juifs se développe merveilleusement par l'envoi de caravanes et de navires.

IV. Salomon construit le temple sur le mont Moriah, à côté de Sion, la cité de David.

V. A la mort de Salomon. en 940, éclate le schisme des dix tribus par la faute de Roboam, contre lequel s'est révolté Jéroboam.

Salomon (980-940). — Au commencement du dixième siècle avant Jésus-Christ, l'Égypte et l'Assyrie se trouvaient très affaiblies et ne pouvaient exercer aucune action sur l'Asie antérieure. Ainsi s'explique la puissance de Salomon, plus étendue encore que celle de David, suivie d'une chute rapide après cette éphémère grandeur. Salomon, fils de l'épouse préférée de David, Bethsabée, avait été sacré du vivant du feu roi. Il eut cependant à faire périr son frère Adonias, qui voulait lui disputer la couronne, et aussi Joab, le vieux général et compagnon de David, complice d'Adonias comme le grand prêtre Abiathar, qui fut déposé. Les Syriens du Nord, les Iduméens, les Ammonites, et Moabites reconnurent sans révolte le nouveau roi.

Prospérité de Juda. — La prospérité du royaume était grande. « Le peuple de Juda et d'Israël était innombrable comme le sable de la mer, mangeant, buvant et se réjouissant. » Salomon avait sous sa domination tous les royaumes depuis l'Euphrate jusqu'au pays des Philistins et jusqu'à la frontière d'Égypte. Ils lui offraient, tous, des présents et lui demeurèrent assujettis tous les jours de sa vie. « Les vivres pour la table de Salomon étaient chaque jour trente mesures de fleur de farine et soixante de farine ordinaire, dix bœufs gras, vingt bœufs des pâturages, cent moutons, outre la venaison, les cerfs, les chevreuils, les bœufs sauvages et toutes sortes de volailles. Car il dominait sur tous les pays qui étaient en deçà du fleuve de l'Euphrate depuis Thaphsa jusqu'à Gaza, et tous les rois de ces provinces lui étaient assujettis; et il avait la paix de toutes parts avec tous ses voisins. Et Juda et Israël demeuraient sans aucune crainte, chacun sous sa vigne et sous son figuier, depuis Dan jusqu'à Bersabée, pendant tout le règne de Salomon. »

Puissance de Salomon. — Salomon avait quarante mille chevaux dans ses écuries pour les chariots et douze mille chevaux de selle. Douze officiers royaux, établis sur tout le territoire, avaient soin d'entretenir la table du roi et de toute sa maison. Chacun d'eux fournissait pendant un mois de l'année tout ce qui était nécessaire. La cour de Salomon était brillante; à côté du grand maître de la maison du roi, du surintendant des tributs, du favori du roi, du général d'armée, il y avait les nombreux secrétaires et officiers, les eunuques royaux et les gardes.

Le commerce des Juifs sous Salomon. — Aux tributs prélevés sur son peuple et sur les peuples vassaux Salomon entreprit de joindre les bénéfices du commerce. Il s'agissait d'organiser des caravanes juives et de déterminer les caravanes des autres peuples, Arabes et Syriens, Phéniciens et Égyptiens, à passer par les terres de l'empire juif où elles acquitteraient un tribut, pour prix de la sécurité qui leur était assurée. L'Égypte était le grand marché où les caravanes, composées surtout de marchands phéniciens, se rendaient, après être allées chercher à Babylone, à Ninive, en Médie, dans le Caucase, les tissus, les métaux, l'étain propre à la fabrication du bronze; c'était d'Égypte qu'elles revenaient vers l'Euphrate; pour atteindre ce fleuve à Karkemisch et à Thapsaque, il fallait partir des grandes villes de Hamath et de Damas. Soumises à Salomon, ces deux villes devinrent de grands entrepôts de commerce.

Palmyre ou Tadmor. — Salomon bâtit Palmyre ou Tadmor au désert, et ce fut le poste avancé du commerce des Juifs avec les régions de l'Euphrate inférieur et du Tigre. Le roi d'Égypte Psousanis donna en mariage à Salomon sa fille, qui fut reçue avec de grands honneurs et put faire élever à ses dieux un sanctuaire semblable à ceux de l'Égypte. Gazer, au pays des Chananéens, fut donnée comme dot à la fille de Pharaon. Les chevaux étaient amenés d'Égypte en Judée, et Salomon payait cent cinquante sicles d'argent par cheval. Les rois des Héthéens et des Syriens lui vendaient aussi des chevaux.

Alliance de Hiram, roi de Tyr. — Salomon vécut dans les meilleurs termes d'amitié avec Hiram II, roi de Tyr, qui lui envoya chaque année pendant vingt ans tous les bois de cèdre et de sapin dont on avait besoin à Jérusalem et cent vingt talents d'or. Salomon donna en échange vingt villes dans le pays de Galilée ; elles ne plurent pas à Hiram, mais une amitié intéressée n'en unit pas moins les deux princes. Une flotte de marins juifs faisait voile de trois ans en trois ans avec celle du roi Hiram et allait à Tharsish, c'est-à-dire du côté de l'Espagne méridionale et du Maroc, d'où elle rapportait de l'or, de l'argent, des dents d'éléphant, des singes et des paons.

Flotte sur la mer Rouge. — A Aziongaber une

flotte fut construite et équipée, montée en grande partie par des marins phéniciens, et les navires de Salomon allèrent le long des côtes d'Afrique, d'Arabie et de l'Inde dans ce qu'on appelait le Pount et le pays d'Ophir; ils en rapportèrent des bois précieux, des parfums, de l'or et de l'argent. La reine de Saba vint elle-même sur la réputation de Salomon et entra dans Jérusalem avec une grande suite et un riche équipage, avec des chameaux qui portaient des aromates et une quantité infinie d'or et de pierres précieuses. En échange de l'or, des parfums et des pierreries qu'elle lui remit, Salomon lui fit de riches présents, et ainsi fut nouée avec les Sabéens une alliance politique et commerciale.

Le temple de Jérusalem. — Jérusalem, où l'argent était si abondant qu'on n'en tenait aucun compte et où le bois de cèdre était aussi commun que les sycomores qui naissent dans la campagne, ainsi que devait le rapporter plus tard la légende, s'embellit et fut entourée de murailles. Salomon, accomplissant un projet de David, y fit bâtir le temple. Le mont Moriah, qui s'élevait à côté de la montagne de Sion, fut nivelé à son sommet et le plateau fut rendu plus large parce qu'on construisit des murs de soutènement et qu'on remplit de pierres et de terre l'espace intermédiaire entre ces murs et la montagne. Le roi, choisissant des ouvriers dans tout Israël, commandait pour cet ouvrage trente mille hommes tour à tour et les envoyait au Liban chercher les matériaux. Les grosses pierres et les ais de cèdre étaient taillés par les maçons de Hiram et de Salomon.

Merveilles du temple. — Le temple que le roi élevait à la gloire du Seigneur avait soixante coudées de long, vingt coudées de large et trente coudées de haut; devant le temple s'éleva un vestibule de vingt coudées de long. Une cloison de bois de cèdre divisa intérieurement le temple en deux et les boiseries furent richement ornées de sculptures et revêtues de lames d'or avec des clous d'or. Des chérubins, couverts d'or, aux ailes étendues, furent placés au milieu de la salle intérieure et deux hautes colonnes de bronze ciselé, nommées Yakine et Boaz, souvenir des temples phéniciens, s'élevèrent à l'entrée. Au fond du temple, on plaça l'Arche d'alliance, le chandelier à sept branches, les objets nécessaires au culte, les couteaux du sacrifice, les plats de métal précieux où l'on déposait les offrandes au Seigneur. Ce fut à Jérusalem que Salomon rendit obligatoire la célébration des fêtes sacrées de la Pâque, de la Pentecôte et des Tabernacles, de telle sorte que les sanctuaires antérieurs de Silo, de Masphath, de Ramath furent abandonnés. Les familles sacerdotales vinrent s'établir auprès du temple et le sacerdoce prit une importance bien plus grande encore chez les Juifs, dont le grand prêtre eut autorité sur tout un monde de prêtres et de lévites et put par la suite opposer son pouvoir à celui des rois.

Mort de Salomon. — Malgré la construction du temple, Salomon adorait, à l'instigation de ses très nombreuses épouses et au grand scandale des prophètes et des pieux serviteurs de Jéhovah, Astarté, déesse des Sidoniens, Chamos, dieu de Moab et Moloch, dieu des enfants d'Ammon. On suscita contre lui Jéroboam, homme fort et puissant, qui se révolta mais dut passer en Egypte où il trouva asile. Des plaintes, amères et nombreuses, se faisaient entendre à la fin de ce règne brillant de quarante années lorsque Salomon mourut vers 940.

Schisme des dix tribus. — Alors Roboam, son fils, vint à Sichem parce que tout Israël s'était assemblé pour l'établir roi. Jéroboam, revenu d'Egypte, se rendit également à Sichem et, là, parla au nom des mécontents à Roboam. « Votre père, lui dit-il, nous avait chargés d'un joug d'une extrême dureté; rendez ce joug moins pesant et nous vous servirons. » Les vieux conseillers de Salomon priaient Roboam de céder; il préféra écouter ses jeunes compagnons. Il répondit qu'il rendrait le joug encore plus pesant et que si son père avait châtié les Juifs avec des verges, il les châtierait avec des scorpions. Alors Israël se retira sous ses tentes et lapida le surintendant des tributs Aduram, tandis que les villes de Juda continuaient de reconnaître comme roi Roboam. Les deux tribus de Juda et de Benjamin formèrent le royaume de Juda, les dix tribus du nord le royaume d'Israël, en 940.

SUJETS A TRAITER :

Raconter le règne de Salomon.

Exposer les rapports des Hébreux et des Phéniciens sous David et Salomon.

CHAPITRE VI

LE ROYAUME DE JUDA JUSQU'A LA CHUTE DE SAMARIE EN 721

SOMMAIRE :

I. Roboam s'attache à maintenir l'orthodoxie dans le royaume de Juda.

II. Josaphat s'allie imprudemment contre le roi de Syrie à Achab d'Israël et il est battu.

III. La Phénicienne Athalie, veuve d'Ochosias, prétend faire régner à Jérusalem le culte de Baal : elle est tuée par les soins du grand prêtre Joad.

IV. Achaz appelle le roi d'Assyrie Teglath-Phalasar et se reconnaît son vassal. Ezéchias rétablit l'orthodoxie et assiste de loin à la prise de Samarie.

Roboam. — Au moment du schisme des dix tribus, la force des deux États juifs était à peu près la même. Le royaume de Juda, moins étendu que celui d'Israël, avait plus de cohésion. Il comprenait Jérusalem et le Temple, ce qui devait décider de la politique religieuse des deux royaumes et faire du royaume de Juda le centre de l'orthodoxie, du culte national. Les trésors de Salomon y restaient amassés. Roboam, après le schisme, montra de la prudence et de la modération et, sans lever de lourds impôts, s'appliqua à mettre en état de défense Jérusalem et les places fortes. Il accueillit les lévites et les pieux croyants qui abandonnèrent Israël pour ne pas adorer les deux veaux d'or, images du bœuf Apis et de Hathor que Jéroboam avait élevées en disant au peuple : Voici tes dieux. Malheureusement, cinq années après le schisme, Scheschonk, roi d'Égypte, monta contre Jérusalem et pilla les trésors du temple, sans garder, il est vrai, le pays. Roboam survécut douze ans à ce désastre et laissa le trône à son fils Abiam.

Faiblesse de Juda. — Abiam, attaqué par Jéroboam, le battit et s'empara même pour peu de temps de Béthel. Asa montra plus de rigueur que ses prédécesseurs à interdire le culte d'Astarté, la Vénus phénicienne; il put résister à une nuée d'Ethiopiens qui s'étaient jetés sur l'Egypte, l'avaient traversée et, pillant toujours, étaient arrivés jusqu'au royaume de Juda. Lorsque Baësa, roi d'Israël, eut fortifié la ville de Ramath au pays d'Ephraïm afin d'empêcher les gens pieux de son royaume de monter dans le royaume de Juda et menaça Asa, celui-ci se plaça sous la suzeraineté de Ben-Adar Ier, roi de Damas, qui s'empara de la Galilée. Ainsi l'effet des discordes des Juifs était de rendre la suprématie dans les pays du nord aux rois Syriens, naguère leurs vassaux.

Josaphat. — Josaphat, fils d'Asa, continua de se montrer rigoureusement orthodoxe et soucieux de la bonne administration de son État; mais il pensa que, pour une action commune contre les troupes de Ben-Adar, roi de Damas, qui voulait réunir toute la domination de la Syrie et de la Palestine, il n'y avait pas à craindre de s'allier à Achab, roi d'Israël. Il fit épouser à son fils Joram Athalie, fille d'Achab, et envoya ses troupes régulières rejoindre Achab. Quatre cents prophètes avaient approuvé la guerre et promis la victoire.

Bataille de Ramath. — La bataille contre les Syriens se livra en avant de Ramath de Galaad et fut complètement perdue; Achab, qui avait quitté ses vêtements royaux, fut cependant atteint d'une flèche et mortellement blessé. Josaphat, après cette malheureuse aventure, se replia vers ses montagnes de Juda et se préoccupa surtout de ses propres affaires. Il assembla une flotte sur la mer Rouge, afin qu'elle fît voile en Ophir et en apportât de l'or ; mais ses vaisseaux ne purent y aller, parce qu'ils se brisèrent à Asiongaber. Josaphat, allié d'Ochosias d'Israël, marcha avec lui et le roi d'Édom contre les Moabites, qui refusaient le tribut habituel de laines et d'agneaux ; le roi de Moab, ayant sacrifié son fils aîné en holocauste à la vue des Juifs, terrifia ceux-ci qui s'en retournèrent.

Athalie. — Joram succéda comme roi de Juda à Josaphat ; mais sa femme Athalie exerça sur lui une détestable influence. Elle le détermina à tuer ses six frères et le poussa à adorer Baal et Astarté des Phéniciens. Les Iduméens, vassaux de Juda, cessèrent d'obéir et restèrent indépendants et les nomades du sud-ouest, ainsi que les Philistins, commencèrent à ravager le pays. Après la mort de Joram, au nom d'Ochosias, Athalie gouverna le royaume de Juda en maîtresse jalouse, haineuse et détestée. Ochosias s'unit au roi d'Israël pour attaquer Hazaël, roi de Syrie et cette fois on enleva Ramath ; mais Jéhu, chef des troupes d'Israël, se révolta à l'instigation du prophète Élisée et blessa mortellement Ochosias qui alla mourir à Mageddo, où on l'avait porté.

Joad et Joas. — Ochosias mourait prématurément et ne laissait que de jeunes enfants; la Phénicienne Athalie les fit tous périr pour régner au nom de Baal, son dieu. Elle trouva devant elle le grand prêtre Joad. Depuis le schisme, le grand prêtre était devenu plus puissant encore et plus riche dans ce royaume de croyants zélés ; les lévites et même les gardes d'Athalie lui obéissaient secrètement. Il avait sauvé un dernier enfant d'Ochosias; il proclama roi dans le Temple le jeune Joas, et Athalie fut tuée avec Mathan et les autres prêtres de Baal. Joad prétendit régner sous le nom de Joas ; mais ce gouvernement de prêtres ne sut pas organiser des mesures énergiques de

Assyriens ramenant des captifs et du bétail.

défense. Lorsque Hazaël, roi de Syrie, menaça Jérusalem, Joas ne put qu'acheter la paix. Il prétendit secouer le joug des prêtres du Temple, mais on l'assassina.

Osias, Jonathan et Achaz. — Amasias, fils de Joas, resta fidèle à l'orthodoxie, tout en limitant le pouvoir des prêtres et en tirant vengeance des meurtriers de son père. Il avait d'abord vaincu les Iduméens au sud-est de la mer Morte et leur avait pris Pétra, leur capitale; mais, vaincu par Joas, roi d'Israel et fait prisonnier, il dut pour se racheter livrer les trésors de Jérusalem. Osias ou Azarias, son fils, soumit le pays d'Édom, recouvra le port d'Elath sur le golfe Élanitique et s'empara de plusieurs villes des Philistins. Sous lui, Juda était renommé pour ses vignes, ses nombreux troupeaux, ses richesses ; mais. à la fin, d'un long et glorieux règne de cinquante-deux ans, il tomba malade de la lèpre. Joathan, associé au gouvernement par Osias, lui succéda et fut, lui aussi, un vaillant prince, dont le gouvernement, ferme et orthodoxe, assura seize années de paix à Juda, pendant qu'Israël offrait le spectacle des plus grands troubles. Il mourut jeune malheureusement et contre son fils Achaz, jeune et sans courage, Phacée, roi d'Israël, et Retzîn, roi de Damas, s'unirent.

Ezéchias. — Les Philistins et les Iduméens menacèrent également la Judée dont les campagnes furent dépeuplées. Achaz fit appel au roi d'Assyrie, Teglath-Phalasar. Les ennemis d'Achaz furent écrasés ; mais Achaz se reconnut vassal du roi d'Assyrie lui apporta le tribut. Achaz, qui avait voulu élever un nouvel autel avec des symboles d'idolâtrie, devint odieux à Juda ; heureusement son fils Ézéchias fut salué par le prophète Isaïe comme celui qui devait rendre au peuple de David toute sa gloire et tout son éclat. En effet, Ezéchias reconstitua le corps des prêtres et des lévites et rétablit rigoureusement l'orthodoxie. C'est à ce moment que succombait le royaume d'Israël en 721 et que Samarie était prise par les Assyriens.

SUJETS A TRAITER :

Raconter les schismes des dix tribus.
Raconter l'histoire d'Athalie.

CHAPITRE VII

LE ROYAUME D'ISRAEL. — 940-721

SOMMAIRE :

I. Jéroboam établit à Dan et à Béthel les deux veaux d'or qui sont Apis et Hathor des Egyptiens.

II. La maison de Baësa remplace celle de Jéroboam.

III. Amri fonde une nouvelle famille royale et il donne Samarie comme capitale au royaume.

IV. Jéhu, sacré par le prophète Elisée, fait disparaître la maison d'Amri et appelle Salmanasar d'Assyrie contre Hazaël de Damas.

V. Samarie, vainement défendue par les Ephraïmites, est prise et détruite en 721.

Jéroboam. — Dix tribus, dont les territoires s'étendaient au nord de Juda sur les deux rives du Jourdain. formèrent en 940 le royaume de Jéroboam qui fit aussitôt de Sichem sa capitale. Il voulut avant tout empêcher ses sujets d'aller adorer Jéhovah à Jérusalem et dressa à Dan et à Béthel deux veaux d'or qui représentaient Apis et Hathor. Les Chananéens ou Phéniciens étaient nombreux dans le royaume d'Israël; aussi la population accueillit-elle volontiers ce nouveau culte, et partout des autels nouveaux s'élevèrent sur les hauts lieux pendant que les prêtres de Jéhovah et les lévites se réfugiaient dans le royaume de Juda avec tous les hommes pieux.

Jéroboam essaya, à l'avènement d'Abiam de Juda, de lui enlever son royaume ; mais les gens d'Israël furent repoussés et perdirent Béthel. Jéroboam mourut après vingt-deux ans de règne et Nadab, son fils, ne régna que deux ans. Baësa, de la tribu d'Issachar, général des troupes, l'assassina au siège de Gibbethon et fit périr également toute la famille de Jéroboam.

Baësa. — Baësa fortifia Ramath du côté de Juda qu'il détestait, comme un meurtrier et un usurpateur pouvait haïr la maison de David et le culte de Jéhovah. Il fut vaincu par Asa, de Juda, qui, avec l'aide du roi de Damas, envahit le royaume, prit Ramath, en rasa les fortifications et employa les matériaux à fortifier les villes de Guébah et de Masphath qui formèrent un rempart à Juda. Baësa survécut dix ans à cette défaite que lui avait infligée Asa et les Syriens et transmit le pouvoir à son fils Ela. Le prophète Jéhu avait annoncé à Baësa que sa maison aurait le même sort que celle de Jéroboam.

Zamri. — Ela ne régna que deux ans ; Zamri, son serviteur, qui commandait la moitié de sa cavalerie, se révolta contre lui pendant qu'il buvait à Thirsa et qu'il était ivre dans la maison d'Arsa, gouverneur de la ville. Zamri, l'ayant frappé, régna à sa place et extermina toute la maison de Baësa, sans épargner aucun de ses proches ou amis. Zamri régna à Thirsa pendant sept jours. Or l'armée qui assiégeait alors Gibbethon, ville des Philistins, ayant appris que Zamri s'était révolté et avait tué le roi, tout Israël établit roi Amri, général en chef, qui était maître dans le camp. Amri, quittant donc Gibbethon, marcha avec l'armée d'Israël et vint assiéger Thirsa.

Amri. — Zamri, voyant que la ville allait être prise, entra dans le palais et se brûla avec la maison royale. Alors le peuple d'Israël se divisa en deux parties. La moitié du peuple suivait Thibni, fils de Gineth pour l'établir roi et l'autre moitié suivait Amri ; mais Thibni mourut et Amri régna seul. Ce devait être l'un des plus remarquables princes d'Israël, celui que les Assyriens connurent le mieux pour sa réputation de bravoure et d'habileté. Amri, élu de l'armée, était soucieux de rendre de la vigueur à la royauté : redoutant le séjour de Thirsa à cause des fréquentes révolutions qui venaient de s'y accomplir et qui avaient développé l'esprit de désordre, il donna au royaume une nouvelle capitale.

Samarie, capitale d'Israël. — Après six années de séjour à Thirsa, il acheta la montagne de Samarie et le terrain pour deux talents d'argent et il y bâtit une ville qu'il appela Samarie, du nom de Samar, auquel avait appartenu la montagne. Le choix de Samarie comme capitale était très judicieux, car la ville était forte naturellement et commandait la route de Jérusalem et de la mer Rouge aux cités phéniciennes et la route de Damas au pays d'Égypte. Les rois d'Israël n'eurent plus d'autre capitale jusqu'à la ruine de leur État. Amri laissa le trône à son fils Achab, avec une armée et une administration qui avaient été réorganisées, et l'alliance des Tyriens. Comme gage de cette union Achab avait épousé Jézabel, fille d'Ithobaal, roi des Phéniciens.

Achab. — Achab, fils d'Amri et mari de Jézabel, montra dès le commencement de son règne qu'il n'entendait point ménager les prophètes qui étaient les adversaires implacables de son gouvernement. Il eut pour lui les Chananéens du royaume, mais beaucoup de Juifs de race pure favorisaient les prophètes ; ainsi Abdias, intendant de la maison du roi, en cacha pour sa part cent dans les cavernes. Plus hardi encore que les autres prophètes, Élie de Thisbé alla trouver Achab, lui reprocha sa tyrannie et reprocha également au peuple de « boiter des deux côtés ». Achab eut la gloire de repousser victorieusement une invasion des Syriens conduits par Ben-Adar de Damas ; il sortit avec sept mille des siens et se jeta inopinément sur les Syriens qui l'assiégeaient dans Samarie. Ben-Adar était dans sa tente, qui buvait et qui était ivre, lui et les trente-deux rois venus à son secours. Les Syriens furent donc chassés.

Défaite des Syriens à Aphek. — Ils revinrent l'année suivante, fort nombreux ; mais ce fut pour éprouver une sanglante défaite à Aphek, dans la plaine d'Esdrelon. Ben-Adar, fait prisonnier, fut bien traité et signa avec Achab un traité d'alliance dont il ne respecta pas, il est vrai, les conditions. Trois ans plus tard, Achab proposa à Josaphat de Juda de se liguer avec lui contre les Syriens et de leur reprendre Ramath de Galaad. La bataille se livra en avant de cette ville et Achab fut frappé mortellement par la flèche d'un archer syrien. Ochosias succéda en Israël à Achab et ne régna qu'une année. Il mourut d'une chute qu'il fit dans son palais et son frère Joram lui succéda. Celui-ci, voulant se rapprocher plus étroitement du roi de Juda Josaphat, accorda moins de faveur au culte de Baal et protégea au contraire celui de Jéhovah ; il joignit ses troupes aux siennes dans une guerre contre les Moabites, mais sans trop de succès. Cette alliance des deux rois déplaisait aux prophètes. Élisée, disciple d'Élie, se rendit auprès du Syrien Hazaël et l'excita à prendre la couronne de Damas et un peu après il suscita Jéhu.

Jéhu. — Elisée avait pris un des jeunes prophètes et lui avait recommandé d'aller trouver Jéhu, un des officiers de l'armée et de le sacrer en lui versant une fiole d'huile sur la tête. Les autres officiers apprirent aussitôt ce sacre et chacun d'eux, prenant son manteau, ils élevèrent comme une espèce de trône, et, sonnant de la trompette, ils crièrent : « Jéhu est notre roi ». La conspiration fut d'abord tenue secrète. Joram, ayant déclaré la guerre à Hazaël, roi de Syrie, avait assiégé Ramath de Galaad avec toute l'armée d'Israël et, ayant été blessé par les Syriens, il était venu à Esdrelon à cause de ses blessures. Jéhu arriva devant la ville et tua d'une flèche Joram qui était sorti au bruit de son approche.

Massacre des enfants d'Achab. — Achab avait encore soixante-dix fils dans Samarie, qui étaient nourris chez les principaux de la ville. Ceux-ci les tuèrent, mirent les têtes dans des corbeilles et les envoyèrent à Jéhu qui en fit faire deux tas à l'entrée de la ville. Toute la maison d'Achab périt. Tous les prêtres de Baal et tous les fervents adorateurs du dieu, attirés dans un piège par Jéhu furent mis à mort, et ainsi Jéhu chassa Baal d'Israël, sans oser toucher cependant aux deux veaux d'or de Béthel. Le royaume d'Israël ne retrouva pas de force véritable sous le gouvernement de Jéhu, malgré l'énergie de celui-ci et l'appui que l'ordre des prophètes ne lui refusa pas. Les Syriens, avec leur roi Hazaël, vinrent occuper à l'est du Jourdain tout le pays de Galaad, de Gad, de Ruben et de Manassé. Contre ces adversaires acharnés Jéhu fit appel à Salmanasar d'Assyrie qui arrêta Hazaël.

Joachaz et Joas. — Lorsque Joachaz eut succédé à son père Jéhu, Hazaël reprit ses attaques contre le royaume d'Israël. Ne suivant pas l'exemple de Jéhu, et rompant avec le parti national et religieux, Joachaz, dans son effroi, se rapprocha des Phéniciens; c'était le retour aux affaires du parti chananéen, des adorateurs de Baal et d'Astarté. Joachaz fort affaibli, ne disposait plus que de cinquante cavaliers et de dix chars de guerre, auxquels s'ajoutaient, il est vrai, à l'appel du roi, dix mille hommes environ qui combattaient à pied. Joachaz, que les prophètes ménageaient par égard pour le sang de Jéhu, put contenir les Syriens, et son fils Joas lui succéda au trône.

Puissance d'Israël. — Joas battit les Syriens; profitant de la mort d'Hazaël, il attaqua Ben-Adar, son successeur, et l'obligea à rendre les villes que Joachaz avait perdues. Il battit aussi Amasias de Juda qui refusait de lui envoyer sa fille pour la marier à son propre fils, parce que la crainte de déplaire au parti national le retenait et qu'un succès sur les Iduméens lui donnait du courage. Amasias fut pris dans Bethsamès, et le roi d'Israël, faisant une brèche de quatre cents coudées de long à la muraille de Jérusalem, entra dans la ville, emporta tout l'or et l'argent et tous les vases qui se trouvèrent dans la maison du Seigneur et dans les trésors de la maison du roi; il prit des otages et retourna à Samarie.

Ce ne pouvait être qu'un triomphe passager, et cette prise de Jérusalem ne servit qu'à montrer aux voisins la race Juive comme plus faible encore et plus divisée. Cependant sous Jéroboam II, fils de Joas, cette prospérité d'Israël continua. Les Juifs, attaquant à leur tour les Syriens, occupèrent, comme au temps de Salomon, Hamath et Damas et tous les territoires à l'est du Jourdain jusqu'aux oasis du désert. La richesse et le luxe reparaissant dans le royaume, les plaintes des prophètes sur l'impiété et la corruption des enfants d'Israël recommencèrent plus violentes, et le prophète Amos vint jusque dans Samarie menacer Jéroboam de la colère du ciel.

Chute de la maison de Jéhu. — A la mort de Jéroboam II des troubles éclatèrent et ce ne fut qu'au bout de quelques années que son fils Zacharie put régner véritablement; encore fut-ce pour peu de temps. Sallum, fils de Jabès, se révolta et assassina Zacharie; ainsi finit la maison de Jéhu qui avait régné non sans gloire. L'un des chefs de l'armée, Manahem, fils de Gadi, partit de Thirsa contre Sallum, prit Samarie et y tua Sallum. Manahem se fit reconnaître comme roi et gouverna pendant dix ans sans songer plus à Jéhovah que ne l'avait fait autrefois Jéroboam.

Les Assyriens en Judée. — Téglath-Phalasar II, roi des Assyriens, vint au pays d'Israël et Manahem, lui paya mille talents d'argent, afin qu'il lui laissât son pouvoir. Manahem leva cet argent sur les personnes puissantes et riches, en les taxant à 50 sicles d'argent par tête. Le roi d'Assyrie partit et Manahem étant venu à mourir, Phacée régna à sa place ; mais un autre Phacée attaqua le roi dans Samarie, le tua malgré sa garde de cinquante Gaaladites et régna jusqu'au moment où lui-même fut assassiné par Osée, fils d'Ela, en 729. Les souverains assyriens, suzerains de la Judée, avaient assisté avec calme à cette série de meurtres, se contentant de se faire remettre par le prince du moment le tribut de chaque année.

Osée. Chute de Samarie. — La mort de Teglath-Phalasar II sembla une occasion favorable pour refuser ce tribut. Osée comptait sur l'appui des Phéniciens qui, eux-aussi, s'insurgèrent ; mais Salmanasar V accourut et Osée se soumit. Cependant c'était un homme énergique. Bien qu'il eût perdu le nord du pays, la Galilée et les territoires au delà du Jourdain, bien qu'il eût contre lui les prophètes et leurs prédications fanatiques, pleines de haine sociale contre « les ivrognes d'Ephraïm, les gens étourdis de vin, couronnés de fleurs fanées », c'est-à-dire le roi et l'aristocratie d'Israël, il entreprit de lutter de nouveau et, comme ni les Phéniciens, ni le royaume de Juda, ni la Babylonie ne se révoltaient, il s'adressa aux Égyptiens.

Alliance avec les Égyptiens. — L'Éthiopien Sabak occupait fortement l'Égypte. Osée lui envoya des présents et lui demanda de le soutenir contre Salmanasar V. Sabak accepta ; mais avant qu'il eût pu secourir le roi d'Israël, celui-ci, dénoncé au roi d'Assyrie, avait été mandé à Ninive et jeté dans une prison où il mourut. Samarie fut défendue avec courage par les Ephraïmites, et la révolte de Tyr, que les Assyriens allèrent également bloquer, permit de prolonger deux ans la résistance. Sargon, devenu roi des Assyriens, pressa le siège et Samarie fut prise. Vingt-huit mille habitants du pays furent emmenés captifs en Assyrie et remplacés par des colonies de Chaldéens ou de Syriens du nord. Un officier assyrien gouverna cette population nouvelle et le reste des gens d'Israël s'enfuit en Egypte ou dans le royaume de Juda. Ainsi finit en 721 le royaume d'Israël qui avait compté dix-neuf rois depuis le schisme des dix tribus.

SUJETS A TRAITER :

Exposer l'histoire du royaume d'Israël depuis le schisme des dix tribus jusqu'à la ruine de Samarie.

Raconter l'histoire de la maison d'Amri.

CHAPITRE VIII

LE ROYAUME DE JUDA APRÈS LA CHUTE DE SAMARIE, 721-88. LES JUIFS

SOMMAIRE :

I. **Ezéchias triomphe miraculeusement de Sinachérib et maintient dans son intégrité le culte de Jéhovah, qui l'a préservé.**

II. **Le parti de la guerre et des alliances étrangères reprend le dessus avec Manassé.**

III. **Josias est battu et tué à Mageddo en 608 par Néchao II, qui imposa Joachin comme roi aux Hébreux.**

IV. **Nabuchodonosor prend Jérusalem et la détruit en 588. La captivité de Babylone commence.**

V. **Les vêtements, les demeures, les ornements des Juifs, leurs usages sont les mêmes que ceux des riverains du Tigre et de l'Euphrate et sont empruntés aussi en partie à l'Egypte.**

Ezéchias. — Au moment de la destruction de Samarie et du royaume d'Israël en 721, Sargon n'attaqua pas Ezéchias et le royaume de Juda qui s'étaient tenus en paix, il se contenta de prendre quelques parties du territoire septentrional. Cependant le royaume avait reçu les fugitifs d'Israël, gens exaltés et désespérés, et un parti s'était formé, qui voulait l'alliance avec l'Égypte, la révolte contre le roi assyrien et le relèvement de la puissance juive. Ezéchias, devenu l'allié des Phéniciens, des Philistins, des Ammonites, Moabites et Edomites et enfin du roi d'Égypte, commença la guerre en reprenant Migron, qu'il avait cédée au nord. Sinachérib écrasa les Tyriens, les Philistins et une armée égyptienne. Il se retourna contre Ezéchias, qui s'humilia et paya tribut.

Désastre de Sinachérib.— A ce moment on apprit que Tahraka d'Ethiopie, devenu roi d'Égypte, avait réuni une grande armée ; Sinachérib marcha vers le Nil. Se croyant joué par Ézéchias, il lui envoya le général en chef ou tartan, le chef des eunuques et le grand échanson pour lui conseiller une soumission absolue et prendre des otagés. Encouragé par le prophète Isaïe, Ezéchias refusa de se soumettre. Un fléau frappa subitement l'armée de Sinachérib qui, ne pouvant plus ni combattre les Égyptiens ni assiéger Jérusalem, revint en Assyrie pour combattre plus tard les Babyloniens et les Elamites. Ezéchias, après sa victoire, réunit une partie du royaume d'Israël et accueillit les ambassadeurs du Chaldéen Mardouk-Baladan, auxquels il montra avec orgueil ses trésors et ses arsenaux ; mais sur le conseil du parti qui se préoccupait plus de la pureté du culte que de l'indépendance absolue, il refusa l'alliance chaldéenne. Bien lui en prit, car la défaite de Mardouk-Baladan ne tarda guère. Le culte national de Jéhovah fut maintenu par Ezéchias dans toute son intégrité et le royaume de Juda put jouir de bonnes années de prospérité et de paix.

Manassé. — La mort d'Ézéchias et l'avènement de Manassé amenèrent par une réaction violente le triomphe du parti de la guerre et des alliances avec la Phénicie et l'Égypte et la tolérance pour les cultes étrangers. Baal et Astarté des Phéniciens furent de nouveau adorés sur les hauts lieux et Manassé, faisant mourir les prophètes et les fidèles de l'ancienne religion, « remplit de sang innocent Jérusalem d'un bout à l'autre ». Isaïe, le vieux prophète, périt scié dans un tronc d'arbre. Le roi d'Assyrie, Assur-Haddon, châtia les Juifs comme les Phéniciens et emmena quelque temps captif en Assyrie le roi Manassé. Deux ans après la mort de Manassé, Amon, son fils, qui, comme lui, avait favorisé les cultes étrangers, fut assassiné dans son palais.

Cèdres du Liban.

Josias. — Josias, fils d'Amon, qui avait huit ans, fut reconnu roi. Le parti du culte national, comprenant surtout les prophètes et le petit peuple et ayant pour chef le grand prêtre Helcias, gouverna sous le nom de Josias. Il y eut une refonte complète de la loi. Les livres sacrés, la Genèse, l'Exode, le Lévitique et les Nombres furent rédigés d'après les traditions. Josias fit lire devant lui au peuple la seconde loi, le Deutéronome, et l'on renouvela solennellement l'alliance avec Jéhovah. On détruisit partout, même à Béthel, qui avait dépendu de l'ancien royaume d'Israël, les traces des cultes étrangers et de l'adoration des Baalim. La Pâque fut célébrée avec un singulier renouveau de ferveur religieuse.

Judith et Holopherne. — C'est pendant cette période d'indépendance de Juda et vers 630 que se place l'histoire de Judith et d'Holopherne.

Après la grande victoire des Assyriens sur les Mèdes, leur roi Assurbanipal, que la Bible appelle aussi : « Nabuchodonosor des Assyriens », envoya demander l'hommage à tous les peuples de la Cilicie, du Liban, de Damas et de la Galilée, du Carmel et de la Judée. Cette soumission fut refusée et le roi, pour se venger, envoya son général Holopherne avec une armée. Holopherne soumit les hautes régions de la Syrie, ravagea les environs de Damas et après avoir obligé les Madianites, les princes de Moab et les chefs des Ammonites à le suivre, il arriva en Judée. Il mit le siège devant Béthulie, ville située au nord-est du royaume de Juda dans la tribu de Zabulon.

Mort d'Holopherne. — Or, dans Béthulie vivait une belle et noble juive, Judith, veuve de Manassé, mort trois ans auparavant au temps de la moisson des orges. Elle résolut de se rendre avec sa suivante auprès d'Holopherne pour le tuer. Elle se para de riches vêtements, séduisit Holopherne par sa merveilleuse beauté et quand celui-ci se fut endormi dans sa tente, appesanti par le vin qu'il avait bu avec excès, elle lui coupa la tête qu'elle enveloppa dans un rideau de la tente et regagna Béthulie. Elle montra la tête d'Holopherne aux siens qui dispersèrent l'armée privée de son chef et Judith chanta :

« Assur est venu des montagnes, du côté de l'aquilon avec une multitude et une force extraordinaire ; ses troupes sans nombre ont rempli les torrents et sa cavalerie a couvert les vallées.

« Il avait juré de brûler les terres d'Israël, de passer ses jeunes gens au fil de l'épée et de rendre ses filles captives. Mais le Seigneur tout-puissant l'a frappé et l'a livré entre les mains d'une femme. »

Néchao et les Juifs. — C'était le temps où Ninive succombait et où s'élevait l'Empire chaldéen. Les Chaldéens étaient d'humeur plus pacifique que les farouches Assyriens. La paix semblait possible ; mais lorsque Néchao II entra en Asie, le parti guerrier crut trouver une occasion de victoire en attaquant le roi égyptien, bien que celui-ci eût cependant fait dire à Josias de se tenir en paix. Josias, qui attendait les Égyptiens dans la plaine d'Esdrelon, à Mageddo, fut battu et tué en 608. Le prophète Jérémie pleura la mort de Josias et se lamenta sur les malheurs qu'il prévoyait pour Israël.

Les Chaldéens en Judée. — Le vainqueur de Mageddo, Néchao, s'indigna que les Juifs eussent proclamé Joachaz ; il l'envoya captif en Égypte et donna à sa place Joachim comme roi aux Hébreux avec l'obligation de payer un talent d'or et cent talents d'argent. Joachim persécuta le parti national, les prophètes Jérémie et Urie et mécontenta les Juifs en levant de lourdes contributions pour payer le tribut aux Égyptiens et orner ses demeures royales. Il reconnut cependant Nabuchodonosor comme suzerain ; mais, prêtant de nouveau l'oreille aux propositions d'alliance de Néchao, il attira deux fois sur Jérusalem les armes des Chaldéens auxquels s'étaient joints les vieux ennemis d'Israël, Moab et Ammon. Nabuchodonosor enleva les trésors du temple, emmena de nombreux Juifs en captivité à Babylone et imposa comme roi Sédécias.

Ruine de Jérusalem (588). — Sédécias, malgré les lamentations du prophète Jérémie qui proclamait par avance l'inutilité de tout effort pour l'indépendance, se rapprocha des Phéniciens lorsque l'avènement d'Apriès au trône d'Égypte eut donné confiance aux ennemis de la domination chaldéenne. Bien résolu à en finir avec les Juifs, toujours en révolte, Nabuchodonosor arriva devant Jérusalem où s'était retiré Sédécias. Le siège dura près de quatre mois. Le roi juif qui voulait fuir au delà du Jourdain, fut pris ; on lui creva les yeux et on l'envoya à Babylone avec les prêtres et tous ceux qui tenaient un rang quelque peu élevé dans le royaume de Juda, non sans qu'il n'y eût eu de nombreuses exécutions capitales. Le temple fut brûlé ainsi que les palais ; Jérusalem fut détruite sous les yeux de Nabouzardan, officier de Nabuchodonosor et les terres cultivées furent partagées au petit peuple. A ces débris de la nation juive, un chef, Godolias, fut donné par les Chaldéens. L'assassinat de Godolias par un aventurier de la famille de David, Ismaël, amena la dispersion des derniers Juifs qui, effrayés, s'enfuirent en Égypte. Ainsi la Judée devint captive et Jérusalem cessa d'exister jusqu'au temps de Cyrus, qui mit fin à la captivité de Babylone.

MŒURS ET USAGES DES JUIFS.

L'habitation. — Les patriarches avaient demeuré longtemps sous des tentes telles qu'en dressent aujourd'hui encore les Arabes à l'est du Jourdain. Cependant, après leur sortie d'Égypte et après la conquête du pays de Chanaan, les Hébreux eurent des villes avec des maisons semblables aux maisons de la Phénicie et de l'Assyrie, à toit plat avec des terrasses et à cour intérieure. « Seulement, comme Moïse, iconoclaste à la manière de Mahomet, leur avait interdit les représentations figurées, il fallut que Salomon demandât à Hiram de Tyr des artistes phéniciens pour sculpter les lions, les taureaux et autres ornements qui décorèrent le temple de Jérusalem. Comme les Phéniciens n'inventaient rien, c'étaient les motifs de décoration de Babylone et de Ninive que reproduisaient le temple et les palais de Jérusalem.

Le vêtement. — Les meubles, les vêtements étaient les mêmes que ceux des riverains du Tigre et de l'Euphrate avec de nombreux emprunts, ainsi que pour tout le reste, aux coutumes des Égyptiens, la Judée se trouvant placée entre les deux influences. Les Hébreux n'ont malheureusement pas laissé de monuments tels que les bas-reliefs assyriens et les peintures égyptiennes qui permettraient de bien connaître leur vie guerrière, religieuse ou intime. On sait seulement qu'ils étaient vêtus de laine et de lin et que Moïse, aux quatre coins du manteau carré qui les couvrait avait recommandé d'attacher des houppes avec un fil violet pour distinguer les Hébreux des idolâtres. Les femmes étaient voilées ; hommes et femmes portaient les cheveux longs et prenaient grand soin de leurs chevelures, comme les Assyriens et les Égyptiens ; mais ils semblent n'avoir jamais usé des perruques ; les hommes portaient de longues barbes. Les femmes avaient des bijoux que les Phéniciens leur vendaient, et les hommes portaient l'anneau avec le cachet et le long bâton courbé, comme les Assyriens.

En somme, l'originalité des Juifs a été dans la législation mosaïque et dans le développement de la religion de Moïse, de David et des prophètes.

SUJETS A TRAITER :

Raconter quand, pourquoi et comment le roi de Chaldée, Nabuchodonosor, renversa le royaume de Juda.

Exposer les mœurs et usages des Juifs.

LIVRE IV

LES PHÉNICIENS

CHAPITRE PREMIER

LA PHÉNICIE

SOMMAIRE :

I. Les Phéniciens sont des Chamites, mêlés d'éléments sémitiques, venus des bords du golfe Persique.

II. Les Phéniciens faisaient partie de la grande migration chananéenne qui suivit l'invasion des Elamites en Chaldée.

III. La Phénicie est une étroite langue de terre entre le Liban et la mer, limitée au nord par l'embouchure de l'Oronte et au sud par le cap Carmel.

IV. Les pentes du Liban sont couvertes de cèdres, de chênes et de sapins servant à la construction des navires.

Origine des Phéniciens. — Hérodote, au débutde son premier livre, s'appuyant sur les historiens des Perses, rapporte que les Phéniciens étaient à l'origine venus des bords du golfe Persique et il ajoute que, les premiers d'entre les peuples, les Phéniciens pratiquèrent l'art de la navigation et qu'ils entreprirent de longs voyages sur mer aussitôt après s'être établis dans leur pays. Les Phéniciens étaientles gens du Pount, c'est-à-dire de la côte d'Arabie baignée par le golfe Persique, les Pouni, mot dont les Grecs firent « Phœnikes » et les Romains « Puni ». Ils appartenaient à ces familles descendues de Cham et de Kousch, fils de Cham, qui se fixèrent très anciennement sur les bords du golfe Persique.

Les Chamites Phéniciens partent du golfe Persique. — Ces anciens Kouschites apparentés de très près d'ailleurs aux Sémites, ayant presque la même langue, les mêmes signes d'écriture, se répandirent de bonne heure par la mer le long des côtes de l'Arabie dans la direction de l'Égypte pour aller peupler l'Afrique, et par l'est ils se rendirent vers l'Inde où ils formèrent la masse des populations dravidiennes. Les îles Bahreïn, nous apprend Strabon, s'appelaient autrefois les deux îlots de Tyr et d'Aradus et on y voyait des temples semblables à ceux des Phéniciens. Les habitants lui avaient appris que les îles et les villes du même nom en Phénicie étaient leurs colonies.

La grande migration chananéenne, 2295 av. J.-C. — Lorsque les Aryens de la Bactriane se furent mêlés aux Susiens pour fonder cette dynastie des Élamites qui, avec Chodor-Nakhounta, envahit la basse Chaldée en 2295, il y eut un grand ébranlement dans les tribus Kouschites qui habitaient le long du golfe Persique. Pour fuir l'invasion et ses maux, un grand nombre de Kouschites émigrèrent par mer ; mais un certain nombre de tribus se dirigèrent droit vers l'ouest en coupant à sa base la péninsule arabique par la série des oasis que traversent encore aujourd'hui les caravanes qui suivent le même chemin. Ils laissèrent sur leur chemin la tribu des Thamudites, dans une des oasis au nord du Jourdain, c'est-à-dire dans la Syrie méridionale.

Etablissement des Phéniciens en Chanaan. — Une tradition, que les Hébreux ont transmise, regardait

Chanaan, sorti de Cham, comme l'ancêtre des onze tribus qui, ayant conquis la Syrie méridionale, s'y établirent et lui donnèrent le nom de pays de Chanaan. Ces onze principaux peuples chananéens issus, dit le texte biblique, des onze fils de Chanaan, étaient les Sidoniens, les Héthéens ou Hittites, que les Égyptiens appelèrent Khétas, les Jébuséens, les Amorrhéens, les Gergéséens, les Hivites, les Arkites, les Sinites ou Sinéens, les Aradiens ou gens d'Arad, les Simyréens ou gens de Simyra et les Hamathites. Il fallut faire la conquête du pays où étaient établies des populations antérieurement fixées dans le pays, les Zomzommim, les Réphaïm, les Néphilim. On les détruisit en partie ou on les garda comme esclaves, à l'exception de ceux qui purent trouver asile dans les montagnes et se fondirent peu à peu dans la population chananéenne.

La Syrie. — La Syrie est la région asiatique qui s'étend du Taurus à l'Euphrate, et des déserts de l'Arabie et de l'Égypte à la Méditerranée. La Syrie du nord était appelée par les Hébreux, le pays d'Aram. Le massif de l'Amanus, sur les flancs duquel s'établirent les Héthéens ou Khétas, qui descendaient jusqu'au sud d'Alep, en occupaient la partie septentrionale. A la partie occidentale, voisine de la mer, étaient deux chaînes de montagnes parallèles, le Liban et l'Anti-Liban ; la contrée comprise entre ces deux chaînes s'appelle la Syrie creuse ou Cœlésyrie. L'Anti-Liban commence au sud, au grand Hermon ou Djebel-el-Cheikh qui atteint trois mille mètres. La Syrie creuse est une vallée de soixante-dix à quatre-vingts kilomètres sur quinze ou vingt de large. Un dos de pays sépare l'Oronte du Nahr-el-Aasi, qui coule vers le nord et se jette dans la Méditerranée après s'être grossi d'eaux venues de l'Amanus ; vers le sud coule le Léontès.

Le Liban et ses cèdres. — La chaîne de montagnes qui limite l'Oronte à l'ouest commence au sud d'Antioche par le mont Casius, aujourd'hui Djebel-Akrad ; on l'appelle d'abord montagne des Ansarieh et elle devient le Liban. Le versant occidental est couvert d'oliviers et de vignes, tandis que sur le versant oriental on ne trouve que des rochers arides. Le Liban avait autrefois beaucoup de cèdres ; toute cette région est devenue beaucoup plus aride aujourd'hui ; cependant il y a des mûriers, des chênes et des sapins. Les Arkites, qui fondèrent la ville d'Arca, s'établirent sur les bords de deux cours d'eau descendus du Liban, l'Eleuthéros, qui est aujourd'hui le Nahr-el-Kébir, et le Sabbaticos.

Les Amorrhéens du nord, alliés des Héthéens, possédaient l'importante ville de Kadesch, dans la vallée supérieure de l'Oronte. Dans la Syrie du sud se fixèrent les autres tribus chananéennes, les Jébuséens de Jérusalem, les Gergéséens et les Amorrhéens méridionaux. C'est au milieu de ces Chananéens du sud que devaient s'établir plus tard les Hébreux et les Philistins, dans la Palestine. Quant au rivage baigné par la Méditerranée, ce fut la Phénicie.

La Phénicie. — On appelait Phénicie le pays qui s'étend du cap Carmel à l'embouchure de l'Oronte, de la Méditerranée au Liban. Ce n'était donc qu'une langue de terre étroite, s'étendant le long de la mer, arrosée par quelques petits torrents, l'Adonis ou Nahr-el-Ibrahim, le Lycus ou Nahr-el-Kelb et le Léontès ou Nahr-el-Litani.

La Phénicie n'avait pas de pâturages pouvant nourrir des bœufs ou des moutons ; elle n'avait que fort peu de vignes et fort peu d'oliviers et pas du tout de terres à blé ; mais les pentes du Liban étaient couvertes de cèdres, de sapins et de chênes qui fournissaient des matériaux précieux pour la construction des édifices ou des vaisseaux.

Sidon. — Or quelques-unes des tribus qui avaient longtemps vécu aux bords du golfe Persique s'établirent aussitôt sur le rivage méditerranéen pour y reprendre leur ancien métier de la mer. C'étaient les Sidoniens, qui bâtirent leur ville appelée aujourd'hui Saïda, un peu au nord de l'embouchure du Léontès, près d'un beau port creusé par la nature. Les Sinéens se fixèrent sur les flancs du Liban, mais en regardant vers la mer, près de laquelle ils élevèrent sur une petite éminence Gebal devenu Djebel, la Montagne, ou Byblos ainsi que les Grecs écrivirent. Ce sont les Giblites qui, à leur tour, fondent à quatre cents stades de Sidon la ville de Béryte ou Beyrouth.

Arad. — Les Aradiens qui avaient quitté l'îlot d'Arad dans les îles Bahreïn s'établirent à peu de distance des Sidoniens. Arad, leur principale ville, fut également fondée sur un rocher, battu de tous côtés par la mer, d'environ sept stades de tour, tout couvert d'habitations et si peuplé au temps de Strabon, que les maisons y avaient un grand nombre d'étages. Les habitants devaient boire de l'eau de pluie conservée dans les citernes ou de l'eau qu'on faisait venir de la côte opposée. Les gens de Simyra, étroitement alliés aux gens d'Arad, formaient avec eux la Phénicie du nord. Les maisons de ces villes phéniciennes, comme toutes les maisons orientales, avaient des toits plats, des cours intérieures généralement avec des citernes ; la polygamie était permise et les femmes vivaient enfermées dans ces demeures, comme en Judée et en Assyrie. Ce petit pays de Phénicie eut une importance capitale dans l'ancien monde par la hardiesse de ses habitants, leur activité commerciale, industrielle, leurs richesses, leurs colonies, et le rôle de propagateurs des civilisations asiatique et égyptienne qu'ils remplirent, ayant été les intermédiaires privilégiés entre l'Égypte, l'Asie antérieure et l'Occident.

SUJET A TRAITER :

Décrire la Phénicie antique.

CHAPITRE II

RELIGION ET COMMERCE DES PHÉNICIENS L'ALPHABET

SOMMAIRE :

I. Les idées religieuses des Phéniciens ont été apportées de la basse Chaldée.

II. Baal, c'est-à-dire le Seigneur, est le Dieu créateur de toutes choses. Le soleil est aussi Baal ; c'est Osiris des Egyptiens, comme Astarté est Isis, Vénus ou la Nature.

III. Le Baal de Tyr, qui sera appelé Hercule, est surnommé Melkarth, ou le Seigneur de la ville.

IV. C'est par des colonnes, des émeraudes coniques que les Phéniciens représentent leurs dieux ; ils immolent des victimes humaines.

V. Les Phéniciens se servent de l'alphabet de vingt-deux lettres.

VI. Leurs monuments funèbres sont creusés dans les flancs des rochers et leurs monuments en général ont un caractère massif et solide.

VII. Les Phéniciens sont d'habiles métallurgistes ; ils fabriquent le verre et savent teindre les étoffes de pourpre.

Religion des Phéniciens. — Les Phéniciens avaient apporté des bords du golfe Persique leur fonds d'idées religieuses et ce sont les vieilles divinités kouschites de la basse Chaldée que l'on retrouve, avec des noms parfois modifiés, dans les cités phéniciennes. Le dieu créateur, Bel ou Baal, c'est-à-dire le Seigneur, est le dieu suprême. On associe à son culte celui de la Nature qui crée et détruit toutes choses ; c'est la Vénus asiatique, Istar des Babyloniens, dont le nom est modifié en celui d'Astaroth et celui d'Astarté, selon que l'on considère le côté bienfaisant ou le côté destructeur de la nature. On élève à Baal et à Astarté des autels sur les hauts lieux; on leur consacre les bouquets de bois.

Tombes phéniciennes taillées dans les flancs de la montagne.

Baal et les Baalim. — Les autres dieux, les Baalim, sont nombreux. Sans parler des démons et des génies, il y a le Baal de chaque ville, ainsi Baal-tsour, c'est-à-dire le Seigneur de Tyr ou Tsour. Le Seigneur peut être considéré dans un de ses caractères, bons ou terribles : il y a donc le Belphégor, le Belzébuth, le Bélial, que les Hébreux méprisaient en les craignant, autant que les Phéniciens les vénéraient. Moloch est Adar des Chaldéens, Saturne, le dieu qui dévore les enfants. Il assure le triomphe sur les ennemis, mais à la condition qu'on lui donne des victimes de choix, les premiers-nés des grandes familles. Les sept grandes divinités planétaires des Assyriens deviennent les « Kébirim » ou « Cabires », c'est-à-dire « les Grands ».

Le soleil ou Melkarth. — C'est surtout le culte du soleil qui a une importance extrême. On le désigne habituellement sous le nom de Melkarth, que lui donnent les Tyriens, Melek-Karth, c'est-à-dire le Seigneur de la ville. On ne le représentait pas par des statues, parce qu'il est l'Invisible, Aschmoun, qui est le même mot avec le même sens qu'Ammon des Égyptiens ; mais on le figure par une colonne ou par un cône ainsi que les Hindous représentent aussi Siwa. On l'adorait à Tyr sous la forme d'une colonne de verre, creuse et devenant lumineuse et encore sous la forme d'une émeraude conique fort grosse. Un magnifique temple s'élevait à Tyr en l'honneur de Melkarth, qui présidait à la navigation qu'il rendait possible par sa lumière, à l'industrie, au commerce et aux richesses. Son image était encore une flamme éternelle entretenue dans le temple.

Le Phénix. — Chaque année, au printemps, les prêtres faisaient échapper des flammes de l'autel un aigle, symbole de l'année qui recommençait et ainsi s'était établie la légende du Phénix qui renaissait de ses cendres. Le soleil du printemps qui donnait quelques semaines de verdure à cet aride pays de Phénicie était une divinité particulière, Adonis. Son culte se célébrait surtout à Gebal de Phénicie. Le jeune dieu aimé d'Astarté ou Vénus mourait sous les coups d'un sanglier, mais pour renaître une année plus tard. Les femmes cébraient la douleur de Vénus inconsolable dans des mystères qui passèrent en Grèce et en Italie. Comme chaque année, aux pluies du printemps, les eaux du petit fleuve appelé aujourd'hui le Nahr-Ibrahim se coloraient en rouge, on croyait qu'il se teignait du sang du jeune dieu et le fleuve avait reçu le nom d'Adonis. Il y avait des grands prêtres et une sorte de clergé assez nombreux pour accomplir les sacrifices et présider aux rites le plus souvent bizarres, étranges, immoraux de cette religion que les Phéniciens portèrent dans tout l'ancien monde.

Écriture et monuments des Phéniciens. — Si les Phéniciens étaient venus de la basse Chaldée et de la partie du Pount baignée par le golfe Persique avec leurs idées religieuses, ils en avaient également apporté leur manière de parler et d'écrire. Malgré la confusion des langues à Babylone, Sémites et Kouschites de la basse Chaldée et du Pount, cousins rapprochés, avaient en somme à peu près même langue et parlaient ce que l'on appelle des dialectes sémitiques Les Phéniciens, dont la langue, appartenait à ce groupe, avaient également apporté la barre, clou ou virgule qui est le coup de ciseau ou le trait, servant à la notation des idées. Le système d'écriture cunéiforme des Chaldéens était très compliqué. Il fallait pour les Phéniciens trouver un moyen d'exprimer nettement et rapidement toutes choses.

L'alphabet. — En combinant un certain nombre de signes, les Phéniciens formèrent l'alphabet de vingt-deux lettres, source de tous les autres alphabets du monde. C'était en décomposant la syllabe comme les Égyptiens le firent assez fréquemment aussi et en renonçant d'une manière plus absolue que ceux-ci à l'idéographisme, et à l'homophonisme, conservés par les Égyptiens pour des raisons religieuses et par souci des traditions, que les Phéniciens avaient fait cette découverte. Le poète latin Lucain a rappelé que les Phéniciens les premiers avaient traduit par des signes les sons de la voix humaine :

> Phœnices primi, famæ si creditur, ausi
> Mansuram rudibus vocem signare figuris.

« Les Phéniciens, les premiers, si l'on en croit la tradition, osèrent par des traits grossiers fixer le son de la voix. »

Cet alphabet fut introduit en Grèce, dit Hérodote, par la colonie phénicienne de Cadmus. Les Phéniciens avaient sans doute rédigé bien des documents écrits à l'aide de cet alphabet ; malheureusement ils écrivaient les lois, les décrets, les avis officiels sur des plaques de bronze, et les incendies, le désir de tirer parti du métal amenèrent de bonne heure la destruction de ces monuments. Il ne reste guère non plus de monuments de l'architecture phénicienne. On a conservé un temple dans l'île de Gozzo, près de Malte, des citernes, des puits près des anciennes villes phéniciennes et des tombeaux, surtout des tombes creusées dans les rochers et rappelant les hypogées d'Égypte. On est frappé de la massivité, de la lourdeur, comme aussi de la solidité de ces édifices qui rappellent ce que l'on peut savoir du caractère des Phéniciens.

Industrie et commerce des Phéniciens. — Dès leur arrivée sur la côte maritime de Syrie, les Phéniciens, coupant les bois de leurs forêts construisirent des vaisseaux semblables à ceux de leurs ancêtres du Pount, et après avoir fait d'abord le cabotage, s'aventurèrent en haute mer à l'aide de l'observation des étoiles. Ils allèrent offrir aux autres peuples le vin et l'huile, les vêtements aux couleurs riches et brillantes et surtout les étoffes teintes de pourpre et ils rapportaient les métaux, l'or, l'argent, le cuivre, le fer. Le fer est difficile à travailler et on ne le trouve employé que fort tard en Égypte, ce qui prouve que les Phéniciens ne pouvaient eux-mêmes le fondre; mais de très bonne heure le bronze fut connu.

Le bronze. — Les Phéniciens savaient mêler au cuivre l'étain qu'ils allaient chercher sur les bords du Pont-Euxin, au Caucase ou au pays de Tarsish, c'est-à-dire dans l'Espagne méridionale. Les Phéniciens devinrent donc d'habiles métallurgistes. Il est dit dans les poèmes homériques que le cratère d'argent, prix de la course, gagné par Ulysse, est venu de Sidon ; un autre cratère dont Ménélas fait présent à Télémaque lui a été donné par le roi de Sidon lui-même. Les Phéniciens fabriquaient aussi de nombreux bijoux d'or fin, battus au marteau ou ciselés, portant souvent d'assez grossières petites figures qui font songer aux figures de l'art indien. Ces bijoux, les Phéniciens les vendaient aux Juifs et dans toute l'Asie.

Le verre. — Les Phéniciens savaient travailler le verre avec une rare perfection dans leurs grandes verreries de Sidon et ils l'émaillaient comme le firent plus tard les Vénitiens. Les sables d'un petit cours d'eau du pays, appelé le Bélus, étaient particulièrement propres à la fabrication du verre. Ils savaient faire les poteries, les vases peints et ces vases phéniciens étaient avidement recherchés par les peuples chez lesquels ils allaient commercer. La teinture des étoffes en pourpre était une invention propre, disait-on, aux Phéniciens qui se servaient de coquillages, de mollusques marins, du murex ; les tissus de laine, de soie, de lin ou de coton devenaient par une préparation coûteuse d'un rouge violet.

Commerce des esclaves. — Ce que les Phéniciens allaient chercher aussi dans leurs courses lointaines, c'étaient les captifs, les esclaves, hommes et femmes qu'ils allaient vendre sur les marchés de l'Euphrate et du Nil. Les Phéniciens, raconte Hérodote, ayant un jour abordé à Argos, qui était la plus grande ville de Grèce, se mirent à vendre leurs marchandises ; cinq ou six jours après leur arrivée, la vente étant presque finie, un grand nombre de femmes se rendirent sur le rivage et parmi elles la fille du roi. Tandis que ces femmes achetaient près de la poupe ce qui était le plus de leur goût, les Phéniciens se jetèrent sur elles. La plupart prirent la fuite; mais les autres furent enlevées. Les Phéniciens, les ayant fait embarquer, firent voile vers l'Égypte et les vendirent.

Routes de terre. — Les Phéniciens cherchèrent de bonne heure et trouvèrent des routes de terre pour expédier leurs caravanes de marchandises et d'esclaves vers Ninive, Babylone, Memphis ou Thèbes. Au passage des fleuves où ils étaient obligés parfois de séjourner en attendant que les crues fussent terminées et que les gués fussent redevenus praticables, ils élevèrent des entrepôts qui devinrent des villes importantes comme Hamath sur l'Oronte, Alep, Thapsaque et Karkemisch, ces deux dernières sur l'Euphrate. Les conditions du commerce des Phéniciens les obligèrent à fonder des colonies dans les pays où les populations n'étaient ni nombreuses, ni civilisées et seulement des comptoirs là où ils trouvaient des peuples déjà avancés en civilisation. Comme ils étaient voisins de grands empires, ils acceptèrent volontiers le rôle de sujets des Égyptiens ou des Assyriens et ne connurent qu'à de bien courts moments l'indépendance absolue.

SUJETS A TRAITER :

Exposer la religion des Phéniciens.
Exposer le commerce des Phéniciens.

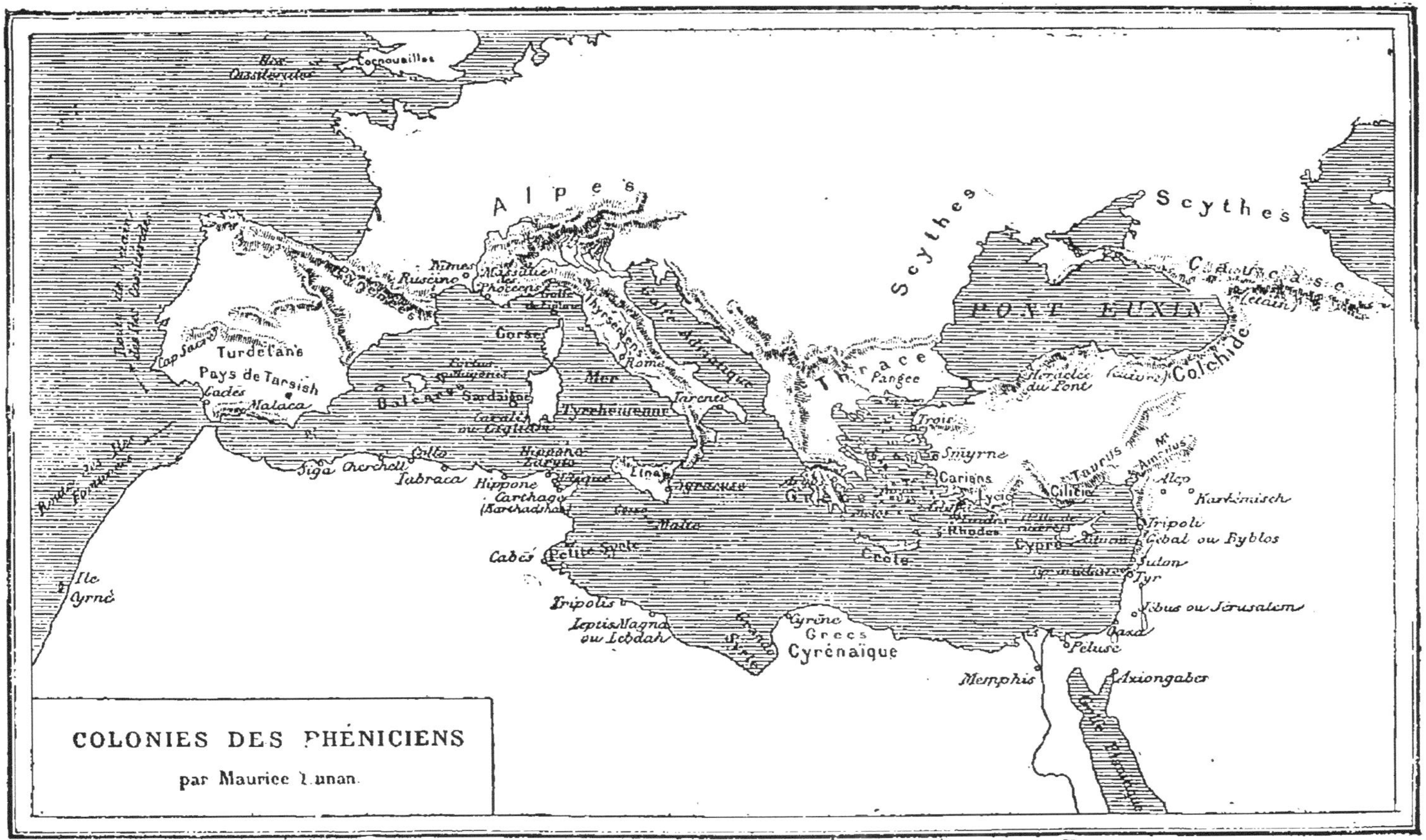

Alpes
Scythes
Scythes
PONT EUXIN
Thrace
Pangée
Colchide
Turdetans
Pays de Tarsish
Cadès
Malaca
Cap Sacré
Ruscino
Nîmes
Corse
Sardaigne
Mer
Tyrrhenienne
Rome
Tarente
Trois
Smyrne
Cariens
Rhodes
Cypre
Crète
Cilicie
Taurus
Alep
Karkémisch
Tripoli
Gebal ou Byblos
Sidon
Tyr
Jébus ou Jérusalem
Gaza
Péluse
Memphis
Axiongaber
Siga
Cherchell
Collo
Tabraca
Hippone
Carthage
Utique
Malte
Cabès
Petite Syrte
Tripolis
Leptis Magna
ou Lebdah
Cyrène
Grecs
Cyrénaïque
Ile
Cyrné
Heraclée
du Pont

COLONIES DES PHÉNICIENS

par Maurice Lunan.

Gravé par Mlle Perrier

CHAPITRE III

HÉGÉMONIE ET COLONISATION DES SIDONIENS

SOMMAIRE :

I. Sidon, à cause de son excellente situation maritime, est d'abord à la tête des cités phéniciennes.

II. Les Sidoniens acceptent la domination égyptienne et en tirent profit.

III. La Méditerranée orientale est le domaine des Sidoniens.

IV. Les Sidoniens s'établissent notamment dans l'île de Chypre, dans l'île de Crète, dans l'île de Rhodes, dans les Cyclades, à Thasos.

V. Cadmus fonde Thèbes en Béotie. En Afrique le peuple libyphénicien se forme par l'arrivée des Chananéens.

VI. Les Philistins détruisent Sidon en 1210 avant J.-C.

Les Sidoniens et l'Égypte. — Lors de la grande invasion chananéenne un certain nombre de tribus et principalement les Héthéens s'étaient jetés sur l'Égypte avec leurs rois-Pasteurs ou Hik-sos; pendant les cinq siècles de la domination des Pasteurs les rapports furent intimes entre l'Égypte, la Syrie et la Phénicie. Lorsque les Égyptiens envahirent à leur tour l'Asie après l'expulsion des Pasteurs, ils luttèrent avec les belliqueux Héthéens ou Khétas, mais ils ne trouvèrent pas de résistance chez les Phéniciens. A la tête de ceux-ci étaient les Sidoniens et les Giblites; encore ceux-ci n'avaient-ils gardé qu'une suprématie religieuse à cause de la situation de leur acropole mieux placée pour la défense des habitants et la protection d'un temple que pour un rôle maritime considérable.

Les Sidoniens, au contraire, avaient admirablement choisi au bord d'une excellente rade leur ville, dont le nom signifie « la Pêche » ; il y avait une Sidon continentale et une Sidon insulaire, protégée à merveille contre les attaques et les surprises. Les Sidoniens se reconnurent sans difficulté les vassaux des rois égyptiens de la dix-huitième dynastie, qui domptèrent par la force les Phéniciens du nord, les gens d'Arad et de Simyra, et les placèrent sous la surveillance, sous l'hégémonie de leurs fidèles Sidoniens.

Ainsi, à la différence des autres Chananéens qui repoussèrent longtemps la domination égyptienne, les Sidoniens s'attachèrent à tirer profit de cette domination et acquirent en Égypte le monopole du commerce qui pouvait être fait entre Égyptiens et étrangers. Pendant qu'ils reconnaissaient ainsi la suprématie égyptienne, les Sidoniens acquéraient de grandes richesses par le commerce de mer et fondaient de nombreuses colonies. La Méditerranée orientale devint leur champ d'activité et leur domaine.

Colonisation sidonienne. — Les Giblites avaient de bonne heure conquis l'île de Chypre ou «île du cuivre,» ainsi appelée de la grande quantité de ce métal que l'on y trouvait. La conquête des Giblites avait passé aux Sidoniens, qui fondèrent la ville de Citium, sur la côte sud-est en face de Sidon et de Tyr. Dans l'île de Crète, ils fondèrent l'établissement d'Itanos afin d'exploiter les bois, les vins, les cuirs et les richesses agricoles de l'île. Au nord de l'embouchure de l'Oronte ils trouvaient la Cilicie, qu'ils couvrirent de petits comptoirs fortifiés. La Lycie s'étendait au delà de la Cilicie, découpée par les golfes de Glaucus et de Telmissus, aujourd'hui de Macri.

Les Lyciens, à la différence des Solymes de Cilicie, ne permettaient pas de fonder des .établissements, et ils repoussaient les Phéniciens comme des pirates. Cependant les Sidoniens purent s'établir à Astyra en face de Rhodes. L'île de Rhodes devint l'un des principaux établissements; les habitants indigènes avaient été obligés de se réfugier dans les montagnes, et les Sidoniens tenaient l'île par les trois ports de Lindos, Camiros et Jalysos. Plus au nord étaient les Cariens, qui accueillirent bien les Sidoniens et se mirent volontiers à leur service pour remplir les cadres des troupes mercenaires que les Sidoniens entretenaient.

Cadmus. — La principale entreprise de colonisation se rattache au nom de Cadmus qui vint débarquer sur la côte de Béotie, après avoir jeté, chemin faisant, des compagnons dans l'île de Théra, aujourd'hui Santorin, qui devint célèbre par son vin. A côté de Théra, et dans la mer Egée, les Phéniciens colonisèrent l'île de Mêlos, aujourd'hui Milo. Un peu au nord de Mêlos sont deux des Cyclades, Siphnos et Cimolos, où les Phéniciens firent exploîter pour leur compte les mines d'argent par les indigènes.

C'était surtout dans les îles que les Sidoniens s'établissaient parce qu'elles étaient plus faciles à occuper et à défendre. Sur la côte du Péloponèse, les Sidoniens occupèrent l'île de Cythère où ils apportèrent le culte de la Vénus asiatique qui devint la Cythérée des Occidentaux. Au fond de l'Archipel, ils trouvèrent encore plus de richesses. Sur la côte de Thrace, ils occupèrent fortement l'île de Thasos aux grands gisements métalliques et, débarquant sur la terre ferme, ils trouvèrent les riches mines d'or du Pangée. De ces régions ils ne cessèrent plus de tirer les métaux; mais c'est surtout à l'époque ultérieure, au temps de l'hégémonie tyrienne, que l'exploitation des métaux de la Thrace devint considérable.

S'avançant alors au nord-est, les Sidoniens arrivèrent au détroit des Dardanelles et fondèrent sur les deux rives Lampsaque et Abydos; par l'Hellespont et le Bosphore ils arrivèrent au Pont-Euxin. En dépit des tempêtes de la mer Noire, les Sidoniens ne cessèrent plus d'aller chercher là les métaux recueillis et préparés par les soins des Chalybes et des Colchidiens, le fer, l'acier, l'or, le plomb, l'étain surtout, qui servait à fabriquer le bronze au retour des navires. Cependant la puissance des Sidoniens se trouva inquiétée de façon grave par la naissance de la marine des Grecs, par l'invasion des Hébreux dans le pays de Chanaan et par l'établissement des Philistins sur la côte de la Syrie méridionale.

La puissance des Sidoniens décroît. — Les Pélasges et autres Aryas européens, établis sur la côte d'Asie Mineure dans l'Archipel, en Crète et sur la côte de Libye qui s'étend de l'Egypte aux Syrtes, commençaient à se civiliser, à s'organiser, à avoir des vaisseaux, à se rendre redoutables aux Egyptiens comme aux Phéniciens. Ils savaient que les Sidoniens allaient sur les rivages du Pont-Euxin chercher des métaux de valeur; ils veulent, eux aussi, aller en Colchide. C'est la légende des Argonautes et de la conquête de la toison d'or. La jalousie des Grecs commence donc à éloigner, dès cette époque lointaine, les navires des Sidoniens des parages de la mer Noire et prétend leur fermer les Dardanelles et le Bosphore.

L'invasion des Hébreux dans le pays de Chanaan et les conquêtes rapides de Josué furent encore une cause d'inquiétude pour les Sidoniens; mais Josué craignit d'entrer en lutte avec ce peuple puissant et s'arrêta aux limites de leur territoire. Alors les Sidoniens qui avaient recueilli les nombreux Chananéens agriculteurs chassés par les Hébreux, les transportèrent sur la côte d'Afrique, en Zeugitane, et autour des deux villes sidoniennes, d'Hippone et de

Cambé, ces Chananéens fondèrent de nombreux établissements en se mêlant aux indigènes et en formant ainsi un nouveau peuple, les Libyphéniciens. Plus dangereux encore pour Sidon que les Hébreux étaient les Philistins, de race aryenne, ennemis des Sémites de toute race, pillards et braves, qui se mirent à harceler les Phéniciens et, par un hardi coup de main, s'emparèrent de Sidon en 1210 avant Jésus-Christ.

SUJET A TRAITER :

Raconter comment la puissance des Sidoniens grandit jusqu'au jour de la chute de Sidon en 1210.

CHAPITRE IV

HÉGÉMONIE ET COLONISATION DES TYRIENS

SOMMAIRE :

I. Les rois de Tyr sont à la tête de la confédération phénicienne.

II. Tyr reprend les grandes entreprises de colonisation commencées par les Sidoniens et exploite la Méditerranée occidentale.

III. Les Tyriens s'attachent particulièrement à l'Espagne qu'ils désignent sous le nom de pays de Tarsisch.

IV. Gadès est la grande colonie en Bétique, et Ruscino est l'entrepôt des métaux des Pyrénées.

V. Les Tyriens deviennent les alliés des Juifs au temps d'Hiram et de Salomon.

VI. Ithobaal marie sa fille Jézabel au fils d'Amri d'Israël.

La royauté tyrienne. — Lorsque Sidon eut succombé en 1210 sous l'effort des Philistins qui se retirèrent après avoir pillé et détruit la ville, bon nombre de Sidoniens purent se réfugier à Tyr ou Tsour, et la population de cette ville se trouva doublée. Tyr, qui existait déjà, mais sans avoir grande importance, au temps de l'hégémonie sidonienne, se composait de trois parties, la ville insulaire, la ville bâtie sur le rivage en face de l'île, et un îlot portant le fameux temple de Melkarth. Avec ses nouveaux habitants, Tyr se trouvait assez forte pour imposer aux autres cités phéniciennes un véritable protectorat, de telle

Vue générale de Tyr.

sorte qu'il y eut un royaume de Tyr disposant des ressources sérieuses. Les Phéniciens du Nord, Simyra, les

Sinéens avec leur ville de Gebal et Beryte, les Arkites, Sidon, qui fut rebâtie en partie, formèrent avec Tyr, tout en gardant leur indépendance, en conservant des rois ou chefs particuliers, une sorte d'empire fédératif. Les gens d'Arad, seuls, sans combattre les autres Phéniciens, mais par orgueil de ville, ne reconnurent que vaguement la suprématie du roi de Tyr. Une royauté dans un grand État commerçant ne pouvait être absolue; les riches familles qui possédaient les vaisseaux et le capital, jouissaient d'un grand crédit et avaient une large part aux affaires, ainsi que les prêtres, qui représentaient le pouvoir religieux et le pouvoir judiciaire, qui rédigeaient les contrats, en avaient la garde officielle et disposaient de grandes richesses. C'était surtout à l'occasion des fêtes de Melkarth que les rois et les députés des autres villes venaient à Tyr arrêter les entreprises à faire en commun. Tyr était dans des conditions aussi vorables que Sidon pour reprendre l'exploitation commerciale des rivages de la Méditerranée. L'œuvre de colonisation commencée par les Sidoniens fut donc continuée par les Tyriens.

La Colonisation tyrienne. — Lorsque Tyr, par sa population nombreuse, par les avantages de son port et grâce à son temple de Melkarth, fut devenue le centre politique et commercial de la nationalité phénicienne, elle reprit résolument les grandes opérations maritimes et commerciales qui avaient fait la grandeur des Sidoniens. Dans la Méditerranée orientale et surtout dans l'Archipel, la situation n'était plus la même. La puissante ville de Troie avait été fondée par le peuple des Dardaniens sur le promontoire voisin de l'entrée de l'Hellespont, et les Troyens se réservaient autant que possible le monopole du commerce du Pont-Euxin et de la Colchide, de même que le transport des marchandises entre l'Europe et l'Asie, jusqu'au jour où les Grecs, leurs rivaux, réunissant mille vaisseaux, allèrent détruire ce nid de pirates et saisir cette riche proie.

Les Grecs. — Les Grecs d'alors étaient un mélange de Pélasges et de tribus helléniques. Argos était le plus puissant État, mais il y avait aussi les Éginètes, Pylos connus par leurs marins et leurs artistes. A l'étroit dans leurs petits territoires, braves et avisés naturellement, les gens de ces tribus helléniques combattaient, émigraient, fondaient des colonies, gênaient beaucoup, à coup sûr, les Tyriens, mais ceux-ci se pliaient aux difficultés, évitaient de leur mieux de voir leurs vaisseaux capturés et continuaient de tirer de grandes richesses de l'île de Thasos et des mines d'or du Pangée sur la côte de Thrace. Cependant ils devaient chercher un domaine maritime où ils ne rencontreraient pas les mêmes rivalités, et ils le trouvèrent dans la Méditerranée occidentale.

La Méditerranée occidentale. — Déjà Hippone et Cambé avait été fondées sur la côte d'Afrique et, après la conquête du pays de Chanaan par Josué, de nombreux Chananéens avaient débarqué sur la côte des Akrikis, l'Afrique, comme on l'appela. Au milieu des Libyphéniciens Utique fut fondée au douzième siècle, et les Tyriens, longeant la côte de Mauritanie, arrivèrent à l'extrémité de la Méditerranée, au détroit de Gibraltar. Là, ils placèrent sur chacun des promontoires d'Europe et d'Afrique une colonne, grossier symbole sous lequel ils représentaient leur dieu Melkarth ou Hercule, qui était le Siwa des Kouschites de l'Inde.

Les Phéniciens s'attachèrent passionnément à l'Espagne, sauvage encore, mais riche en métaux, fertile, pourvue d'excellents ports ; ce fut le pays de Tarsish dont les Hébreux connaissaient et enviaient les richesses, Tarsish qui, dit Ezéchiel, remplissait les marchés de Tyr d'argent, d'étain, de fer et de plomb. Sur la côte d'Espagne les

Tyriens fondèrent Malaca, dont le nom signifie « la ville des Salaisons » ; c'est actuellement Malaga. Sex, qui est Motril, Alméria s'élevèrent ainsi que de nombreux comptoirs sur la côte et dans l'intérieur.

L'Océan Atlantique. — Au delà du détroit, dans la Bétique ou Andalousie actuelle les colonies furent encore plus nombreuses et plus importantes. Gadès s'éleva sur une île, en face de l'embouchure du Guadalete ; c'est Cadix. Les Libyphéniciens vinrent en grand nombre s'établir dans cette région, comme plus tard les Berbères, au temps de la conquête arabe ; ainsi se forma le peuple des Turdétans, dont le nom vint de Tyr. De Gadès, les Tyriens longeant les côtes d'Afrique jusqu'au Sénégal, allaient porter sur ce rivage leurs poteries brillantes, leurs vins et rapportaient l'ivoire, les plumes d'autruche et l'or.

De Gadès ils partirent également pour remonter au nord et trouvèrent les îles qui donnent l'étain, les Cassitérides ou Sorlingues, et le pays de Cornouailles avec ses mines. Ils abordaient par l'ouest et par le sud au pays de Gaule où ils vendaient leurs vins, leurs colliers d'or et où ils se procuraient les esclaves et l'ambre, s'ils ne l'allaient chercher directement dans la Baltique. Près de l'embouchure du Rhône ils avaient fondé Nîmes, et Ruscino sur la côte de Roussillon et de Catalogne était le débouché de la région des mines des Pyrénées et de l'Ariège. Dans les Baléares les Tyriens occupèrent Ebusus, aujourd'hui Iviça.

Enfin la Corse et la Sardaigne furent également colonisées par eux ; Caralis aujourd'hui Cagliari, fondée par les Tyriens, était le grand port où ils chargeaient les métaux et les laines de la Sardaigne. Malte, avec l'île voisine de Gozzo, avait une telle importance comme port de refuge sur la route d'Afrique et d'Espagne, que les Phéniciens y établirent de nombreux colons et que l'on y trouve encore aujourd'hui des édifices phéniciens. C'est ainsi que Tyr avait établi son empire dans la Méditerranée orientale, mais celui de ses établissements destinés à la plus haute fortune devait être Carthage qui, lorsque la métropole tyrienne eut succombé, comme autrefois Sidon, recueillit son héritage et devint le foyer de la puissance et de la richesse des Phéniciens du troisième âge.

Alliance des Tyriens et des Juifs. — Les Tyriens employaient toute leur activité à ces expéditions lointaines ; ils n'étaient pas très nombreux et n'avaient comme armée régulière, pour la garde de Tyr et de leurs possessions fortifiées, que quelques corps de mercenaires tirés de la Libyphénicie, de Carie ou de Lydie. Les Tyriens se fussent volontiers accommodés de la domination égyptienne qui aurait pu maintenir un ordre général; mais l'Egypte était affaiblie et impuissante, tandis que deux peuples voisins étaient à craindre, les Philistins et les Juifs. Les Juifs étaient des Sémites comme les Tyriens, de religion différente sans doute, pleins d'horreur pour les rites chananéens et phéniciens, mais ayant mêmes coutumes, mêmes langues, demandant, eux aussi, à commercer et à s'enrichir plutôt qu'à combattre.

Les Philistins, d'autre part, avaient détruit Sidon et préparaient contre Tyr quelque expédition semblable pour satisfaire leur avidité et leur haine de race, étant de race pélasgique et sortis de l'Archipel et de Crète.

Hiram Ier. — Les Tyriens recherchèrent donc l'amitié, l'alliance des Hébreux. Lorsque David eut remplacé Saül, fondé un gouvernement régulier, fait de Jérusalem enlevée aux Jébuséens sa capitale, le roi de Tyr Hiram Ier lui envoya des présents, de l'or, des cèdres coupés dans le Liban, des architectes habiles qui lui bâtirent son palais de Sion. L'alliance fut maintenue avec soin par Abibaal, fils et successeur de Hiram Ier. Les facilités que la domination assise et reconnue des Juifs sur tous les peuples remuants du voisinage offrait pour le commerce phénicien permirent aux Tyriens d'organiser de nouveau leurs caravanes à travers l'Asie, tandis que les luttes entre Grecs et Dardaniens, car c'est le temps où Troie succomba, les délivraient momentanément de rivaux actifs et dangereux.

Hiram II. — Hiran II, qui maintint par une expédition contre Citium l'île de Chypre sous la domination tyrienne, réunit à l'île principale l'îlot où était le temple de Melkarth et rebâtit le temple du dieu avec une splendeur encore plus grande. On abandonna presque entièrement la ville continentale et en réunissant à l'île principale les îlots voisins, en les couvrant de hautes constructions protégées par des murailles, on put donner à la ville où étaient tant de richesses et qui avait tant à se garder, une force de résistance sérieuse. Hiram n'eut que de bons rapports avec Salomon et lui donna en mariage une de ses filles. De nouveaux architectes et maçons partirent pour Jérusalem où ils taillèrent les pierres, dressèrent les charpentes de bois de cèdre, sculptèrent les boiseries revêtues de lames d'or.

Hiram et Salomon. — Hiram aurait désiré une récompense de tous ces services. Salomon lui proposa vingt villages de la Galilée; mais Hiram refusa ces possessions qui ne lui auraient été d'aucun profit et il se fit promettre par Salomon une contribution annuelle de vin, d'huile, de bétail et de blé. Salomon demanda aussi à Hiram des matelots. Des flottes juives, montées surtout par des matelots phéniciens allèrent au pays d'Ophir et rapportèrent les produits de l'Inde. Hiram II, l'ami de Salomon, mourut avant celui-ci, et son fils Baalastart, dans ses sept années de règne, garda l'alliance paternelle; mais Tyr était menacée de révolutions prochaines. Abdastart, l'aîné des enfants de Baalastart, périt assassiné par les quatre fils de sa nourrice.

La population tyrienne. — L'anarchie fut complète à Tyr pendant cinquante années au moins. La populace de Tyr, composée de matelots, d'ouvriers du port, des gens pauvres, tendait à dominer ; les familles aristocratiques et riches émigrèrent avec les gens attachés à leur fortune et se rendirent dans les colonies déjà fondées qui devinrent indépendantes. Enfin le grand prêtre d'Astarté, Ithobaal, se fit reconnaître roi de Tyr et établit un pouvoir fort et respecté. Les Phéniciens tenaient toujours à l'alliance juive. Ithobaal fut heureux de voir Amri, roi d'Israël, lui demander pour son fils Achab la princesse tyrienne, Jézabel. En mariant à l'héritier du trône sa fille qui ne tarda pas à exercer un grand ascendant sur l'esprit d'Achab et à lui faire pratiquer ouvertement dans Samarie le culte de Baal et d'Astarté, Ithobaal s'assurait l'appui d'Israël, mais cet appui était peu de chose contre l'ennemi redoutable, les maîtres nouveaux qui apparaissaient, c'est-à-dire les Assyriens.

SUJETS A TRAITER :

Raconter les principaux faits de l'histoire de Hiram II.

Dire pourquoi et comment les Tyriens firent longtemps alliance avec les Juifs.

CHAPITRE V

TYR, LES ASSYRIENS ET LES CHALDÉENS

SOMMAIRE :

I. Assurnazirpal conduit les Assyriens sur la côte de Phénicie et soumet les Tyriens au tribut.

II. Pygmalion est porté au trône par le parti populaire après le meurtre de Sichée et le départ de Didon et de l'aristocratie.

III. Elouli, roi de Tyr repousse le roi Sargon, mais est vaincu par Sinachérib, qui prend Tyr.

IV. La Phénicie est reconquise pour un temps très court par les Egyptiens.

V. Tyr n'accepte pas mieux la domination des Chaldéens que celle des Assyriens.

VI. Nabuchodonosor prend Tyr et la détruit en 574 av. J.-C.

Arrivée des Assyriens.— Achevant la conquête de l'Asie occidentale, les Assyriens arrivaient en vainqueurs jusqu'à la Méditerranée. Assurnazirpal exigea le tribut des rois de Tyr, de Sidon, de Gebal et de l'île d'Arad. L'arrivée des Assyriens devait amener une perturbation profonde dans le monde phénicien. Les révolutions qui s'accomplissaient à Tyr et l'influence de plus en plus grande que tendait à prendre dans cette ville une multitude turbulente, facile à se laisser séduire par les aventures, éloignait de Tyr les autres cités phéniciennes, plus aristocratiques, plus calmes, plus préoccupées d'étendre leur commerce maritime que de faire ou de défaire des rois. La jalousie contre Tyr se mêlait à ce sentiment d'éloignement. Or, comme la métropole tyrienne n'accepta jamais qu'à regret la domination assyrienne, avide, rapace sans être utile, les Assyriens dans leurs attaques contre Tyr devaient toujours trouver l'appui des troupes et des flottes des autres cités phéniciennes.

Le parti populaire. Au début cependant Ithobaal avait prudemment cédé et payé le tribut aux Assyriens ; mais le parti populaire réagit à le mort d'Ithobaal ; deux rois impuissants se succèdent, Baaltsour et Mathan. Il faut payer de lourds tributs à Salmanasar et de plus Ty s'affaiblit par la perte des établissements phéniciens de l'île de Rhodes et de l'Archipel. Mêlos et Théra, l'île de Rhodes et bien d'autres colonies sont enlevées par les Doriens dont la puissance a grandi. Le roi Mathan laisse en mourant une filla, Elissar ou Didon, mariée à son oncle Sichée ou Sicharbaal, grand prêtre de Melkarth, qui est chargé du gouvernement, et un fils Pygmalion. Le parti populaire, formé de tous ceux qui haïssaient les nobles et riches commerçants d'origine sidonienne et les grands prêtres qui les appuyaient, se soulève au nom du jeune Pygmalion. Sicharbaal est assassiné, Pygmalion est proclamé roi ; mais Élissar et l'aristocratie tyrienne peuvent charger une flotte de toutes leurs richesses, quitter la ville et aller fonder Carthage, vers l'an 790.

Pygmalion. — Pygmalion, après le départ de sa sœur et de l'aristocratie qui avaient fondé Carthage, resta roi de Tyr. Le parti populaire lui laissa exercer une sorte de pouvoir absolu, en ce qui concernait la religion, la justice, le gouvernement ; mais ce fut la masse du peuple avec ses passions, son irréflexion, qui gouverna en réalité. Tantôt les Tyriens, par crainte de la guerre, demandaient qu'on payât le tribut aux Assyriens, tantôt ils se soulevaient tumultueusement en parlant d'indépendance, poussant toujours le gouvernement aux résolutions extrêmes dans la soumission comme dans la révolte. Pygmalion reconnut la domination Assyrienne et les Tyriens profitèrent des luttes qui dans les régions de l'Archipel et de la Grèce éclataient entre Doriens et Ioniens pour ressaisir leurs anciennes possessions dans ces pays.

Après une période de décadence momentanée de la puissance Ninivite, Téglath-Phalasar reconstitue l'Empire assyrien et lève de nouveau le tribut sans trouver de résistance chez les Phéniciens. Cependant la démocratie à Tyr se lassait de cette obéissance et Mathan II se révolta de concert avec Phacée de Samarie. Phacée fut tué par Osée, et Mathan se soumit aussitôt.

Elouli. — Quatre ans après, Elouli devint roi de Tyr vers 726. C'était la faveur populaire qui l'appelait à la royauté; mais il lui fallait pour conserver cette faveur faire des guerres heureuses. Il parvint bien à sauver l'île de Chypre par une expédition heureuse à Citium, mais ses alliés les rois de Gaza et le roi Éthiopien d'Égypte perdirent la bataille de Raphia; lui-même fut assiégé dans Tyr par Salmanasar. Salmanasar mourut pendant le siège que Sargon continua. Les autres cités phéniciennes avaient formé une flotte qui joignit ses efforts à ceux de Sargon, mais les Tyriens se défendirent avec une extrême énergie.

Les Assyriens prennent Chypre. — Les Assyriens finirent par lever le siège, mais se vengèrent en enlevant l'île de Chypre où Sargon fit planter une stèle de victoire dans la ville de Citium. En même temps que Chypre les Tyriens perdirent l'île de Thasos, si importante par ses mines et à cause des exploitations d'or et de bois du Pangée, et qui leur fut enlevée par les Pariens. Elouli, en apprenant la mort de Sargon, se souleva et rétablit la suzeraineté de Tyr sur les villes de Phénicie; mais Sinachérib arriva avec une armée et reçut la soumission d'Arad, de Sidon et des villes voisines. Elouli se retira derrière les murailles de Tyr, mais ne put résister avec le même bonheur qu'au temps de Sargon. Élouli s'enfuit et disparut; Sinachérib, en même temps qu'il faisait graver sur les rochers qui dominent le Nahr-el-Kelb le récit de ses triomphes, imposa aux Tyriens comme roi Ithobaal.

Chute de la puissance de Tyr. — La conquête assyrienne avait eu pour effet de rétablir l'égalité entre

Galère phénicienne.

les villes phéniciennes et de replacer Gebal, Sidon, Sarepta au rang de Tyr. Cependant le joug assyrien était lourd à porter ; il y avait chez les généraux et gouverneurs ninivites une dureté et une rapacité bien différentes du gouvernement plus débonnaire des anciens Égyptiens. Les Sidoniens se révoltèrent contre Assur-Haddon qui prit la ville, la détruisit et emmena en captivité une partie des habitants. Les autres cités phéniciennes, craignant un sort semblable, avaient payé le tribut : mais à l'avènement d'Assurbanipal, nouvelle révolte. Arad, qui avait reçu les émigrés de Sidon, résista quoique inutilement ; son roi se tua et les Assyriens imposèrent un nouveau chef.

Cependant la puissance de Ninive disparaissait et les Phéniciens purent se réjouir d'être délivrés de ces maîtres terribles et féroces; aussi firent-ils bon accueil à Néchao. La domination égyptienne était une sorte de protectorat fort supportable, et les Phéniciens, vassaux de Néchao accomplirent pour son compte un grand voyage autour de l'Afrique. Néchao ne put conserver longtemps la Syrie, malgré sa victoire de Mageddo sur Josias de Juda, parce que les Chaldéens de Nabuchodonosor lui infligèrent la grande défaite de Karkemisch et le rejetèrent vers l'Égypte.

Nabuchodonosor prend Tyr en 574. — La domination des Chaldéens n'était pas mieux accueillie en Phénicie que le gouvernement des Ninivites ; aussi l'avènement d'Apriès d'Égypte détermina-t-il les Tyriens et Sédécias de Juda à se révolter. Nabuchodonosor prit Jérusalem en 588, saccagea la basse Égypte et vint mettre le siège devant Tyr. Ithobaal et les Tyriens opposèrent une résistance désespérée ; il n'y avait pas de pitié à attendre des Chaldéens et de leurs alliés, que l'ardeur du pillage animait. Tyr succombait huit ans après Jérusalem. Ithobaal et les Tyriens furent emmenés captifs en Babylonie ; ceux des habitants qui purent s'embarquer gagnèrent Carthage et les ruines de la ville restèrent pour quelque temps vides d'habitants.

Abaissement des Phéniciens. — Après la ruine de Tyr, les autres villes phéniciennes, redoutant un sort semblable, se joignirent aux autres vassaux maritimes des Chaldéens, Cariens et Cypriotes, pour combattre Apriès d'Égypte. Sidon, rivale de Tyr et qui s'était réjouie de sa chute, se conduisit en sujette dévouée des Chaldéens et reçut de grandes marques de la faveur de Nabuchodonosor. Le roi de Sidon était Aschmounazar dont le sarcophage est au Louvre; l'inscription funéraire rappelle que le seigneur des seigneurs, Nabuchodonosor, a donné au roi la riche plaine de Saron, avec les deux villes de Dor et de Joppé. Tyr fut rebâtie cependant et continua d'avoir des chefs particuliers ; mais l'anarchie y resta grande et les prétendants s'y succédèrent en armant des mercenaires et en soulevant le peuple.

Enfin Nabou-Nahid de Babylone envoya Maharbaal qui régna quatre ans et dont le frère Hiram régnait au moment où Cyrus prit Babylone. Les villes de Phénicie se soumirent sans difficulté à la domination des Perses; elles payèrent à ceux-ci le tribut et elles leur fournirent des vaisseaux. Les Phéniciens servirent les Perses comme ils avaient servi les Egyptiens et les Assyriens; mais leur rôle, dans l'histoire du monde, rôle capital puisqu'ils avaient été en quelque sorte les missionnaires de la civilisation antique, était fini à jamais.

SUJETS A TRAITER :

Exposer l'histoire de Tyr sous la domination assyrienne.
Raconter la grandeur, la chute et la ruine de Tyr.

CHAPITRE VI

CARTHAGE

SOMMAIRE :

I. Didon ou Élissar fonde la ville de Byrsa ou Carthage vers l'an 790 avant Jésus-Christ.

II. Carthage fonde d'abord un empire territorial africain qui s'étend du côté de Cyrène jusqu'à la grande Syrte et du coté de l'ouest jusqu'au détroit de Gibraltar.

III. Carthage hérite des colonies de Tyr après la ruine de celle-ci.

IV. Elle lutte contre les Phocéens et autres Grecs qui sont battus à Alalia.

V. Le Sénat de Carthage ordonne les grands voyages d'Hannon le long des côtes de l'Afrique et d'Himilcon sur le chemin des Cassitérides.

VI. Le gouvernement de Carthage se compose de deux suffètes, de vingt-huit sénateurs, du conseil des Dix, du tribunal des Cent et en certains cas l'assemblée populaire se réunit.

Fondation de Carthage. — Carthage s'éleva dans une situation incomparable, au fond d'une grande rade qui s'ouvre à l'extrémité de l'Afrique, entre le cap Bon et le cap Blanc, en face de la Sicile, sur le grand détroit qui unit les deux bassins de la Méditerranée. Il y avait là un promontoire relié à la côte par une étroite langue de terre, dont on pouvait faire une ville très forte, et, à côté, le plus sûr ancrage pour les vaisseaux de toute la côte septentrionale d'Afrique. Sur cette rade s'ouvrait la vallée du

Bagradas ou Modjerdah, arrosant une contrée extrêmement fertile en grains, avec des forêts, des bois d'oliviers et d'orangers ; l'eau de source était partout abondante. Il y avait là réunies toutes les conditions de richesses du sol, de commodités pour le commerce et la défense du pays et d'absence de grands États voisins, qui devaient permettre de fonder un grand établissement.

Didon. — L'arrivée de Didon ou Élissar avec ses compagnons remontait à peu près à l'an 790 avant Jésus-Christ. La ville s'appela Byrsa, d'un nom local sans doute ; mais la légende donnait une autre origine et racontait que Didon avait acheté de Iarbas, roi des habitants de la côte d'Afrique, l'espace que pourrait couvrir la peau d'un bœuf, qu'elle découpa cette peau en lanières très minces et entoura le rocher où elle éleva la citadelle de Byrsa. Les Phéniciens désignèrent tout simplement cet établissement sous le nom de Kiriath-Hadeshat, la Ville Neuve, ou plus brièvement Karth-Hadshât, ce qui est à peu près le mot de Carthage.

Carthage grandit. — Il est certain que la ville paya d'abord un tribut aux Berbères indigènes; mais les Carthaginois ne tardèrent pas à fonder un très sérieux et redoutable empire. A l'exemple des Romains, les Carthaginois comprirent dans cet empire des alliés, traités presque en égaux, des possessions directes, composées du territoire voisin de Carthage, la Zeugitane et la Byzacène, et d'îles, et enfin de nombreuses villes jouissant de privilèges plus ou moins étendus suivant leur importance ou leurs services. Toutes les parties de l'empire carthaginois payèrent à la métropole des tributs qui lui permirent d'entretenir en tout temps de nombreux mercenaires, des éléphants de combat et des navires de guerre en nombre respectable.

Possessions africaines de Carthage. — Au

nord de Carthage s'élevaient les deux colonies tyriennes d'Hippone-Zaryte ou Bizerte et d'Utique ; ces villes reconnurent l'hégémonie carthaginoise ; mais Carthage ne les considéra que comme des alliées. Clypea dans la Byzacène était dans une semblable condition privilégiée. Carthage trouvait des alliés moins respectés mais aussi précieux dans les Libyphéniciens, peuple formé du mélange des Chananéens agriculteurs chassés par Josué et des tribus indigènes ; la communauté de langue et de religion les rapprochait des Carthaginois qui s'en servirent pour coloniser la Zeugitane et la Byzacène, c'est-à-dire le Tell tunisien d'aujourd'hui. La vallée de la Medjerdah fut remontée par les colonies agricoles ; on comptait principalement les villes de Zama, de Vacca, de Sicca, de Bulla, cette dernière à quatre journées de marche de Carthage. Celle-ci, outre qu'elle demandait de lourds impôts, interdisait la formation de milices locales et défendait de fortifier les villes, de telle sorte que plus tard les ennemis de Carthage purent occuper sans peine tout le territoire voisin de la ville.

La Byzacène. — La Byzacène était encore mieux arrosée et plus fertile que la Zeugitane, et les riches Carthaginois y possédaient d'immenses domaines qu'ils faisaient cultiver par de très nombreux esclaves. Dans la Byzacène s'élevèrent les villes d'Adrumète, qui est à peu près la ville de Sousse, la petite Leptis, Thapsus, Tysdrus, Tacapé ou Cabès qui est aujourd'hui Gabès. Au delà de Cabès commençait la Tripolitaine, ainsi nommée des trois villes principales qui s'y trouvaient, au bord de la côte, au point de départ des routes de caravanes qui, par le pays des Nasamons et des Garamantes, se rendaient au Soudan, au cœur de l'Afrique. Ces trois villes étaient Œa, aujourd'hui Tripoli, Sabrata et la grande Leptis ou Lebedah, colonie si riche, que le tribut qu'elle payait aux Carthaginois s'éleva jusqu'à un talent par jour.

Lutte de Carthage avec Cyrène. — En s'avançant encore le long de la côte des Syrtes, les Carthaginois rencontrèrent les Grecs de Cyrène. C'étaient des Grecs de l'île de Théra, qui, avec Battus leur roi, étaient venus fonder Cyrène au pays des Libyens, vers le milieu du septième siècle avant Jésus-Christ. Les Cyrénéens appelèrent à eux les aventuriers de la Grèce, refoulèrent les Libyens et devinrent des voisins incommodes pour l'Egypte. Apriès, en voulant les combattre, éprouva la défaite d'Irasa, qui lui coûta le trône par suite de la révolte des troupes à leur retour. Carthaginois et Libyens ne pouvant s'entendre sur une frontière commune, on convint que deux Carthaginois et deux Cyrénéens partiraient des deux villes de Carthage et de Cyrène, et que le lieu où ils se rencontreraient serait la frontière.

Les Philènes. — Carthage avait choisi deux frères, les Philènes, qui firent grande diligence et donnèrent un grand avantage à leur ville ; mais il y eut mauvaise foi de la part des Cyrénéens. Ils finirent par proposer aux deux envoyés de Carthage d'attribuer le pays contesté à celui des deux peuples dont les représentants consentiraient à se laisser enterrer vivants. Les Philènes acceptèrent, dit la légende, cette mort atroce, et les autels qui leur furent consacrés s'élevèrent sur la côte de la grande Syrte à la frontière commune des deux pays.

Carthage s'étend jusqu'au détroit de Gibraltar. — Du côté de l'ouest les Carthaginois fondèrent une suite de comptoirs, tout le long de la côte de la Numidie et de la Mauritanie jusqu'au détroit de Gibraltar et aux colonnes d'Hercule. Les gens du pays avaient reçu des Grecs le nom de Numides ou Nomades à cause de leurs déplacements continuels. Ils ne purent arrêter les progrès des Carthaginois qui fondèrent ou occupèrent sur la côte les villes de Tabraca, à l'embouchure de la Tusca ou Oued-el-Berber ; de

Collops ou de Collo, près du cap Triton, de Jol, plus tard Cæsarea ou Cherchell, et de Siga, à l'embouchure de la Malva ; cette dernière ville était non loin d'Oran. Tel était l'empire territorial africain fondé par Carthage.

La colonisation carthaginoise après la ruine de Tyr. — Carthage hérita des colonies de Tyr dans la Méditerranée occidentale lorsque la métropole de la côte phénicienne eut été détruite par Nabuchodonosor en 574. Ce grand événement fut rapidement connu chez les peuples sujets, qui aussitôt se jetèrent sur les colonies tyriennes ; elles les jalousaient tout en leur devant le plus souvent d'être sorties de la barbarie et de savoir tirer du sol des richesses qui, il est vrai, allaient aux Phéniciens pour une bien large part. Les montagnards des Pyrénées, les Sardes, les Espagnols se jetèrent sur les établissements tyriens et en pillèrent un certain nombre. Un danger plus sérieux encore venait des Grecs qui étaient résolument devenus les rivaux de la marine et du commerce des Phéniciens. Les Grecs avaient débarqué sur la côte de Sicile, où ils rencontrèrent une résistance acharnée de la part des Sicules.

Rivalité de Marseille. — De la grande ville ionienne de Phocée était parti Euxène que les hasards de la navigation jetèrent sur la côte provençale, où il fonda Marseille en l'an 600. Comme étape entre Phocée et Marseille, les Phocéens occupèrent la rade d'Alalia ou Aleria sur la côte de Corse et espérèrent dominer de la sorte sur la mer de Toscane et le golfe de Ligurie, malgré les marines des petits peuples latins. Lorsque Phocée fut détruite par les Perses, les Phocéens quittant leur ville vinrent augmenter considérablement la population de leur grande colonie de la Méditerranée occidentale et purent fonder sur la côte espagnole les comptoirs marseillais de Mænacé, Hemeroscopium, Alonis et Ampuriæ qui aujourd'hui est

Ampurias. Pyrène, aujourd'hui Elne, fut également fondée un peu au nord du cap de Creuz après que les Phocéens eurent détruit Ruscino, le grand entrepôt phénicien des métaux de cette région et notamment de l'or que charriait alors abondamment l'Ariège.

Bataille d'Alalia (536). — Le danger était donc grand pour les colonies tyriennes, mais quand elles se furent ralliées sous l'hégémonie de Carthage, qui avait des navires, des soldats mercenaires, cette sorte de domination des Grecs fut bientôt renversée. Carthage s'était alliée aux Etrusques et de concert avec eux gagna la bataille d'Alalia qui, en 536, ruina la puissance des Phocéens. Carthage détruisit les comptoirs phocéens de Mænacé, Hemeroscopium, Alonis et Ampuriæ et, victorieuse des Grecs, reprit pour son compte la colonisation tyrienne.

Colonisation en Sardaigne et aux Baléares. — Malchus fut envoyé en Sardaigne avec une armée nombreuse ; il répara les murailles de Caralis, occupa les points principaux de l'île et on se mit à cultiver toutes les parties fertiles en employant pour de l'argent distribué abondamment les gens du pays comme laboureurs et comme soldats. La peste, malheureusement, décima les troupes de Malchus et on le rappela sous prétexte que les dieux étaient irrités, en réalité parce qu'on craignait qu'il ne se fît de la Sardaigne un royaume. Il revint furieux devant Carthage, fit mettre en croix son fils Carthalo qui avait refusé de s'associer à sa révolte ; il prit même Carthage et y fut quelque temps le maître jusqu'au jour où le sénat put le faire mettre en croix. Magon, de la famille des Hannons, réorganisa l'État bouleversé par Malchus et étendit encore les conquêtes de celui-ci en Sardaigne. Les Baléares furent occupées par Magon qui fonda dans l'île de Minorque la ville de « Portus Magonis » ou Port-Mahon. Les Baléares fournissaient des frondeurs renommés.

Voyages d'Hannon et d'Himilcon. — Encouragé par d'heureuses entreprises en Sardaigne, aux Baléares, en Sicile, le sénat ordonna que l'on reprît le chemin des côtes d'Afrique et le chemin des îles Cassitérides suivi par les Tyriens. Ce furent les fameux voyages d'Hannon et d'Himilcon. Le sénat avait déclaré qu'Hannon naviguerait au delà des colonnes d'Hercule et emmènerait, sur soixante navires pourvus de toutes choses, des Libyphéniciens, hommes et femmes, que l'on déposerait sur les points les plus favorables à l'établissement de colonies.

Le récit du voyage d'Hannon a été conservé et on sait qu'Hannon fit occuper par des colons Tanger, Mogador, Agadir, reconnut un fleuve qu'il appela Lixus et qui est l'Oued-Draa. L'île d'Arguin qu'il appela île de Cerné fut le principal établissement. Hannon nota avec la plus scrupuleuse exactitude d'observation les coutumes des noirs, les incendies qu'ils allumaient après la moisson pour fertiliser la terre, leurs danses qu'ils font la nuit parce que la chaleur du jour est trop grande; Hannon fit donner la chasse aux hommes sauvages ou grands singes et apporta les peaux de trois femelles qu'il appelait des gorgones et qui étaient des gorilles. Hannon descendit ainsi jusqu'au golfe de la Guinée, nouant des relations pour le commerce d'échange des poteries, des étoffes et des bijoux contre la poudre d'or, l'ivoire et les poissons séchés dont l'île de Cerné fut le grand entrepôt.

Himilcon avait reçu dans le même temps ordre de partir de Gadès pour mieux fixer la route du commerce de l'étain. Il doubla donc le cap Saint-Vincent ou promontoire Sacré, longea les côtes du golfe de Gascogne où les populations inhospitalières refusaient d'accueillir les Phéniciens, puis il vint nouer à Nantes et à Vannes, chez les Namnètes et les Vénètes, d'intimes relations commerciales. Non seulement les Sorlingues ou Cassitérides, mais l'île Sainte ou Irlande, Albion ou l'Angleterre, et particulièrement la Cornouailles fournirent leurs richesses métalliques.

Traité avec Rome en 509. — Les Carthaginois signèrent un traité avec les Romains dont la puissance grandissait, en 509, un an après l'expulsion des Tarquins et ce traité de commerce a été conservé par Polybe. Ni les Romains, ni leurs alliés, disait le traité, ne devront naviguer au delà du cap Bon ; si sur la côte d'Afrique ou de Sardaigne ils veulent trafiquer, ce sera par l'intermédiaire d'un interprète et en présence d'un greffier de l'État carthaginois. De même les Carthaginois s'interdisaient de paraître sur les côtes du Latium. C'était le partage de la domination dans la mer Tyrrhénienne, mais quiconque était pris par les Carthaginois au delà de la Sardaigne et sur la route du détroit de Gadès était noyé. Carthage ayant appris que Cambyse avait songé à marcher coutre elle, envoya un tribut à Darius, fils d'Hystape et déclara qu'elle consentait à reconnaître la suzeraineté du roi des Perses.

Constitution de Carthage. — Le gouvernement de Carthage s'était formé pendant ces trois premiers siècles de son histoire. A l'origine elle avait eu des rois ; puis son gouvernement devint, au rapport d'Aristote, une oligarchie qui se rapprochait de la démocratie. La conduite des affaires appartint au Conseil des Anciens qui, comme le sénat de Sparte, se composait de deux rois annuels appelés suffètes ou sopphetim, c'est-à-dire Juges, et de vingt-huit sénateurs élus aussi annuellement par les citoyens. Le sénat déléguait ses pouvoirs à un comité permanent de dix membres qui expédiait les affaires administratives et militaires, ordonnait les expéditions lointaines, les fondations de colonies, signait les traités de commerce, réglait les préparatifs de guerre, nommait le général et plaçait à côté de lui une commission de sénateurs parmi lesquels on prenait généralement le commandant en second. Le général commandait en maître absolu à l'armée, mais devait rendre compte de ses actes à sa sortie de charge et parfois on le mettait en croix. Son commandement pouvait se prolonger plusieurs années. Le cumul des fonctions était permis et il arriva souvent que le même personnage était suffète et général.

Les Cent. — Les Suffètes et le Sénat se trouvaient en fait au-dessous du tribunal des Cent qu'on a appelé le boulevard de l'oligarchie carthaginoise. Ce tribunal était né de l'opposition aristocratique aux éléments monarchiques et populaires. La vénalité des offices, le petit nombre des chefs du gouvernement faisaient craindre qu'une famille n'arrivât à dominer les autres par la richesse et la réputation militaire. On créa les Cent, dit Justin, lorsque la famille de Magon menaça la liberté par sa trop grande puissance. Ce tribunal se divisait en groupes de cinq membres qui, annuellement, recrutaient leurs membres par cooptation. L'assemblée populaire se composait de tous les citoyens qui possédaient quelque fortune ; elle ne se réunissait que rarement, lorsqu'il y avait division entre les pouvoirs publics ; mais ses décisions étaient souveraines.

Puissance de Carthage. — Ce gouvernement de Carthage était économe, prudent, et Carthage devint la ville la plus riche du monde. Elle ne fut pas sans avoir le goût des lettres, des arts et surtout des sciences. Toutefois, si les Carthaginois firent composer ou traduire des Grecs des ouvrages de géographie, d'agriculture, de science astronomique et navale, ils ne firent jamais à l'art et à la science qu'une place subordonnée. En somme, Carthage nous apparaît comme une cité où des richesses prodigieuses sont accumulées dans les mains d'un certain nombre de familles qui, d'ailleurs, les emploient surtout à construire de nouveaux navires, à fonder de nouvelles colonies lointaines pour devenir encore plus riches, de sorte que si les Carthaginois, à cause de leur sécheresse, de leur dureté, n'excitent pas la sympathie, il faut reconnaître cependant que leur rôle a été extrêmement important et qu'ils ont servi, comme les peuples qu'on accuse un peu trop facilement d'égoïsme, les Génois, les Vénitiens, les Anglais, les intérêts généraux de l'humanité.

SUJETS A TRAITER :

Raconter la fondation de Carthage et de son empire territorial africain.

Exposer la colonisation carthaginoise.

Exposer la constitution de Carthage.

LIVRE V

LES MÈDES, LES LYDIENS ET LES PERSES

CHAPITRE PREMIER

LES MÈDES

SOMMAIRE :

I. L'Iran est un vaste plateau qui tire son nom des Aryas qui viennent l'habiter après avoir quitté la Bactriane.

II. Les Iraniens sont des Japhétites et les Mèdes et les Perses sont les deux principales familles iraniennes.

III. La Médie est une région bonne et saine, élevée et montagneuse avec des pâturages qui nourrissent des chevaux estimés.

IV. Les Mèdes sont soumis dès le dixième siècle avant J.-C. par les Assyriens dont la civilisation et les usages religieux se répandent en Médie.

V. Les Mèdes deviennent indépendants par la révolte de leur chef Arbace. Déjocès fonde la royauté et bâtit la ville d'Ecbatane aux sept enceintes.

VI. Phraorte, fils de Déjocès, attaque les Assyriens, mais il est vaincu et tué à Ragau, l'an 645.

VII. Cyaxare, fils de Phraorte assiège Ninive, mais les Scythes, venus du nord et qui sont les

ancêtres des Tartares, se jettent sur l'Asie qu'ils occupent pendant vingt-huit années.

VIII. Cyaxare prend Ninive en 625 et transmet le trône à son fils Astyage qui sera dépouillé par son petit-fils Cyrus, chef des Perses.

L'Iran. — A l'est du Tigre et à l'ouest de l'Indus, entre le golfe Persique au sud, la mer Caspienne et les vallées de l'Oxus et de l'Iaxarte au nord, s'étend un vaste plateau long de plus de deux mille kilomètres et d'une largeur qui varie de mille à cinq cents kilomètres. Ce plateau est élevé et ses talus sont formés depuis le massif arménien de l'Ararat par les monts du Kurdistan, c'est-à-dire du pays des Assyriens à l'ouest, par les monts du Farsistan, du Kirman et du Beloutchistan du sud, à l'est par les monts Soliman, au nord par les monts de l'Hindou-Koh, du Khorassan et de l'Elbourz. L'Iran comprend une suite de plateaux nus, arides et sablonneux, mais aussi dans le voisinage des montagnes, des vallées bien arrosées et fertiles.

Les Aryas ou Iraniens. — Le nom d'Iran vient d'Aryâna ou pays des Aryas, parce que dès une très haute antiquité le plateau a été peuplé par des Japhétites ou Aryas, de même race que les conquérants de l'Inde, ainsi qu'on l'établit par la comparaison des langues. Hérodote d'ailleurs dit formellement que les Mèdes étaient Aryens et la Bible fait descendre Madaï de Japhet. Ces Aryas ou Iraniens étaient partis de la Bactriane qui, dans le domaine de la race indo-européenne, fut la région la plus anciennement civilisée.

Zoroastre, disait la tradition, était l'auteur de cette civilisation et il avait enseigné aux hommes le culte d'Ormuzd, le pur esprit de bonté dont Mithra ou le Soleil est le fils, et que l'on honore par la pure flamme allumée sur l'autel de pierre. Ahriman est au contraire le principe du Mal, le créateur et le plus puissant des mauvais génies dont il se faut constamment garder. C'était pour n'avoir pas voulu accepter la réforme religieuse de Zoroastre et pour avoir voulu rester fidèle à la religion des Vêdas, au culte des puissances de la nature que les Aryas orientaux s'étaient dirigés vers l'Inde, pendant que les Iraniens portaient à l'est leur culte d'Ormuzd et de Mithra, que l'on appela en Grèce Zeus ou Jupiter et Apollon.

Marche des Iraniens. — De la Bactriane les Iraniens avaient passé dans l'Arie, dans la Parthiène ou Khorassan, au sol fertile, riche en métaux. De là ils arrivèrent à la mer Caspienne. Les provinces du nord de l'Iran, dominées par la haute chaîne du Démavend et de l'Elbourz, baignées par la mer Caspienne, ont un climat chaud et humide, un sol marécageux ou montueux, mais riche et se prêtant à toutes les cultures, avec de grandes forêts où le tigre et les serpents abondent : c'était l'ancienne Hyrcanie. Enfin la partie occidentale et méridionale du plateau de l'Iran forma les deux grandes régions de la Médie et de la Perse.

La Médie. — La terre des fils de Madaï, la Médie s'appelle en pehlvi ou persan vulgaire Aderbaïdjan, ce qui signifie « Maison de feu », parce que les sectateurs de Zoroastre y avaient apporté leur culte du feu. Le pays d'ailleurs avec ses sources de naphte que l'on enflamme, ses secousses volcaniques fréquentes, avait dû leur paraître dès leur arrivée une terre sacrée. Aux époques grecque et romaine le pays s'appela l'Atropatène du nom du satrape Atropatès à qui Alexandre en laissa le gouvernement après la mort de Darius. Le climat de la Médie était bon et sain, rigoureux, il est vrai, en hiver, et très chaud en été, mais le pays était pourvu d'arbres, bien arrosé, avec d'excellents pâturages qui nourrissaient un bétail et des chevaux très estimés.

Les Mèdes. — Les Mèdes et les Perses furent les plus

remarquables des peuples iraniens, mais leur civilisation ne fut pas comme en Bactriane purement aryenne; elle se développa en partie sous l'influence assyrienne, et les Mèdes précédèrent les Perses dans le développement de cette civilisation.

C'est vers le dixième siècle avant Jésus-Christ que les Assyriens entrèrent en Médie et leur domination modifia la religion et les coutumes des Mèdes. Des prêtres chaldéens s'établirent au milieu des Mèdes sous le nom de mages et mêlèrent au culte d'Ormuzd l'adoration des sept grandes divinités sidérales des Chaldéo-Babyloniens et tout particulièrement le culte d'Istar. La religion des Mèdes, par l'influence des mages, consista surtout en sacrifices et en pratiques nombreuses de sorcellerie et de divination, qui, plus tard, indignaient les Perses restés fidèles au Zoroastrisme pur.

Les Assyriens en Médie. — La domination assyrienne en Médie eut pour résultat de policer dans une certaine mesure les Mèdes, tandis que les Perses demeuraient dans un état voisin de la barbarie. Cyrus verra plus tard avec admiration son grand-père Astyage qui, ayant pris les usages des rois assyriens, avait les yeux peints, le visage fardé, une chevelure artificielle et un manteau de pourpre et s'écriera : « Ma mère, que mon aïeul est beau ! » Cependant la contrée échappa au joug des Assyriens par l'effort d'un chef local nommé Arbace, disait la tradition.

Déjocès. — La Médie était devenue libre, mais elle restait partagée en nombreux cantons ; il n'y avait pas de lois, pas de justice équitablement rendue. Alors Déjocès, homme puissant parmi les Mèdes, épris de la royauté, parvint à acquérir une grande réputation de justice. Quand les Mèdes eurent pris l'habitude de se faire juger par lui, il déclara que le souci de ses affaires ne lui permettait plus de continuer à rendre ainsi la justice. Les Mèdes le supplièrent vainement de continuer sa tâche, et les brigandages et l'anarchie régnèrent dans les bourgades avec plus de violence que jamais. Les Mèdes s'assemblèrent, sur le conseil des amis de Déjocès, et offrirent à celui-ci la couronne. Il commanda qu'on lui bâtît un palais royal et qu'on lui donnât pour sa sûreté des gardes qu'il pourrait choisir dans toute la nation.

Roi de Perse sur son trône.

Fondation d'Ecbatane. — Déjocès ne fut pas plustôt sur le trône qu'il obligea ses sujets à bâtir une ville, à l'orner et à la fortifier. Les Mèdes, dociles à cet ordre, bâtirent Ecbatane dont les murs concentriques furent renfermés l'un dans l'autre et construits de manière que chaque enceinte ne surpassait l'enceinte voisine que de la hauteur des créneaux. L'assiette du lieu s'élevant en colline en facilita les moyens. Il y eut en tout sept enceintes, et dans la dernière, le palais et le trésor du roi. Les créneaux de la première enceinte étaient peints en blanc; ceux de la seconde en noir; ceux de la troisième en pourpre; ceux de la quatrième en bleu; ceux de la cinquième étaient d'un rouge orangé ; quant aux deux dernières, les créneaux de l'une étaient argentés et les autres dorés. L'influence chaldéenne se manifestait visiblement dans ce chiffre cabalistique de sept enceintes. Le reste du peuple avait reçu ordre de se loger autour des murailles.

Déjocès établit alors pour règle que personne n'entrerait chez le roi, que personne ne le verrait et que toutes les affaires s'expédieraient par l'entremise de ministres qui lui adresseraient leurs rapports. Ces règlements faits et son autorité affermie, Déjocès rendit sévèrement la justice. Les procès lui étaient envoyés par écrit; il les jugeait et les renvoyait avec sa décision. Ainsi Déjocès avait rassemblé tous les Mèdes en un corps de nation.

Phraorte. Défaite de Ragau. — Déjocès mourut après un règne de cinquante-trois ans, et son fils lui succéda. Le royaume de Médie ne lui parut pas suffisant. Il attaqua d'abord les Perses et les assujettit; puis il soumit tout le pays qui avait appartenu aux Assyriens, à l'exception de la partie de la nation qui habitait Ninive. Quoique les Assyriens, autrefois maîtres de l'Asie, fussent alors seuls et abandonnés de leurs alliés qui avaient secoué le joug, ils eurent encore assez de force pour repousser les Mèdes, vers 645, dans la grande plaine appelée Ragau, près de l'Euphrate et du Tigre. Phraorte périt dans cette expédition avec la plus grande partie de son armée, après avoir régné vingt-deux ans.

Cyaxare. — Cyaxare, fils de Phraorte, ramena les Mèdes sur le plateau de l'Iran. Il fut encore plus belliqueux que son père; il sépara le premier les Iraniens en différents corps de troupes et assigna aux piquiers, à la cavalerie, aux archers des rangs séparés, tandis qu'avant lui tous les genres de combattants étaient confondus. Il fit la guerre aux Lydiens et soumit toute l'Asie en deçà du fleuve Halys. Il rassembla toutes ses forces pour marcher contre Ninive et venger son père. Déjà il avait vaincu les Assyriens en bataille rangée et faisait le siège de Ninive, lorsqu'il fut assailli par une nombreuse armée de Scythes. Les Mèdes ayant livré une bataille aux Scythes la perdirent avec tout l'empire de l'Asie.

Les Scythes. — Ces Scythes, ancêtres des Tartares dominèrent pendant vingt-huit années sur l'Asie en la ravageant. Leur nombre ayant enfin notablement diminué, Cyaxare et les Mèdes en invitèrent à une fête la plus grande partie et les tuèrent après les avoir enivrés. Les Mèdes recouvrèrent par ce moyen l'empire sur les pays qu'ils avaient autrefois possédés. Ils prirent Ninive en 625, et subjuguèrent tout l'ancien empire d'Assyrie. Cyaxare mourut, après avoir régné quarante ans, y compris le temps que dura la domination des Scythes.

Astyage. — Astyage, fils de Cyaxare, lui succéda et vécut pacifiquement, en tyran sensuel et soupçonneux. Il avait une fille, nommée Mandane, au sujet de laquelle il eut un songe effrayant que les devins interprétèrent en lui disant que de sa fille naîtrait un fils qui le détrônerait. Comme il craignait par suite que quelque Mède influent ne lui ravît sa couronne, il maria sa fille à Cambyse qui était l'un des premiers parmi les Perses ; mais Astyage regardait les Perses même les plus distingués comme bien inférieurs aux Mèdes. Un nouveau songe effraya Astyage au moment de la délivrance de Mandane et le roi ordonna la mort de l'enfant. Il le remit à Harpage, celui des Mèdes qui lui était le plus attaché, mais Harpage ne voulut pas tuer lui-même un enfant de sang royal et manda le berger Mithradate, qu'il savait mener les troupeaux d'Astyage sur les montagnes les plus fréquentées par les bêtes féroces. C'était au pays des Sapires, dans une région de forêts. La femme de Mithradate, Spaco, venait d'accoucher d'un enfant mort; on exposa celui-ci avec les riches ornements de l'enfant royal et le berger éleva le petit-fils d'Astyage. Harpage ayant envoyé sur les lieux ses esclaves les plus fidèles, crut à la mort du fils de Mandane. Celui-ci, élevé par Mithradate, avait dix ans lorsque les enfants du village l'ayant élu roi, il fit battre de verges le fils d'Artembarès, homme puissant, qui alla se plaindre à Astyage. Celui-ci se fit amener l'enfant du bouvier, fut frappé de ses traits et fit mettre à la question Mithradate qui avoua tout. Astyage tira une vengeance atroce d'Harpage en lui faisant manger la chair de son propre fils et l'on envoya le jeune prince en Perse, où il grandit sous le nom de Cyrus.

Complot d'Harpage. — Harpage s'assura l'assentiment d'un grand nombre de Mèdes, indignés de ce qu'Astyage ne faisait plus d'expéditions guerrières et envoya à Cyrus, dans un lièvre, une lettre pour le pousser à la révolte. Cyrus accepta. Avec une prétendue lettre d'Astyage il appela auprès de lui les Perses et leur ordonna, le premier jour, de défricher péniblement un canton, le lendemain de faire bonne chère. Il leur demanda quel était le genre de vie qu'ils préféraient, et leur promit qu'avec l'indépendance et les conquêtes lointaines ils auraient les richesses.

Les Perses furent entraînés et marchèrent contre les Mèdes. Astyage eut la folie de remettre le commandement de ses troupes à Harpage. Quand la bataille s'engagea, Harpage passa du côté de Cyrus avec une partie des Mèdes. Une nouvelle bataille fut livrée par le roi lui-même en avant d'Ecbatane et perdue parce que le roi d'Arménie, Tigrane Ier, avait joint ses efforts à ceux de Cyrus pour renverser Astyage que l'on tua bientôt. Il avait régné trente-cinq ans. C'est ainsi que les Mèdes perdirent après cent vingt-huit ans l'empire de la haute Asie en 559.

SUJETS A TRAITER :

Exposer l'histoire de l'empire des Mèdes.

Raconter l'histoire d'Astyage et de Cyrus, son petit-fils.

CHAPITRE II

LE ROYAUME DE LYDIE ET LES PREMIÈRES MONNAIES

SOMMAIRE :

I. Les Lydiens sont des Sémites partis des régions de l'Euphrate, qui viennent s'établir aux bords de l'Hermos et du Pactole et se mêlent au peuple pélasgique des Méoniens.

II. Avec l'or que roule le Pactole les Lydiens font les premières monnaies, les statères d'or.

III. Les Lydiens sont gouvernés par trois dynasties successives, les Atyades, les Héraclides et les Mermnades.

IV. Les Mermnades sont des mercenaires cariens qui profitent du peu d'esprit militaire des Lydiens pour se faire roi avec Gygès, meurtrier de Candaule.

V. Les successeurs de Gygès commencent la soumission des villes grecques d'Ionie que Crésus, le dernier d'entre eux, achève.

VI. Crésus entreprend de lutter au delà de l'Halys contre Cyrus, roi des Perses et des Mèdes.

VII. Crésus est battu à Thymbrée en 548 ; Sardes est prise et l'empire des Lydiens est détruit.

Origine des Lydiens. — Pendant que les Mèdes établissaient par la ruine de Ninive leur domination dans les régions du Tigre et de l'Euphrate, un peuple de Sémites, les Lydiens, enfants de Lud, fils de Sem, dit la Bible, s'étaient avancés par l'Asie Mineure et principalement par la vallée de l'Halys jusqu'à l'Hermos, sur les bords duquel ils se mêlèrent aux Méoniens de race pélasgique. Sur les bords du Pactole, qui descend du Tmolos pour se jeter dans l'Hermos, les Lydiens fondèrent la ville qu'on appela Sardes ou la Ville des Caravanes (du sanscrit çarda, caravane). Les Lydiens jouèrent, ainsi qu'on l'a dit, un rôle semblable à celui des Phéniciens par les relations commerciales qu'ils surent organiser et par le profit qu'ils tirèrent de l'or recueilli dans le Pactole et converti par eux en monnaies.

L'invention de la monnaie. — C'est aux Lydiens que l'on attribue avec Hérodote l'invention de la monnaie. « De tous les peuples que nous connaissions, dit-il, les Lydiens sont les premiers qui aient frappé pour leur usage des monnaies d'or et d'argent et les premiers aussi qui aient fait le métier de revendeurs. »

Il y avait longtemps sans doute que l'or et l'argent étaient adoptés dans l'ancien Orient pour exprimer la valeur des objets; mais dans les ruines de Ninive ou de Babylone on n'a retrouvé aucune pièce frappée suivant un type déterminé, à l'effigie d'un prince ou avec le nom d'une ville. C'était sous forme de lingots, de grosses pièces carrées ou. rondes, d'un poids déterminé, que les Chaldéo-Babyloniens échangeaient avec les Egyptiens, les Arabes et les autres peuples les métaux précieux pour les transactions commerciales.

La mine. — L'unité de compte était le doigt et les cinq doigts formaient une autre unité. En multipliant cette seconde unité par le nombre sacré de 12, chiffre des douze mois et par suite des douze grands dieux, on arrivait à soixante. Ce chiffre de 60 s'appela *mana*, *mna*, *ou mine*. Quand les Grecs connurent par les Orientaux la mine forte de Babylone, celle-ci représentait à peu près un kilogramme d'argent et le soixantième de cette mine forte fut représentée par une pièce d'or de 16 gr. 80 environ, que l'on appela le statère. Par le poids, le statère représentait à peu près une de nos pièces de cinquante francs.

Les Lydiens, qui avaient à leur disposition l'or que charriait le Pactole, marquèrent le métal d'une empreinte convenue qui rendait inutile la balance indispensable antérieurement pour les paiements. Les Grecs, recevant des Lydiens la monnaie, acceptèrent le statère et ses subdivisions et firent des monnaies d'Etat avec une frappe et une marque particulière pour chaque ville.

Les anciens regardaient les Lydiens comme un peuple grandement entendu au commerce et au négoce, aimant les arts et notamment la musique, ayant inventé la flûte et les modes lydiens, mais efféminé et sans esprit militaire

Histoire de Gygès et de Candaule. — Trois dynasties, les Atyades, les Héraclides et les Mermnades, occupèrent successivement le trône de Sardes. Voici, dit Hérodote, comment la souveraine puissance, qui appartenait aux Héraclides, passa dans la maison des Mermnades dont était Crésus. Le roi Candaule, très fier de la beauté de la reine sa femme, avait voulu la faire voir sans les voiles qui enveloppent toute femme d'Orient à son chef des gardes, Gygès. La reine outragée ordonna à celui-ci de tuer Candaule. Gygès obéit et devint roi. Une autre légende rapportait que Gygès était berger du roi Candaule quand il avait trouvé dans les flancs d'un cheval d'airain un anneau merveilleux qui avait la vertu de rendre invisible celui qui le portait et qu'il s'en était servi pour séduire la reine et assassiner Candaule, vers l'an 668, c'est-à-dire vers l'époque d'Assurbanipal, fils d'Assur-Haddon auquel Gygès dut payer tribut.

Les Mermnades. — Gygès, de la famille des

Mermnades, était en somme le chef des mercenaires cariens de la garde royale, mais l'oracle de Delphes, dit Hérodote, l'affermit sur son trône. En effet des Lydiens, indignés de la mort de Candaule, avaient pris les armes, mais ils convinrent avec les partisans de Gygès que si l'oracle le reconnaissait comme roi de Lydie la couronne lui resterait, qu'autrement elle retournerait aux Héraclides. L'oracle prononça en faveur de Gygès à qui le trône fut ainsi assuré, mais la Pythie ajouta que les Héraclides seraient vengés sur les descendants de ce prince.

Gygès, maître de la Lydie, envoya beaucoup d'offrandes à Delphes, quantité de vases d'argent et d'or et entre autres six grands cratères d'or. Dans le même temps il entreprenait de soumettre les colonies ioniennes d'Asie et prenait la ville de Colophon. Son fils Ardys subjugua Priène et eut pour successeurs Sadyatte et Alyatte.

Alyatte. — Ce dernier fit la guerre aux Mèdes et à leur roi Cyaxare, petit-fils de Déjocès. Il chassa de l'Asie les Cimmériens ou Tartares qui l'avaient occupée pendant vingt-huit années et prit la ville de Smyrne, sans pouvoir toutefois enlever Clazomènes. Il ne put pas davantage prendre Milet, bien que pendant douze années il eût ravagé chaque été les terres des Milésiens, auxquels il finit cependant par accorder un traité d'alliance. Il était, dit Hérodote, le second prince de la maison des Mermnades qui envoya des présents à Delphes, un grand cratère d'argent et une coupe damasquinée, ouvrage de Glaucos de Chios qui avait inventé l'art de la damasquinure.

Crésus. — Alyatte étant mort, Crésus son fils lui succéda à l'âge de trente-cinq ans. Il attaqua tout d'abord Ephèse et quand il eut subjugué les Grecs d'Asie et qu'il les eut obligés à lui payer tribut, il pensa à équiper une flotte pour attaquer les Grecs insulaires. Il préféra cependant faire alliance avec eux et subjugua au contraire presque toutes les nations en deçà du fleuve Halys, excepté les Ciliciens et les Lyciens. Ainsi devint-il le maître des Phrygiens, des Mysiens, des Mariandyniens, des Chalybes,

Le roi Crésus sur son bûcher.

des Paphlagoniens, des Thraces d'Asie, c'est-à-dire des Thyniens et des Bithyniens, des Cariens, des colonies ioniennes, doriennes, éoliennes de la côte d'Asie et enfin des Pamphyliens.

Crésus et Solon. — Tant de conquêtes ajoutées au royaume de Lydie avaient rendu la ville de Sardes très florissante. Un jour Solon d'Athènes, dit Hérodote, y arriva et fut reçu avec honneur. Trois ou quatre jours après son arrivée, on lui montra par ordre de Crésus toutes les richesses du roi de Lydie, puis celui-ci lui demanda quel était l'homme le plus heureux que le philosophe eût pu voir, pensant bien que son nom viendrait aux lèvres de Solon. « C est Tellus d'Athènes, dit Solon, parce qu'il a eu des enfants beaux et vertueux, que chacun d'eux lui a donné des petits-fils qui tous lui ont survécu, enfin parce qu'après avoir joui d'une fortune grande, relativement à celles de notre pays, il est mort glorieusement dans un combat des Athéniens contre leurs voisins à Eleusis. »

Solon ajouta qu'il regardait, après Tellus d'Athènes, Cléobis et Biton comme les plus heureux des hommes parce qu'un jour qu'ils avaient traîné, n'ayant pas leurs bœufs, leur mère dans un char au temple de Junon Argienne,la déesse leur avait accordé de s'endormir du dernier sommeil. Comme Crésus s'étonnait que Solon n'admirât pas sa félicité, le sage lui répondit par cette idée toute grecque et qui domina le théâtre antique, que la Divinité est jalouse du bonheur des humains et qu'elle se plaît à le troubler.

Malheurs de Crésus. — Après le départ de Solon, la vengeance des dieux, dit Hérodote, éclata d'une manière terrible sur Crésus, en punition de ce qu'il s'estimait le plus heureux de tous les hommes.Son fils de prédilection, Atys, fut tué dans un accident de chasse de la main d'Adraste, prince étranger auquel Crésus avait donné asile et qui se tua sur son tombeau. Crésus pleura deux ans la mort de son fils, puis apprenant que l'empire d'Astyage, fils de Cyaxare, avait été détruit par Cyrus, fils de Cambyse et que l'empire des Perses prenait chaque jour de nouveaux développements, il résolut d'entamer contre eux une lutte sur l'issue de laquelle il consulta cependant l'oracle de Delphes. « Quand un mulet sera roi des Mèdes, lui répondit la Pythie, fuis alors, Lydien efféminé, sur les bords de l'Hermus ; garde-toi bien de résister et ne rougis point de ta lâcheté. »

Crésus marche sur l'Halys. — Crésus, n'ayant pas saisi le sens de l'oracle, marcha vers l'Halys, fleuve qui descend d'une montagne d'Arménie et séparait les Etats des Mèdes de ceux des Lydiens. Les Cappadociens, de race syrienne, étaient sujets des Mèdes avant la victoire des Perses, et Crésus résolut d'ajouter leur pays à ses États. Quand il fut arrivé sur les bords de l'Halys, il se trouva embarrassé, car il n'y avait pas encore de ponts sur cette rivière, mais Thalès de Milet fit passer à la droite de l'armée le fleuve qui coulait à la gauche, en creusant au-dessus du camp un canal profond en forme de croissant.

Crésus arriva dans la partie de la Cappadoce appelée Ptérie près de Sinope, ville voisine du Pont-Euxin et ravagea le pays, mais après une grande bataille, jugeant qu'il n'avait pas assez de troupes, il se replia vers Sardes.

Cyrus, vainqueur dans la plaine de Sardes.— Cyrus franchit à son tour l'Halys et marcha contre Sardes, tandis que Crésus demandait à ses alliés de Babylonie, d'Égypte et de Lacédémone de venir à son secours au printemps suivant. Quand parurent Cyrus et les Perses, Crésus ne laissa pas de faire sortir les Lydiens et de les mener au combat. Il n'y avait point alors, dit Hérodote, en Asie de nation plus brave, ni plus belliqueuse que les Lydiens. Ils combattaient à cheval avec de longues piques et étaient excellents cavaliers. Il faut ajouter que cela s'appliquait surtout aux mercenaires cariens de la garde des rois lydiens.

Bataille de Thymbrée (548). — Quand la bataille dut s'engager dans la plaine de Sardes près de Thymbrée, Cyrus, craignant la cavalerie lydienne, suivit le conseil du Mède Harpage, rassembla tous les chameaux qui portaient à la suite de son armée les vivres et le bagage et leur ayant ôté leur charge, il les fit monter par des cavaliers avec ordre de marcher en cet équipage à la tête des troupes contre la cavalerie de Crésus. Or, les chevaux lydiens, dit Hérodote, craignant l'odeur des chameaux, se dispersèrent et les Lydiens perdirent ainsi l'avantage sur lequel Crésus avait compté. Toutefois ils descendirent de cheval, et combattirent à pied contre les Perses ; mais enfin, après une perte considérable de part et d'autre, ils prirent la fuite et se renfermèrent dans les murailles de Sardes où les Perses les assiégèrent.

Prise de Sardes. — La ville de Sardes était très forte, mais un des soldats de Cyrus remarqua qu'un des côtés de la place n'était pas gardé, parce que la roche était presque à pic et que cependant un des soldats lydiens avait pu descendre pour ramasser son casque et remonter. Il suivit avec ses compagnons le même chemin et la ville fut ainsi prise après quatorze jours de siège seulement, en 548. La légende racontait encore que Crésus avait été sauvé par un cri de son fils dont la langue avait été déliée par la frayeur. Crésus allait périr sur le bûcher lorsque, se rappelant Solon, il prononça trois fois son nom. Cyrus demanda ce que Crésus voulait dire, se fit raconter cette histoire et accorda la vie à Crésus qui devint l'un de ses conseillers.

Ainsi disparut en 548 l'empire des Lydiens.

SUJETS A TRAITER :

Raconter l'histoire de l'empire des Lydiens.
Raconter l'histoire de Crésus.

CHAPITRE III

LES PERSES. — CYRUS ET CAMBYSE

SOMMAIRE :

I. Les Perses sont des Iraniens, qui vécurent d'abord de la vie pastorale dans un pays rude et soumis aux Mèdes.

II. Cyrus, fils de Cambyse, de la famille des Achéménides, rend les Perses indépendants des Mèdes et prend le trône d'Astyage.

III. Maître des Mèdes et des Perses, Cyrus soumet tous les plateaux iraniens, l'Arménie et le pays des Colchidiens jusqu'au Caucase.

IV. Les pays des Chalybes, des Tibarènes et l'Asie Mineure sont occupés jusqu'à l'Halys.

V. Crésus et les Lydiens sont défaits à la bataille de Thymbrée en 548.

VI Harpage soumet l'Ionie qui auparavant obéissait à Crésus

VII. Cyrus soumet Babylone en 539 et meurt en 529, ayant fondé l'empire des Perses.

VIII. Cambyse soumet l'Egypte après avoir gagné la bataille de Péluse et meurt à Ecbatane de Syrie en 522.

La Perse. — On a dit que les plateaux iraniens forment entre la mer Caspienne et le golfe Persique un étroit corridor dans lequel se sont engagés les peuples dans leur marche d'Orient en Occident. A une époque bien lointaine, des Aryens étaient déjà venus à travers l'Iran se fixer sur les pentes méridionales du plateau dans le pays d'Elam ou Susiane. Ils y avaient fondé la dynastie dont parle Bérose, qui conquit la Chaldée, environ deux mille trois cents ans avant J.-C. A l'est de la Susiane était un canton, au sol montagneux et fertile, riche en mines de fer, en carrières d'albâtre et de marbre, en fruits, et nourrissant de beaux chevaux. Des Aryens, qui s'appelèrent Perses ou Persans vinrent s'y établir, pendant que les autres Iraniens s'établissaient en Médie et ils apportèrent avec eux la pure doctrine de Zoroastre.

Les Perses vécurent longtemps de la vie pastorale dans cette rude région dont ils préféraient le séjour à celui de contrées plus riches parce qu'ils voulaient avant tout conserver leur indépendance. Dix principales tribus composaient le nation des Perses. C'étaient d'abord les Pasargadiens, les Maraphiens et les Maspiens, tribus nobles et guerrières qui avaient à garder le pays ; trois autres tribus vivaient de la culture du sol dans des cantons fertiles ; enfin les quatre dernières familles menaient la vie de pasteurs dans les hauts pâturages du Farsistan. Les Perses avaient conservé leurs mœurs agrestes, même lorsque la conquête assyrienne s'était étendue jusqu'à eux. Après 625, les Mèdes, vainqueurs de Ninive et se déclarant les héritiers des Assyriens, établirent leur suzeraineté sur les Perses. C'est cette dépendance des Perses que Cyrus faisait cesser.

Cyrus. Soumission des plateaux iraniens. — Cyrus, ayant défait Astyage et conquis la Médie, se trouva rapidement suzerain de tout le plateau de l'Iran. La Carmanie, qui forme aujourd'hui le Laristan et le Kerman, la Gédrosie et l'Arie étaient habitées par des nations iraniennes ; toutes se rangèrent sous l'autorité du peuple qui défendait la religion d'Ormuzd et de Mithra sans avoir permis au magisme de le corrompre comme les Mèdes.

Cyrus, qui avait pour allié et vassal le roi d'Arménie, Tigrane, devenu l'adorateur d'Ormuzd et le disciple de Zoroastre, ajouta à la suzeraineté de l'Arménie la soumission plus effective des pays voisins du Caucase. Les Perses descendirent dans les vallées de l'Araxe et du fleuve qui prit le nom de Cyrus ou Kour. Ce fleuve coulait dans l'Ibérie qui adopta le culte d'Ormuzd et qui est la Géorgie d'aujourd'hui. L'Albanie qui a formé le Lesgistan, le Daghestan et le Chirwan, fut également soumise par Cyrus, ainsi que la Colchide, de telle sorte que de ce côté l'empire des Perses eut le Caucase pour limite.

Conquêtes du nord. — Les Chalybes, qui s'étaient étendus de la Colchide dans les régions du Pont et de la Paphlagonie, possédaient Amisus et Sinope. Les Tibarènes habitaient sur les bords du Thermodon, près de Thémiscyre et préparaient les métaux comme les Chalybes. Ces pays que les Grecs tentaient d'exploiter après les Phéniciens furent obligés de subir le joug de Cyrus. La Cappadoce; pays généralement aride et sablonneux, dont on tirait des moutons, des chevaux et des mulets, forma deux divisions de l'empire des Perses, la Cappadoce du Pont-Euxin et la Cappadoce du Taurus. Les Cappadociens adorèrent Ormuzd mais principalement le feu et le mont Argée. Après quatorze années de conquêtes, Cyrus était arrivé à l'Halys qui formait la limite des États de Crésus.

Vainement Crésus voulut-il commencer le premier la lutte et franchit-il l'Halys. Après une bataille près de Sinope, Crésus s'était retiré dans Sardes. Cyrus vint l'attaquer et gagna la grande bataille de Thymbrée qui lui livra l'empire des Lydiens en 548. Sardes fut prise et Cyrus y plaça un gouverneur perse.

Harpage soumet l'Ionie. — Les villes grecques de la côte avaient été soumises par Crésus et elles ne s'étaient pas données à Cyrus avant la prise de Sardes. Cyrus n'inquiéta pas la grande cité de Milet et accepta son tribut; mais Priène fut ravagée et ses habitants furent vendus. Phocée fut assiégée par Harpage en 542 et ses habitants, ayant jeté dans la mer une masse de fer rougie au feu, firent le serment de ne pas revenir à Phocée avant que ce fer ne fût remonté à la surface des flots; ils allèrent à Marseille. Les Téïens s'en allèrent à Abdère en Thrace. Conquérant de l'Ionie, Harpage soumit la Carie et la Lycie, malgré la résistance de la ville de Xanthos et reçut de Cyrus le gouvernement héréditaire de la Lycie.

Conquêtes au nord-est. — Pendant qu'Harpage achevait de soumettre la côte d'Ionie et l'Asie Mineure, Cyrus alla entreprendre neuf années de rudes guerres au nord-est de ses États. La Bactriane ou pays des anciens Aryas, après une longue résistance, le reconnut comme suzerain; la Margiane, la Chowaresmie et la Sogdiane furent également conquises et dans cette dernière province, sur l'Iaxarte qui la limitait, Cyrus éleva Cyreschata ou Kodjend, principal lieu de passage du fleuve. Au delà de l'Iaxarte étaient les Saces ou Scythes que Cyrus combattit longtemps sans avantage bien marqué. Ces guerres furent pour Cyrus d'une grande importance; non seulement elles reculèrent beaucoup les frontières de l'empire, mais elles firent des soldats de Cyrus d'admirables troupes qu'il renforça de nombreux et de précieux éléments levés chez les Bactriens, les Sogdiens et les Saces.

Prise de Babylone en 539. — Restait à soumettre la Babylonie, l'empire chaldéen. En 539, Cyrus marcha contre Babylone. Au passage du Gyndès un des chevaux consacrés au Soleil se noya; pour se venger du fleuve et en même temps pour le franchir plus commodément, Cyrus le divisa en cent quatre-vingts canaux. L'année suivante Cyrus battit Nabou-Nahid qui courut s'enfermer à Borsippa, tandis que Balthasar se chargeait de défendre Babylone. Cyrus s'arrêta au nord de Babylone, fit creuser de nombreux canaux et se prépara le pouvoir de détourner en quelques heures l'Euphrate qui traversait le milieu de Babylone. Le jour d'une des grandes fêtes babyloniennes étant arrivé, il fit descendre de nuit ses soldats dans le lit de l'Euphrate. Les quais n'étaient pas gardés; les Perses se répandirent dans Babylone qui fut prise et pillée. Tout le reste de la Chaldée fut soumis et ainsi les basses régions du Tigre et de l'Euphrate furent réunies à la monarchie des Perses en 538.

Mort de Cyrus (529).—Cyrus, après avoir pris Babylone en 538, rendit la liberté aux Juifs et leur permit de retourner à Jérusalem et de rebâtir le temple de Jéhovah. Il chargea un des Juifs, Sasbasar, d'aller comme gouverneur à Jérusalem et lui fit rendre les vases d'or et d'argent, enlevés autrefois du Temple. Ainsi finit pour les Juifs la captivité de Babylone. Cyrus, sept ans après avoir pris Babylone, ayant soumis toute l'Asie antérieure, ne voulut pas encore attaquer l'Egypte et préféra aller combattre les Massagètes qui habitaient par delà l'Iaxarte et qui, comme les Saces, appartenaient à la grande famille des Scythes. Cyrus attira dans un piège les Massagètes en leur laissant surprendre son camp où il y avait beaucoup de vin. Les Perses les trouvèrent dans l'ivresse, en égorgèrent un grand nombre et firent prisonnier Spargapithès, fils de la reine Thomyris. Spargapithès, désespéré de se voir captif, se tua et une grande bataille s'engagea. Après une lutte acharnée, les Perses durent repasser l'Iaxarte. Cyrus avait été tué et la reine Thomyris, lui faisant couper la tête, l'avait plongée dans [une outre pleine de sang. Ainsi mourut le fondateur de l'empire des Perses en 529.

Cambyse. — Cyrus fut enseveli à Pasargades dans un tombeau que l'on voit encore aujourd'hui. Comme il descendait d'Achéménès, on appela « Achéménides » sa dynastie. Laissant à son frère Smerdis sous sa propre suzeraineté la Bactriane, la Parthie, la Khowaresmie et la Carmanie, Cambyse, l'aîné des fils de Cyrus, gouverna directement tout le reste de l'empire. La guerre et la conquête étaient nécessaires pour occuper l'activité des Perses et leur faire aimer leur prince. Cambyse résolut d'attaquer l'Egypte. C'était reprendre la tradition des rois assyriens et babyloniens ; c'était achever la réunion sous un seul sceptre de tout l'ancien monde civilisé.

Projets de conquête de l'Égypte.— Cambyse hésitait cependant à traverser les déserts de sable qui séparaient l'Egypte de l'Asie et constituaient sa meilleure défense. Les Arabes nomades dominaient sur ces régions dévastées par les guerres récentes. Un des principaux Grecs mercenaires établis en Egypte, Phanès, d'Halicarnasse, qui avait à se plaindre d'Amasis, vint trouver Cambyse et lui fit signer un traité avec le chef des Arabes du désert qui disposa de nombreux chameaux tout le long de la route avec des outres de cuir pleines d'eau. Cambyse, conduisant une armée nombreuse de Perses et des corps de Grecs mercenaires, des villes d'Ionie et d'Eolide, faisant avancer le long de la côte une flotte phénicienne, arriva devant Péluse.

Bataille de Péluse. — Psamétik III, fils d'Ahmès, venait de succéder à son père. Averti, il attendait l'ennemi en avant de Péluse. Ses Grecs mercenaires, Cariens et Ioniens, se battirent vaillamment, mais les Egyptiens se dispersèrent sans lutte sérieuse et Psamétik se réfugia dans Memphis avec les débris de l'armée. Un héraut, envoyé par Cambyse fut massacré ; quelques jours plus tard les Perses entraient dans Memphis. Le roi avait d'abord été traité avec douceur et gardé prisonnier, mais il conspira et Cambyse le fit périr.

Entreprises de Cambyse. — Cambyse, vainqueur, donna le gouvernement de l'Egypte au Perse Aryandès, ménagea la religion égyptienne, fit retirer du temple de Neith un corps de troupes qui s'y était installé et se fit même initier par un prêtre égyptien aux mystères d'Osiris. Sans laisser refroidir l'ardeur de ses soldats, Cambyse prépara trois nouvelles expéditions. Il voulait attaquer les Carthaginois, envoyer occuper l'oasis de Jupiter Ammon et se rendre au pays des Ethiopiens pour les soumettre et remonter le Nil jusqu'à ses sources. C'était la conquête de l'Afrique que Cambyse entreprenait. Il reçut les présents des Libyens, des Cyrénéens et des Barcéens ; mais contre les Carthaginois il ne pouvait rien sans l'assistance des marins phéniciens qui refusèrent d'aller combattre leur grande colonie. Cambyse, résolu à ménager pour le moment les Phéniciens, n'insista pas. Un corps d'armée de cinquante mille hommes, envoyé par lui de Thèbes à l'oasis d'Ammon, périt dans les sables.

Expédition d'Éthiopie. — Restait l'Éthiopie; c'est-à-dire la Nubie, le Soudan, l'Abyssinie : elle commençait à la seconde cataracte du Nil. La soumettre était l'entreprise la plus importante, nul ne pouvant se dire maître de l'Égypte s'il ne possède le pays des noirs du sud. Cambyse fit venir des Ichthyophages des bords de la mer Rouge et leur ordonna de se rendre auprès du roi de Méroé. Les espions de Cambyse lui furent renvoyés avec mépris et, outré de colère, le roi partit sans préparatifs suffisants. Pour éviter le long coude que fait le Nil dans le pays de Dongola, il résolut de se rendre directement à travers les sables de la Nubie, d'Assouan à Berber, ce qui est en effet une des routes de caravanes d'aujourd'hui. Il faisait tomber de la sorte la résistance du pays de Napata, principal centre de la puissance des rois-prêtres Éthiopiens et qui s'étendait sur les deux rives du Nil, à son grand coude, vers les deuxième, troisième et quatrième cataractes. La faim et la soif firent rapidement périr un grand nombre des soldats de Cambyse. La chaleur de ces régions devait être intolérable pour des Perses surtout et il semble que Cambyse ait été saisi de fièvre chaude et atteint de folie furieuse.

Folie de Cambyse. — A son retour à Memphis, Cambyse trouva l'Égypte en fête parce qu'on venait de découvrir le nouvel Apis. Prenant ces fêtes religieuses comme une insulte à ses revers, il fit tuer les prêtres, les chefs des quartiers de Memphis et s'étant fait amener le bœuf sacré, il le blessa mortellement à la cuisse d'un coup de cimeterre. Toutes les cérémonies de la religion égyptienne et notamment les cérémonies funéraires furent capricieusement et violemment empêchées. Cambyse, dans sa folie furieuse, ne ménagea pas plus les Perses que les Égyptiens. Son frère Smerdis l'inquiétait. Il le fit tuer par Prexaspe, un de ses officiers. Sa propre sœur, qu'il avait épousée malgré la loi, fut tuée par lui d'un coup de pied dans le ventre ; beaucoup de Perses de distinction périrent. Une révolution éclata en Perse. Le mage Gaumatès, dont le frère Patizithès avait été nommé par Cambyse surintendant de la maison royale, se fit passer pour Smerdis, frère du roi, auquel il ressemblait d'une manière étonnante et se déclara roi. Cambyse partit à la tête de ses troupes ; mais s'étant blessé de son cimeterre, il mourut à Ecbatane de Syrie, sans laisser de postérité, en 522.

SUJETS A TRAITER :

Raconter le règne de Cyrus.
Raconter le règne de Cambyse.

CHAPITRE IV

DARIUS

SOMMAIRE :

I. Sept des principaux Perses s'unissent pour tuer le mage Gaumatès, qui se fait passer pour Smerdis, fille de Cambyse. Les autres mages sont massacrés.

II. Par la ruse de son écuyer Œbarès, Darius, fils d'Hystaspe, devient roi en 521.

III De nombreuses révoltes se produisent à l'avènement de Darius, en Susiane, en Babylonie, en Arménie. Darius reprend Babylone, grâce au dévouement de Zopyre qui s'est mutilé.

IV. Darius fait la conquête d'une partie de l'Inde.

V. Il entreprend les guerres Médiques pour soumettre les Grecs d'Europe, et la ruine de l'empire des Perses sera une conséquence de ces guerres.

Le mage Gaumatès. — Après la mort de Cambyse, le mage Gaumatès régnait,passant toujours pour Smerdis. Au lieu de rendre hommage à Ormuzd, il honorait les dieux d'origine chaldéenne, favorisait les mages et il dispensa du service militaire et de l'impôt pour trois ans tous les peuples vaincus. Cette conduite excita l'indignation des Perses de race pure. Sept des principaux des Perses de la tribu des Pasargadiens, Otanès, Intaphernès, Gobryas, Mégabyze, Hydarnès, Ardimanès et enfin Darius, fils d'Hystaspe, celui-ci de la famille des Achéménides, pourvus autrefois par Cyrus des commandements et offices les plus importants, avertis par la fille d'Otanès que le faux Smerdis avait les oreilles coupées, s'unirent et tuèrent Gaumatès. Il y eut alors, dit Hérodote, une délibération entre les conjurés qui, étant des personnages considérables, disposaient réellement du sort de la Perse. Ils se prononcèrent pour le régime monarchique et on s'en remit au sort de la désignation d'un roi. Le cheval était l'animal sacré des Aryens et son culte a joué un rôle important chez bon

Musiciens en Perse.

nombre d'anciens peuples qui juraient sur le cheval. On décida que les Sept se réuniraient de grand matin et qu'on reconnaîtrait comme roi celui dont le cheval hennirait le premier au lever du soleil. Darius triompha par la ruse de son écuyer Œbarès et on le reconnut roi, en 521. Après que Gaumatès eût été tué par les conjurés, on massacra les mages à Ecbatane et dans toutes les villes où la religion d'Ormuzd avait conservé son empire et on institua pour rappeler ce massacre une fête religieuse qu'on appela la Magophonie.

Darius, roi (521). — Darius était un Perse de pure race, parent du grand Cyrus ; son père, Hystaspe, gouvernait depuis longtemps la Perse propre ; sa royauté fut acceptée chez les Pasargadiens et à Ecbatane et il n'eut pas trop à compter avec ceux qui l'avaient fait roi. Il lui fallut, il est vrai, faire tuer Intaphernès, l'un des sept et sa famille et attribuer aux cinq autres sous sa suzeraineté le gouvernement héréditaire des provinces dont ils avaient la garde. Cependant, dès le règne du faux Smerdis, de nombreuses insurrections avaient éclaté ; cette domination des montagnards perses, apportant avec eux leur culte d'Ormuzd qu'ils prétendaient imposer, avides et orgueilleux, était dure et trop récente pour que les nationalités vivaces ne fissent pas effort pour la rejeter. Darius a fait écrire sur un immense mur de rochers, à Bisoutoun ou Béhistoun, comment il triompha de ces résistances et reconstitua l'empire des Perses.

Révoltes contre Darius. Babylone. — La Susiane était un riche pays dont la civilisation était ancienne, où l'élément kouschite était resté très considérable, où l'attachement aux dieux chaldéens était grand ; Athrinès la fit soulever. Babylone, qui n'avait jamais voulu rester soumise aux Assyriens dont la religion était la même, s'indignait bien plus encore de la perte de son indépendance et du triomphe d'Ormuzd. Nidintabel souleva les Babyloniens en se faisant passer pour un fils de Nabou-Nahid. Les Perses dispersèrent d'abord une flotte de bateaux rassemblée par les Babyloniens sur le Tigre. Le Tigre franchi, les Perses gagnèrent la bataille de Zazana en avant de Babylone et assiégèrent la grande ville. Les Babyloniens, se souvenant de la prise de leur ville par Cyrus, avaient rassemblé beaucoup de provisions et faisaient bonne garde.

Histoire de Zopyre. — Après avoir déjà passé un an et sept mois devant Babylone, Darius et son armée qui avaient vainement eu recours au stratagème de Cyrus et tenté de détourner l'Euphrate, désespéraient de prendre la ville lorsque le vingtième mois, Zopyre, fils de Mégabyze, l'un des Sept, eut une de ses mules qui fit un poulain.

Zopyre se rappela les paroles d'un Babylonien qui avait dit au commencement du siège qu'on prendrait la ville lorsque les mules, toutes stériles qu'elles sont, engendreraient. Ayant reconnu que les destins assuraient la prise de Babylone il se coupa le nez et les oreilles, se rasa les cheveux, se mit le corps en sang à coups de fouet et se présenta devant Darius. Il lui fit part de son projet de se présenter comme transfuge aux Babyloniens et d'obtenir d'eux le commandement des troupes et la garde des remparts.

Zopyre entra dans Babylone et suivant ce qui était convenu écrasa mille des soldats de Darius à la porte de Sémiramis; sept jours après, il en tua deux mille autres à la porte de Ninive. Vingt jours plus tard quatre mille des assiégeants furent encore défaits à la porte des Chaldéens; mais quand vingt nouveaux jours se furent écoulés, un assaut général fut donné et Zopyre ouvrit aux Perses les portes Bélide et Cissienne dont il s'était fait remettre les clefs. La ville fut bientôt prise et les Babyloniens, dit Hérodote, se réfugièrent dans le temple de Bel-Jupiter. C'était en 518.

Châtiment de Babylone. — Ce fut ainsi que Babylone tomba pour la seconde fois au pouvoir des Perses. Darius, s'en étant rendu maître, en fit abattre les murs et enlever toutes les portes. Cyrus, qui l'avait prise avant lui, n'avait fait ni l'un ni l'autre. Il fit ensuite mettre en croix environ trois mille hommes des plus distingués de Babylone. Quant aux autres, il leur permit d'habiter la ville comme auparavant.

Zopyre, dont on admira le dévouement, reçut la ville de Babylone pour en jouir sa vie durant sans avoir à acquitter de redevance. La grande ville chaldéenne devint d'ailleurs l'une des trois résidences des rois de Perse qui passaient l'hiver à Babylone, l'été en Médie, à Ecbatane et la plus belle partie du printemps à Suse.

Répression des révoltes. — Pendant que Darius poursuivait le siège de Babylone, la Susiane pour la seconde fois, la Médie et l'Arménie s'étaient soulevées. La révolte des Susiens ne fut pas longue et ils tuèrent d'eux-mêmes l'auteur du soulèvement. En Médie, Xathritès, de la race de Cyaxare, excita des troubles ; mais les guerriers Mèdes qui étaient auprès de Darius devant Babylone lui restèrent fidèles. Hydarnès réprima à peu près cette révolte de la Médie.

Avec l'Arménie, depuis la mort de Tigrane, les rapports étaient devenus plus difficiles ; le pays se révolta. Le Perse Dadarsès remporta des succès, mais fut bloqué dans les montagnes ; un autre général, Omisès, ne put pas davantage s'avancer dans le pays et attendit Darius. Celui-ci, ayant enfin pris Babylone, remonta vers le nord avec ses troupes, battit le chef des Mèdes révoltés, le fit crucifier à Ecbatane avec ses complices et entra en Arménie. Darius établit sur le trône le fils de Tigrane.

Une révolte était l'occasion favorable que les aventuriers de chaque province saisissaient pour vivre de pillages et de rapines au nom de la cause de l'indépendance. Toutes les provinces furent donc troublées. Il y eut en Parthie, en Hyrcanie, en Margiane des insurrections ; tous ces troubles s'apaisèrent. Une audacieuse tentative d'un nouveau faux Smerdis aurait pu être dangereuse pour Darius, mais le soulèvement n'eut pas de suite. Avec une dernière prise d'armes de Babylone et de la Susiane, aussitôt réprimée par Gobryas, cette période de révoltes contre Darius se trouva terminée vers 515. La révolte d'Orétès, gouverneur de Phrygie, de Lydie et d'Ionie, était d'un autre genre ; c'était un officier indocile et Darius en eut promptement raison en le faisant tuer par les Perses de sa garde.

Guerres de Darius. — Darius ne se contenta pas de soumettre de nouveau au joug des Perses toutes les provinces soumises par Cyrus et Cambyse, qui avaient tenté de se révolter; il recula par d'importantes et lointaines entreprises les frontières de l'empire. Des guerres au pays des Saces rattachèrent plus étroitement les régions du nord de l'Iaxarte au gouvernement de Darius. Une entreprise plus grandiose et qui reçut un assez sérieux commencement d'exécution était la conquête de l'Inde.

Conquête de la vallée de l'Indus. — De la Gandarie soumise de bonne heure, les Perses descendirent par la passe de Bolan dans le bassin de l'Indus. Lorsque l'on fut arrivé à l'Indus à Peucéla, on construisit une flotte que Scylax, né à Caryanda en Carie, commanda. Scylax explora tout le cours de l'Indus depuis Caspatyrus dans la Pactyice ou pays de Kachmir jusqu'à son embouchure. Arrivé à ce point, il continua sa route vers l'ouest et reconnut les côtes de la Perse et celles de l'Arabie jusqu'au fond du golfe Persique. Cette navigation avait duré trente mois.

Darius attaque les Grecs. — Darius, maître de la vallée de l'Indus, s'arrêta brusquement dans cette voie de conquêtes et résolut de soumettre les Grecs d'Europe. Les Grecs, bien que divisés, étaient puissants et forts; Darius avait soumis et contraint à payer le tribut les Grecs de la Cyrénaïque et ceux de l'Asie Mineure ; il voulut vaincre également ceux de l'Europe. Une grande expédition conduite contre les Scythes d'Europe en l'année 508, au delà de l'Ister et du Tanaïs, se continua par la soumission de la Macédoine, mise sous le joug par le Perse Mégabyze.

La révolte de la Grèce d'Asie sauva les Grecs d'Europe et fut le signal des guerres Médiques. Ces guerres Médiques allaient amener un affaiblissement réel de la puissance des Perses. L'expédition de Mardonius en 492 se termina par un désastre et en 490, Datis et Artapherne, envoyés par Darius, perdirent la bataille de Marathon. Darius mourut en 485, laissant le trône à son fils Xerxès Ier sous lequel l'affaiblissement des Perses fut plus grand encore, quoique Xerxès ait été le fondateur des magnifiques palais de Persépolis. L'Égypte et la Chaldée étaient incessamment en révolte et pourtant l'empire des Perses se maintint avec une singulière vitalité jusqu'à l'époque d'Alexandre, parce qu'il avait reçu une organisation véritablement remarquable à l'époque de Darius.

SUJET A TRAITER :

Raconter le règne de Darius, fils d'Hystaspe.

CHAPITRE V

ORGANISATION DE L'EMPIRE
MOEURS ET COUTUMES DES PERSES

SOMMAIRE :

I. Darius prend pour capitale Suse et pour ville funéraire Persépolis, que Xerxès embellira.

II. Le roi des Perses s'enferme dans son palais, mais se fait rendre compte de toutes choses par ses Yeux et ses Oreilles.

III. Les généraux commandent les troupes dans les gouvernements, qui sont au nombre de vingt.

IV. Les Secrétaires royaux ont soin de faire rentrer l'impôt dans ces mêmes gouvernements.

V. Les Satrapes administrent et rendent la justice.

VI. Les Perses ont conservé leur attachement au Mazdéisme et n'ensevelissent, ni ne brûlent leurs morts. Ils ont en général adopté les usages, les coutumes, les arts des Chaldéo-Assyriens.

Darius à Suse. — Quand Darius s'était trouvé le maître incontesté de l'empire de Cyrus et de Cambyse, il avait entrepris de donner une organisation régulière à cette grande agglomération de peuples, de tribus, que la conquête et la force avaient seules réunis. Darius avait eu à déterminer d'abord le choix du centre de son gouvernement, de sa capitale. Cyrus et Cambyse avaient vécu constamment en guerre sans résidence fixe; cependant la vieille cité religieuse de Pasargades était leur capitale et

Cyrus y avait son tombeau. Darius ne se souciait pas de vivre au milieu même des Perses, pleins de fierté à l'égard du roi autrefois leur égal, et qui gardèrent leur indépendance, car la Perside ne forma pas une satrapie dans l'empire de Darius et demeura exempte d'impôts. Darius s'établit donc à Suse, qui était au centre de ses vastes Etats, tout près de la Perse et à peu de distance de la Babylonie et de la Médie qu'il fallait surveiller avec soin. On voit aujourd'hui à Suse les ruines de ce magnifique palais où la sculpture des Perses s'inspira absolument de l'art chaldéo-assyrien, où le roi vécut comme les souverains assyriens dans une sorte de ville royale, avec un immense « paradis », jardin et parc à la fois, où le roi prenait le plaisir de la chasse.

Persépolis. — Le roi fit élever sa tombe dans une autre ville royale, Persépolis, qui s'éleva au lieu appelé aujourd'hui Isthakar, situé à une cinquantaine de kilomètres au nord-est de Chiraz, sur la route d'Ispahan. Il y avait là des collines de marbre gris qui fournissaient de précieux matériaux. Darius ne put que commencer les palais de Persépolis, car par le déchiffrement des caractères cunéiformes gravés sur les parois, on voit que les principaux des six palais de la ville capitale portent le nom de Xerxès, « roi des rois, fils de Darius, l'Achéménide ».

Les tombes royales furent creusées à Persépolis dans la roche vive. Comme des scrupules religieux empêchaient les sectateurs de Zoroastre de souiller la terre ou le feu par le contact du cadavre, le corps ne pouvant être ni brûlé, ni enterré, les restes du roi étaient posés dans un cercueil au milieu de la chambre sépulcrale. La tombe de Darius était dans un rocher touchant au palais, creusée dans le roc à une grande hauteur. Aucun passage fait de main d'homme n'y donnait accès, dit Diodore de Sicile, et le corps y était porté par des machines artificiellement construites et détruites ensuite.

Le roi. — Avec Darius, les rois des Perses, héritiers des princes assyriens, commencèrent à vivre à la manière de ceux-ci. La palais fut inaccessible à la foule et il était très difficile d'être admis en présence du roi dont une étiquette très sévère défendait l'approche. Des ministres, des courtisans, appelés les Yeux et les Oreilles du roi, lui communiquaient les affaires et recevaient de lui les ordres que transmettaient les chancelleries impériales. Les chefs des eunuques étaient souvent les principaux conseillers royaux.

Sur les bas-reliefs de Persépolis le roi est représenté tenant de la main droite sa longue canne, insigne du commandement et de l'autre des fleurs sacrées. Il a la grande barbe et la chevelure artificielles; il porte la longue robe tombant jusqu'aux pieds, la candys, que Cyrus a empruntée aux Mèdes. Elle est en lin ou en coton, teinte de pourpre et ornée de pierres précieuses. Les ministres du roi et ses courtisans portent aussi la candys; le roi la donne comme présent et comme marque honorifique; cette robe est légèrement relevée sur le côté et les manches sont longues et très évasées. La coiffure royale est une tiare droite entourée d'un diadème. Derrière le roi, des serviteurs portent le parasol royal et agitent le chasse-mouches. Quant aux usages royaux de la table, de la chasse, de la marche en campagne, on les avait empruntés aux Assyriens.

L'Armée. — Les Perses, dit Hérodote, considèrent l'empire comme étant leur domaine et la propriété du roi. Le roi a donc à faire gouverner toutes les provinces de ses Etats, à en recueillir les impôts pour nourrir l'armée, à y faire rendre la justice par ses satrapes, à se rendre partout présent par ses *Yeux* et ses *Oreilles*, en même temps qu'à veiller au maintien du culte d'Ormuzd. Autour de lui, lorsqu'il est dans son palais ou à l'armée, vivent ceux qu'on nomme les cousins du roi, de même que les hétaires entouraient Alexandre et les gentilshommes de la cham-

Le roi Darius sur son trône royal, supporté par les peuples vassaux à Persépolis.

bre les Valois. Ces cousins du roi atteignaient le nombre de quinze mille.

Les doryphores sont les gardes du corps et marchent en entourant le char royal. Ces doryphores sont v tus d'une tunique longue avec de larges manches portant une tiare côtelée d'une forme un peu évasée et armés d'une lance qu'ils tiennent à deux mains et d'un carquois placé sur l'épaule. Leur costume était très riche et on les choisissait parmi les dix mille Perses qu'on appelait les Immortels et qui composaient l'élite de l'armée.

Les troupes perses et les auxiliaires. — Hérodote a laissé une description précieuse de l'armée de Xerxès qui montre les usages militaires des Perses et des peuples, leurs vassaux. Les Perses, dit-il, portaient des bonnets de laine non foulée appelés tiares, des tuniques de diverses couleurs garnies de manches, des cuirasses de fer, travaillées en écailles de poissons, et de longs hauts-de-chausse qui leur couvraient les jambes. Ils portaient des boucliers d'osier appelés Gerrhes avec un carquois, de grands arcs, des flèches de canne et, outre cela, un poignard suspendu à la ceinture et pendant sur la cuisse droite. Les Mèdes marchaient vêtus et armés de même, car ces usages guerriers étaient propres aux Mèdes et non aux Perses. Les Susiens et les Hyrcaniens, c'est-à-dire les autres Iraniens, étaient habillés et armés comme les Perses, mais au lieu de tiares ils portaient des mitres.

Les Assyriens, auxiliaires des Perses, avaient des casques d'airain. Outre leurs javelots et leurs poignards ils portaient des massues de bois hérissées de nœuds de fer et des cuirasses de lin, qui résistaient au tranchant du fer. C'était en effet du lin qu'on faisait macérer dans du vin avec une certaine quantité de sel. On foulait et on collait, dit Hérodote, jusqu'à dix-huit couches de ce lin les unes sur les autres comme on fait pour le feutre.

Les Saces portaient, outre l'arc et le poignard, la hache, appelée « sagaris », qui coupait d'un seul côté. Les Indiens portaient des habits de coton, des arcs de canne et des flèches, aussi de canne, armées d'une pointe de fer. Les Caspiens et les Pactyens, comme les autres peuples du sud du Caucase, étaient vêtus de peaux crues et portaient avec les arcs des cimeterres et des poignards.

La cavalerie avait le même armement que l'infanterie, à l'exception des Sagartiens, peuple nomade de race iranienne, qui combattait en jetant une sorte de nœud coulant qui enveloppait chevaux et hommes et leur permettait de les attirer à eux. De même que les Assyriens et les autres peuples de l'ancien Orient, les Perses eurent aussi des chars de guerre; mais Cyrus, au lieu de les donner à des combattants, en fit une arme de guerre en plaçant des faux de fer aux deux bouts de l'essieu.

En somme l'arc était l'arme principale de tous ces Orientaux. Bon nombre de Grecs mercenaires faisaient partie de l'armée.

L'impôt. — Les troupes devaient être entretenues aux dépens des provinces où elles tenaient garnison ; mais elles y étaient placées sous les ordres de commandants militaires qui ne relevaient que du roi. Entouré d'une garde perse, de troupes indigènes et de mercenaires, le Général se tenait toujours prêt à répondre à la convocation du prince. Le Secrétaire Royal avait dans chaque province l'administration des finances. Ces secrétaires répondaient aux procurateurs des empereurs romains ; ils subvenaient aux dépenses locales avec les recettes de chaque pays et de plus envoyaient annuellement au trésor royal environ 14. 500 talents d'or et d'argent, faisant en poids brut environ quatre-vingt-trois millions de francs. Ces sommes énormes s'entassaient sous forme de lingots d'or et d'argent à Suse et à Persépolis ; mais Darius fit frapper de grosses pièces d'or et d'argent, portant la figure du roi armé de l'arc, et que de son nom on appela des dariques.

Les provinces. — L'administration civile des provinces, la justice, l'entretien des routes et des canaux étaient confiés à de grands fonctionnaires appelés Satrapes, toujours choisis parmi les plus nobles des Perses, qui usaient du droit de battre monnaie, mais qui étaient surveillés par les Généraux et les Secrétaires dont les pouvoirs étaient distincts des leurs. Le nombre des Satrapes varia avec l'étendue de l'empire des Perses. Aux cent vingt satrapies ou provinces dè l'empire au temps de Cyrus, Darius avait substitué dès l'époque de l'inscription de Behistoun, c'est-à-dire après les premières années de son règne, environ vingt-trois gouvernements ; plus tard il fixa définitivement à vingt le nombre des satrapies qu'Hérodote a énumérées.

Les vingt Satrapies. — La Perside, berceau de la dynastie des Achéménides, restant en dehors et au-dessus des divisions impériales, la première satrapie était l'Ionie, comprenant également la Lycie, la Carie, la Pamphylie, les colonies grecques de la côte de l'Archipel et payant un tribut annuel de 400 talents. La seconde satrapie avec Sardes comme capitale payait 500 talents et comprenait la Lydie et la Mysie. On rangeait dans la troisième les rivages de l'Hellespont, la Phrygie, la Bithynie, la Paphlagonie et la Cappadoce, c'est-à-dire toute la région centrale de l'Asie Mineure, de la mer Noire au Taurus ; le tribut de la province était de 360 talents.

La Cilicie formait la quatrième satrapie et envoyait 500 talents d'argent au trésor royal. L'Arabie était le cinquième gouvernement, avec la Phénicie, la Syrie, la Palestine, l'île de Cypre et payait un tribut de 350 talents ; les tribus arabes des oasis au sud de la Syrie et de la frontière d'Égypte dépendaient de cette satrapie, mais ne payaient pas d'impôt. Les Gandariens, Sattagydes et Dadices qui habitaient l'Afghanistan, le pays de Caboul et le haut Indus formaient la septième satrapie et payaient 170 talents. En huitième lieu venait la Susiane ou pays d'Elam, payant 300 talents.

La neuvième satrapie, fort importante, se composait de la Babylonie et de l'Assyrie et payait annuellement 1.000 talents. La Médie, dixième satrapie, payait 450 talents. La onzième province, l'Hyrcanie, comprenait les tribus voisines de la Caspienne et payait 200 talents. La Bactriane formant la douzième satrapie, payait 360 talents. L'Arménie était considérée comme formant la treizième satrapie, bien que ce fût un royaume vassal, et payait 400 talents. La quatorzième satrapie payait 600 talents et elle était fort étendue; c'étaient les peuples appelés Sagartiens, Sarangiens, Thamanéens, Myciens et Utiens et leur pays s'appelait encore la Gédrosie et la Drangiane. La Gédrosie touchait à la mer par le Laristan actuel et elle comprenait une partie intérieure, la Carmanie ou pays de Kerman. La Drangiane, au nord de la Gédrosie et à l'est de la Carmanie formait une grande partie de l'Afghanistan actuel, le khanat de Kandahar.

Les Saces formaient la quinzième satrapie et payaient 200 talents ; on leur demandait surtout des soldats. La Parthie, la Chowaresmie, l'Arie et la Sogdiane, qui du côté du nord-est comprenait les dernières tribus iraniennes, composaient la seizième satrapie et payaient 300 talents. Le dix-septième gouvernement se composait des Kouschites des bords méridionaux du golfe Persique, comprenant la côte d'Arabie et le pays d'Oman; la satrapie payait 400 talents.

Le pays arrosé par l'Araxe, limité au nord par le Caucase, c'est-à-dire l'Ibérie et l'Albanie, formait la dix-huitième satrapie et payait 200 talents. La dix-neuvième satrapie comprenait le Pont et la Colchide, le pays des Moschiens et des Tibarènes et payait 300 talents de tribut. Enfin Darius, après avoir conquis les régions de l'Indus moyen et inférieur, forma avec toute la rive droite du fleuve et son delta la vingtième satrapie, celle de l'Inde, qui dut fournir annuellement 360 talents de poudre d'or. Cette organisation de l'empire des Perses avec la séparation des pouvoirs, avec de grands fonctionnaires se surveillant réciproquement, avec une royauté bien informée de ce qui se passait dans les provinces, était bien supérieure au régime politique des Assyriens et elle dura longtemps.

Coutumes des Perses. — Les Perses avaient adopté de bonne heure le costume des populations du Tigre et de l'Euphrate, la robe et le haut bonnet. Ils construisirent des édifices plus complets que leurs demeures primitives et qui ressemblèrent également aux maisons de l'Assyrie et de la Chaldée. La polygamie était usitée, mais surtout chez les rois et chez les grands, les Perses ayant un fonds de moralité plus grand, comme appartenant à la race indo-européenne, que les autres Orientaux.

Coutumes religieuses. — Les Perses avaient conservé les enseignements de Zoroastre, le culte d'Ormuzd, principe de tout ce qui est bon, de Mithra qui est le soleil et sert de médiateur entre l'homme et Ormuzd et en l'honneur duquel on allume de grands feux sur des pyrées ou grands autels de pierre ; mais lorsqu'ils se trouvèrent en contact intime avec les populations des vallées du Tigre et de l'Euphrate, leur religion se mêla avec le culte des divinités chaldéennes, et avec le culte des anciens Aryens qui avait été autrefois importé directement en Susiane. Hérodote a décrit les usages religieux de l'ancienne Perse : « On n'y est point dans l'usage, dit-il, d'élever ni statues, ni temples, ni autels. On a coutume de sacrifier à Jupiter, c'est-à-dire à Ormuzd, sur le sommet des plus hautes montagnes et on donne le nom de Jupiter à toute la circonférence du ciel. Les Perses, ajoute Hérodote, font encore des sacrifices au soleil, à la lune, à la terre, au feu, à l'eau et aux vents. Ils y ont joint le culte de Vénus, qu'ils ont emprunté des Assyriens et des Phéniciens. Les mages jouent un rôle très important et les sacrifices doivent être accomplis par eux. Vêtus de longues robes blanches, coiffés de hautes tiares, ils chantent, en conduisant la victime à l'autel, les formules mystérieuses qui la rendent agréable au dieu. » Le sacrifice du taureau est le principal acte religieux et la victime est immolée au pied de l'autel, duquel la flamme monte vive et brillante vers le ciel.

L'ensevelissement. — Les Iraniens admettaient tous l'immortalité de l'âme, mais avaient assez peu de respect du cadavre. Il ne fallait ni brûler le corps, ni l'enterrer, ni le jeter dans un fleuve, car c'eût été souiller le feu, la terre ou l'eau. Pour ne pas violer la pureté des éléments on recouvrait le cadavre d'une couche de cire et on l'enterrait alors, l'enduit isolant le corps et préservant la terre de la souillure; ou bien on laissait le corps à l'air pour qu'il fût dévoré par les bêtes et surtout par les oiseaux. Il y avait d'énormes tours rondes servant de cimetières, par-dessus lesquelles on jetait les morts, et les vautours allaient là chercher leur nourriture. Ces coutumes étranges s'alliaient avec des conceptions religieuses élevées.

Fin de l'histoire ancienne de l'Orient. — C'est à l'époque des guerres médiques que se termine véritablement l'histoire ancienne des peuples de l'Orient. La Grèce joue alors dans le monde un rôle si capital que l'Égypte, la Babylonie, l'Assyrie, la Perse même ne nous intéressent plus que par rapport aux Grecs. Thèbes, Ninive, Babylone ou Suse ne sont plus les capitales des peuples conquérants, les grands foyers de civilisation. Deux petites villes grecques, Sparte et Athènes, tiennent victorieusement tête à l'Orient momentanément dégénéré ; mais à l'époque d'Alexandre les Grecs eux-mêmes rendront un hommage mérité aux antiques civilisations dont les débris les frappaient d'admiration et que l'on s'efforce de nos jours de faire revivre pour la gloire de ces vieux âges.

SUJETS A TRAITER :

Exposer l'organisation de l'Empire des Perses.
Exposer les mœurs et coutumes des Perses.

TABLE DES MATIÈRES

LIVRE TROISIÈME. — LES ISRAÉLITES.

LIVRE QUATRIÈME. — LES PHÉNICIENS.

LIVRE CINQUIÈME. — LES MÈDES, LES LYDIENS ET LES PERSES.

Imp. de la Soc. de Typ. - Noizette. 8. r. Campagne-Première. Paris.

Imp. de la Soc. de Typ.- NOIZETTE, 8, r. Campagne 1re. Paris.

www.ingramcontent.com/pod-product-compliance
Ingram Content Group UK Ltd.
Pitfield, Milton Keynes, MK11 3LW, UK
UKHW020442200726
13857UKWH00002B/540